大学入試 全レベル問題集

世界史

[世界史探究]

河合塾講師 沼田英之 著

4 | 私大上位・
最難関レベル

新装新版

JN030267

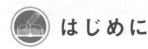

はじめに

　本書は，難関私立大学を受験する皆さんにとっての，ライバルに差をつける最良の一冊になって欲しいとの願いを込めて，河合塾での20年以上の指導経験と入試分析，ノウハウを凝縮して書き上げた問題集です。世界史の基本をある程度勉強し，さらなるレベルアップを目指している皆さんに必要な情報を厳選しました。

　短期間でパワーアップが可能になるよう，一切の無駄を省き，実際に入試問題で問われた難解な用語はもちろんのこと，難関私立大学を目指す受験生が知っておきたい背景知識や因果関係など，解説には「ここで差がつく」内容を可能な限り盛り込みました。ですから，掲載されている問題をただ解くだけの問題集とは思わないでください。問題演習を一つのきっかけに，そこから一歩も二歩も踏み込んで関連する知識を深めてもらう。それこそが，本書の最大の特長なのです。百聞は一見に如かず。どうか解説部分をご覧ください。そこに新しい知識との出会いがあるなら，本書は皆さんにとって強力な武器になることでしょう。

　全ての道はローマに通ず。永遠の都ローマを志望校に置き換えるなら，すべての努力は必ず合格につながっているはずです。しかし，決められた期日までにたどり着くためには，優秀なガイドも必要でしょう。本書がその役割を担うことができるよう，心から祈っています。一緒に頑張りましょう。

沼田英之

著者紹介：**沼田英之**（ぬまたひでゆき）

　河合塾で早大・慶大・上智大などの最難関私大世界史講座を担当。模試や講習教材の執筆も多く，河合塾模試の早大・慶大オープンでは全学部の出題テーマを決定するプロジェクトチーフをつとめた。河合塾マナビスでは共通テスト対策講座を担当。著書『センター世界史B 知識の泉』（河合出版），『早稲田大世界史』『慶應大世界史』（共著，河合出版）など。

本シリーズの特長と本書の使い方

1. 自分のレベルに合った問題を短期間で学習できる！

大学の難易度別の問題集シリーズです。大学入試を知り尽くした著者が，過去の大学入試から問題を厳選し，レベルに応じた最適な解説を執筆しました。自分にぴったりな問題と解説で理解が深まり，知識が定着します。

2. 志望大学のレベルに合った実力がつく『④私大上位・最難関レベル』！

上位・最難関レベルの私立大学群から過去問題を精選しました。実戦的な解説に特化し，志望校合格に向けて差がつく内容 (ex. 解説内の「合否を分けるチェックポイント」) も掲載しています。該当レベルの大学群の入試を突破するために必須の知識がつきます。

3. 学習効率重視の構成！

問題は必修の 30 テーマにまとめました。基本的には時代順で，歴史の流れをつかみやすい構成になっていますが，学習しやすくなると考えたものは適宜かためて配列しています。1 テーマごとに，問題 2〜4 ページ (本冊) ＋解答解説 2 ページ (別冊) を基本としており，効率よく学べます。

4. 大学・学部別の入試分析や学習法も掲載！

「志望大学・学部別 問題分析と特徴」として，『④私大上位・最難関レベル』の代表的な大学・学部の入試の特徴や入試に向けた学習ポイントを表形式でまとめました。　　　※この本で掲載している全ての大学・学部ではありません。

# 目 次

1章　諸地域世界の形成

2章　諸地域世界の交流

本書で使用している入試問題は，原典の様式を尊重して掲載していますが，一部の問題のみを抜き出す，解答を補う
などの改題を適宜行っています。また編集上の都合により，設問文や問題番号などは，本書内で統一している箇所も
あります。

3章　一体化へ進む世界と反動

4章　地球世界の形成と混迷

装丁デザイン：ライトパブリシティ　　本文デザイン：イイタカデザイン　　イラスト：株式会社ユニックス

編集協力：株式会社オルタナプロ(赤堀大輔)　　校閲：和中正太，株式会社カルチャー・プロ

志望大学・学部別 問題分析と特徴

🎓 立命館大学

問題の難易度 **2.5**
1 ——— 2 ⋯⋯⋯ 3 ▮▮▮▮ 4

■概要	■設問形式	■特徴
制限時間：80分	☑ 語句記述問題	ヨーロッパ偏重の欧米史
大問数：全4問	☑ 穴埋め問題	と中国史が頻出。例年大
論述問題：無	☑ 選択問題	問1問でそれ以外の地
史料問題：有	☑ 組み合わせ問題	域からの問題も出題。写
地図・図版問題：有	☐ 正誤判定問題	真や地図などの図版問題
歴史総合：無	☑ 年代順	も出題される。

🎓 同志社大学

問題の難易度 **2.5**
1 ——— 2 ⋯⋯⋯ 3 ▮▮▮▮ 4

■概要	■設問形式	■特徴
制限時間：75分	☑ 語句記述問題	ヨーロッパ史とアジア史
大問数：全3問	☑ 穴埋め問題	が中心。傾向としてヨー
論述問題：無	☑ 選択問題	ロッパ偏重とアジア偏重
史料問題：有	☑ 組み合わせ問題	がほぼ隔年。中国史は頻
地図・図版問題：有	☑ 正誤判定問題	出で，消去法の使えない
歴史総合：無	☑ 年代順	2文正誤問題も出題。

🎓 学習院大学

問題の難易度 **2.5**
1 ——— 2 ⋯⋯⋯ 3 ▮▮▮▮ 4

■概要	■設問形式	■特徴
制限時間：60〜90分	☑ 語句記述問題	欧米史とアジア史の比重
大問数：全5問	☑ 穴埋め問題	は半々で，古代から第二
論述問題：有	☑ 選択問題	次世界大戦後の現代まで
史料問題：無	☐ 組み合わせ問題	幅広く出題。文化史の
地図・図版問題：無	☑ 正誤判定問題	出題が多く，文学部では
歴史総合：含	☐ 年代順	200字論述を2題出題。

🎓 明治大学

問題の難易度 **3**
1 ——— 2 ⋯⋯⋯ 3 ▮▮▮▮ 4

■概要	■設問形式	■特徴
制限時間：60分	☑ 語句記述問題	地域に偏りなく，古代か
大問数：全4〜5問	☑ 穴埋め問題	ら第二次世界大戦後まで
論述問題：有	☑ 選択問題	幅広く出題。文化史に難
史料問題：有	☑ 組み合わせ問題	問が多く，図版や地図も
地図・図版問題：有	☑ 正誤判定問題	頻出。国際日本学部では
歴史総合：含	☑ 年代順	難解な地図問題を出題。

※「歴史総合」については，各大学の個別試験における 2024 年 4 月現在の情報です。

🎓 青山学院大学

■概要

制限時間：60分
大問数：全3〜4問
論述問題：有
史料問題：有
地図・図版問題：有
歴史総合：無

■設問形式

☑ 語句記述問題
☑ 穴埋め問題
☑ 選択問題
☑ 組み合わせ問題
☑ 正誤判定問題
☑ 年代順

■特徴

西ヨーロッパ史・アメリカ史・中国史が中心。文化史や年代を問う問題も目立ち，国際政治経済学部では第二次世界大戦後の現代史の出題が多い。

🎓 立教大学

■概要

制限時間：60分
大問数：全2〜3問
論述問題：有
史料問題：有
地図・図版問題：有
歴史総合：含

■設問形式

☑ 語句記述問題
☑ 穴埋め問題
☑ 選択問題
☑ 組み合わせ問題
☑ 正誤判定問題
☑ 年代順

■特徴

西洋史と東洋史を融合したテーマ史を中心に，古代から第二次世界大戦後の現代まで幅広く出題。1〜2行の小論述や年代を問う問題は頻出。

🎓 中央大学

■概要

制限時間：60分
大問数：全2〜4問
論述問題：有
史料問題：有
地図・図版問題：有
歴史総合：含

■設問形式

☑ 語句記述問題
☑ 穴埋め問題
☑ 選択問題
☑ 組み合わせ問題
☑ 正誤判定問題
☑ 年代順

■特徴

西ヨーロッパ史，アメリカ史，中国史，イスラーム史が中心。地図や美術作品の図版問題が頻出で，文化史には難問が多い。

🎓 法政大学

■概要

制限時間：60分
大問数：全3問
論述問題：無
史料問題：無
地図・図版問題：無
歴史総合：含

■設問形式

☑ 語句記述問題
☑ 穴埋め問題
☑ 選択問題
☑ 組み合わせ問題
☑ 正誤判定問題
☑ 年代順

■特徴

欧米史と中国史が中心。古代から第二次世界大戦後の現代まで幅広く出題されるが，近年は近現代史を重視。経済学部などでは年代問題が頻出。

🎓 上智大学（TEAP 入試）

問題の難易度 **4**
1 ……………… 2 ▮▮▮▮ 3 ▮▮▮▮▮ 4

■概要	■設問形式	■特徴
制限時間：90 分	☐ 語句記述問題	問題文から得られる情報
大問数：全 1 問	☑ 穴埋め問題	に世界史の知識を織り交
論述問題：有	☑ 選択問題	ぜる難解な論述問題を出
史料問題：無	☐ 組み合わせ問題	題。先に論述のテーマを
地図・図版問題：無	☑ 正誤判定問題	確認してから問題文を読
歴史総合：含	☐ 年代順	むことが重要。

🎓 早稲田大学（文学部）

問題の難易度 **2.5**
1 ……………… 2 ▮▮▮▮ 3 ▮▮▮▮▮ 4

■概要	■設問形式	■特徴
制限時間：60 分	☑ 語句記述問題	ヨーロッパ史，イスラー
大問数：全 7 ～ 9 問	☑ 穴埋め問題	ム史，中国史が頻出。論
論述問題：無	☑ 選択問題	述は中国史関連が中心だ
史料問題：有	☑ 組み合わせ問題	が，近年はヨーロッパ史
地図・図版問題：無	☑ 正誤判定問題	からも出題。ヨーロッパ
歴史総合：無	☑ 年代順	絵画の図版問題は必須。

🎓 早稲田大学（文化構想学部）

問題の難易度 **2.5**
1 ……………… 2 ▮▮▮▮ 3 ▮▮▮▮▮ 4

■概要	■設問形式	■特徴
制限時間：60 分	☑ 語句記述問題	ヨーロッパ史，イスラー
大問数：全 5 ～ 8 問	☑ 穴埋め問題	ム史，中国史が中心。語
論述問題：無	☑ 選択問題	句記述問題や正誤判定問
史料問題：有	☑ 組み合わせ問題	題に難問が散見される。
地図・図版問題：無	☑ 正誤判定問題	絵画を中心としたヨー
歴史総合：無	☑ 年代順	ロッパ美術史は必須。

🎓 早稲田大学（教育学部）

問題の難易度 **2.5**
1 ……………… 2 ▮▮▮▮ 3 ▮▮▮▮▮ 4

■概要	■設問形式	■特徴
制限時間：60 分	☐ 語句記述問題	欧米史が 2 問，中国史が
大問数：全 4 問	☑ 穴埋め問題	1 問，そのほかの地域が
論述問題：無	☑ 選択問題	1 問の大問構成が定着。
史料問題：無	☑ 組み合わせ問題	他学部に比べてチベット
地図・図版問題：無	☑ 正誤判定問題	を含む内陸アジア史の出
歴史総合：無	☑ 年代順	題が多い。

🎓 早稲田大学（商学部）

■概要	■設問形式	■特徴
制限時間：60 分	☑ 語句記述問題	欧米史，イスラーム史，中国史が中心。中国史の正誤判定問題に難問が多い。論述問題は 19 世紀以降のアメリカ合衆国関連史が頻出。
大問数：全 4 問	☑ 穴埋め問題	
論述問題：有	☑ 選択問題	
史料問題：無	☐ 組み合わせ問題	
地図・図版問題：無	☑ 正誤判定問題	
歴史総合：無	☑ 年代順	

🎓 早稲田大学（法学部）

■概要	■設問形式	■特徴
制限時間：60 分	☐ 語句記述問題	ヨーロッパ史，イスラーム史，中国史が頻出。論述問題は 18 世紀以降のヨーロッパ史が頻出で，近年では 250 〜 300 字の字数が定着。
大問数：全 5 問	☑ 穴埋め問題	
論述問題：有	☑ 選択問題	
史料問題：無	☑ 組み合わせ問題	
地図・図版問題：無	☑ 正誤判定問題	
歴史総合：無	☑ 年代順	

🎓 慶應義塾大学（文学部）

■概要	■設問形式	■特徴
制限時間：60 分	☑ 語句記述問題	ヨーロッパ史，イスラーム史，中国史が頻出。空欄補充問題が中心。中国文化史の漢字に注意。
大問数：全 4 問	☑ 穴埋め問題	
論述問題：無	☑ 選択問題	
史料問題：無	☐ 組み合わせ問題	
地図・図版問題：無	☐ 正誤判定問題	
歴史総合：含	☐ 年代順	

🎓 慶應義塾大学（商学部）

■概要	■設問形式	■特徴
制限時間：60 分	☑ 語句記述問題	欧米史が中心で，第二次世界大戦後の現代史の出題も多い。社会経済史をテーマとした問題が多く，「理由」を問う小論述も頻出。
大問数：全 3 問	☑ 穴埋め問題	
論述問題：有	☑ 選択問題	
史料問題：無	☐ 組み合わせ問題	
地図・図版問題：無	☐ 正誤判定問題	
歴史総合：無	☐ 年代順	

🎓 慶應義塾大学 (経済学部)

問題の難易度 1——2———3▮▮▮▮4 **4**

■概要	■設問形式	■特徴
制限時間：80分	☑ 語句記述問題	15世紀以降の欧米史,
大問数：全3問	☑ 穴埋め問題	イスラーム史, 中国史が
論述問題：有	☑ 選択問題	中心。正誤判定や論述に
史料問題：有	☐ 組み合わせ問題	加え, 年表・資料・グラ
地図・図版問題：有	☑ 正誤判定問題	フ問題など, 知識を運用
歴史総合：含	☑ 年代順	する力が試される。

🎓 慶應義塾大学 (法学部)

問題の難易度 1——2———3▮▮▮▮4 **4**

■概要	■設問形式	■特徴
制限時間：60分	☐ 語句記述問題	ヨーロッパ史, イスラー
大問数：全4問	☑ 穴埋め問題	ム史, 中国史が中心。空
論述問題：無	☑ 選択問題	欄補充問題や正誤判定問
史料問題：無	☑ 組み合わせ問題	題などの一部に通常の学
地図・図版問題：有	☑ 正誤判定問題	習では対応できない超難
歴史総合：含	☑ 年代順	問を出題。

1章 諸地域世界の形成

解答・解説：別冊 p.2

1 古代オリエント世界

1 次の文章を読み，設問 1 ～ 3 に答えなさい。 （同志社大）

　ティグリス川およびユーフラテス川流域のメソポタミアのうち，とくに南部では灌漑農業が発達し，紀元前 3000 年頃から都市文明が栄え，ウル，ウルク，ラガシュなど，[a] 人の都市国家が多数形成された。前 24 世紀にこれら都市国家を征服したセム語系の [b] 人は，メソポタミアとシリアを支配したが，まもなく滅亡した。かわって [c] 人がバビロン第 1 王朝（古バビロニア王国）を興し，ハンムラビ王のときに全メソポタミアを支配した。しかし前 17 世紀半ば頃に小アジアに強力な国家を建設した [d] 人は，メソポタミアに遠征してバビロン第 1 王朝を滅ぼし，シリアにも進出して (あ)エジプトと戦った。また [e] 人は南メソポタミアに侵入して，バビロン第 1 王朝滅亡後のバビロニアを支配した。さらにミタンニ王国は，北メソポタミアからシリアに領土を広げた。

　前 2 千年紀初めに北メソポタミアに興った (I)アッシリア王国は，前 7 世紀前半に全オリエントを征服したが，前 612 年に崩壊して，オリエントにはエジプト，リディア，[f]，メディアの四つの王国が分立した。その後,前 6 世紀半ば頃に興ったアケメネス朝は，(II)ダレイオス 1 世（在位前 522 ～前 486）の時代に，エーゲ海北岸からインダス川にいたる大帝国を建設した。

☐ **問 1** 文中の空欄 [a] ～ [f] に入る最も適切な語句を次の語群から一つずつ選び，番号を記入しなさい。

　　1. アイオリス　2. アイユーブ　3. アヴァール　4. アッカド　5. アムル
　　6. アラブ　7. アラム　8. アンティゴノス　9. イオニア　10. ヴァンダル
　　11. ウイグル　12. エトルリア　13. カッシート　14. カナーン　15. ケルト
　　16. サータヴァーハナ　17. シュメール　18. 新バビロニア　19. スキタイ
　　20. スパルタ　21. チャクリ　22. チョーラ　23. トゥングー　24. ドーリア
　　25. バクトリア　26. ハルジー　27. パルティア　28. ヒッタイト
　　29. フィン　30. フェニキア　31. プトレマイオス　32. フランク
　　33. ブルグンド　34. ブワイフ　35. フン　36. ヘブライ　37. ベルベル
　　38. マウリヤ　39. マジャール　40. ラテン

☐ **問 2** 下線部（あ）に関する次の記述 1 ～ 4 のうち，誤っているものを一つ選び，その番号を記入しなさい。

　　1. 古王国はメンフィスを都とした。
　　2. 中王国時代末期にヒクソスがエジプトに侵入した。
　　3. アメンホテプ 4 世はアマルナに都を定めた。
　　4. ロゼッタ＝ストーンは，神聖文字・民用文字・楔形文字で書かれている。

　問 3　下線部（Ⅰ）・（Ⅱ）に関する次の記述 (a) (b) について，(a) (b) ともに正しい場合は数字 1，(a) のみ正しい場合は数字 2，(b) のみ正しい場合は数字 3，(a) (b) ともに正しくない場合は数字 4 を記入しなさい。

□（Ⅰ）　アッシリア王国について
　（a）　アッシリアの侵入によって，クシュ王国はエジプトから後退した。
　（b）　アッシリアはユダ王国を滅ぼした。
□（Ⅱ）　ダレイオス1世について
　（a）　ダレイオス1世は，各州にサトラップを置いた。
　（b）　ダレイオス1世は，新都ペルセポリスの建設をはじめた。

2　エジプトやシリア・パレスチナ地域に関する次の短文（1～4）を読み，下線部（1）～（7）について下記の設問に答えなさい。 （中央大）

1．エジプトでは，紀元前3千年頃，上エジプトと下エジプトを統一する王国が現れた。その後1千年以上もの間，エジプト内部での王朝交替は幾度となくあったが，(1)シリア・パレスチナ方面から人々が移動して来るまで，外部勢力の支配を受けることはなかった。これらの移動して来た人々は，前17世紀中葉，ナイル川デルタ地帯に王国を築き，新王国によって退けられるまで，およそ100年の間その地を支配した。これ以降，(2)新王国時代の王たちは，シリア・パレスチナ地域を統治下におくことを目的に，度々東方へ軍事遠征を行った。

2．前14世紀中葉，アメンホテプ4世は，エジプトの神々の中で最も重要な位置を占めるアモン神や死後の世界を司るオシリス神，および，その他の神々を排除し，(3)太陽神を唯一の神と宣言して信仰の改革を推進した。(4)当時の美術には，その教義が色濃く反映している。

3．『旧約聖書』には，ダヴィデ王がパレスチナの地に統一王国を築き，その王国は，子ソロモンの時代にたいそう栄えたという物語が収められている。しかし，繁栄は長く続かず，ソロモン王の死後，王国は二つに分裂し，(5)北の王国は前8世紀に，(6)南の王国は前6世紀に滅亡した。

4．エジプトおよびシリア・パレスチナ地域は，前7世紀以降，新アッシリア，新バビロニア，アケメネス朝ペルシアの支配下に入った後，前4世紀後半，アレクサンドロス大王によって征服された。彼がナイル川デルタ西北部に築いた新しい町(7)アレクサンドリアでは学術の大いなる発展があった。

□問1　この移動して来た人々を何というか。
□問2　前13世紀前半にシリア北部のカデシュでヒッタイトと戦い，戦いの後ヒッタイト王と講和条約を結んだ新王国時代の王は誰か。
□問3　アメンホテプ4世が唯一の神としたこの太陽神を何というか。
□問4　これは，伝統様式にとらわれない写実的な美術とされる。この美術を何というか。
□問5　この王国を何というか。
□問6　この王国を何というか。
□問7　アレクサンドリア東方の地点ロゼッタで発見された碑文は象形文字解読の出発点となった。この解読に成功した人物は誰か。

2 古代ギリシア・ヘレニズム世界

1 以下の文章を読み，下記A，Bに答えよ。 （早稲田大）

　数えあげると，アテナイではこれまで11回の体制の変化があった。最初の変化は，太古の時代にイオンとその仲間たちが，アテナイに集まり住むようになった時に起った。この時初めて，ひとびとは4つの部族に分けてまとめられ，それぞれに部族王が任命された。第二は，テセウスの時代の変化であり，かなり大きな国制の改革が行われ，本来の王制から少し外れていくことになった。その後，[a]の時代に，初めて法が成文化された。第三は，市民同士の騒乱の後に現れたソロンの体制であり，そこから初めて[b]政治の端緒が開かれた。第四は，ペイシストラトスの[c]政治の時代である。第五は，ペイシストラトスとその息子たちの[c]政治が倒れた後の[d]による体制であり，ソロンの体制よりも[b]的になった。第六は，(e)ペルシア戦争後の体制であり，この時の改革はまだ[f]の監督のもとで行われた。第七の体制は，（中略）エフィアルテスがこの[f]から政治的実権を奪った政変の後の体制である。この体制のもとでアテナイは，[g]たちの活動によって，きわめて多くの政治的失策をおかすことになった。これには当時のアテナイが，(h)海の支配を行っていたという原因もある。第八は，四百人の体制であり，これに次ぐ第九の体制として，ふたたび[b]政治が行われた。（中略）第十一は，フュレーおよびペイライエウスからひとびとが帰還した後の体制である。それ以来，今日まで現在の体制が続いており，大衆がますます多くの職務や権限を手にするようになっている。というのも，民衆はすべてに対する最終決定者となり，自らが実権を握る[i]の決議と民衆裁判所の判決によって，万事を取り仕切っているからである。

A　下記の**問1〜5**について，最も適切な答えをイ〜ニから一つ選べ。

□ **問1**　空欄[a]に当てはまる人名は何か。

　　　イ．リュクルゴス　ロ．レオニダス　ハ．ドラコン　ニ．ミノス

□ **問2**　空欄[d]に当てはまる人物が行ったことは何か。

　　　イ．部族制の再編　ロ．アルコン制の廃止　ハ．陶片追放制の廃止

　　　ニ．ファランクス戦法の開始

□ **問3**　下線部(e)中に起った@〜dの戦闘を時系列に並べるとすれば，適切なのはどれか。

　　@　スパルタの将軍パウサニアスが指揮するギリシア連合軍が，プラタイアでペルシア軍を撃破した。

　　ⓑ　アテナイを中心とするギリシア連合軍の艦隊が，アテナイ西方の海峡（水道）でペルシア艦隊を撃破した。

　　ⓒ　ミルティアデスが指揮するアテナイの重装歩兵軍が，アテナイ北東の地に上陸したペルシア軍を破った。

　　ⓓ　テッサリアを南下し中部ギリシアへ向け進軍するペルシア軍が，ギリシア軍を破り，スパルタ王が戦死した。

イ．ⓐ→ⓒ→ⓑ→ⓓ　ロ．ⓐ→ⓒ→ⓓ→ⓑ

ハ．ⓑ→ⓒ→ⓓ→ⓐ　ニ．ⓒ→ⓓ→ⓑ→ⓐ

□**問4**　空欄（f）に当てはまる語句は何か。

　　イ．五百人評議会　ロ．アレオパゴス評議会　ハ．ヘラス同盟

　　ニ．隣保同盟

□**問5**　下線部（h）を成立させていた軍事同盟の金庫を前454年にアテナイへ移した政治家は誰か。

　　イ．アナクレオン　ロ．キュロン　ハ．テミストクレス　ニ．ペリクレス

B　下記の**問1〜4**について，最も適切な答えを記せ。

□**問1**　空欄［b］に当てはまる語句を漢字二文字で記せ。

□**問2**　空欄［c］に当てはまる語句を漢字二文字で記せ。

□**問3**　空欄［g］に当てはまる語句をカタカナで記せ。

□**問4**　空欄［i］に当てはまる語句を漢字二文字で記せ。

2　**次の文の[1]〜[10]に入れるのに最も適当な語句を下記の語群から選び，その記号を答えよ。**

（関西大）

　アレクサンドロスはマケドニアの王子として生まれ，幼少のころに「万学の祖」と呼ばれる哲学者［　1　］から教育を受けた。父は，軍備を強化して［　2　］の戦いで勝利し，スパルタを除いた全ギリシアのポリスと［　3　］同盟を締結した。その後，ペルシアに対する遠征を計画中に，内紛で暗殺されてしまった。

　アレクサンドロスは紀元前333年にペルシア王と［　4　］で戦い，これに勝利すると，地中海東岸とエジプトの制圧に向かった。なかでも，［　5　］は，アレクサンドロスに抵抗したため，激しく攻撃されて占領された。この都市国家は，カルタゴを建設するなど，地中海で大きな役割を果たしている。

　アレクサンドロスは，その後，ペルシア帝国の中心部に侵攻し，前331年，［　6　］で圧勝し，ペルシアの滅亡を決定づけた。彼は，さらに軍を進め，ペルシアの領域を越えて，インド西北部まで至っている。彼の死後，アジアの領土はセレウコス朝に受け継がれたが，前3世紀半ばにアム川流域のギリシア人は［　7　］を建てた。

　アレクサンドロスが熱病で亡くなったバビロンは，かつて新バビロニアの王［　8　］がユダ王国を滅ぼし，住民を連行した都市であった。ペルシア帝国の政治の中心であった［　9　］は，ここを中心に駅伝制が整備され，小アジアのサルデスに至る国道が設けられていた。［　9　］の東南にあった［　10　］では新年の祭りが行われていたが，アレクサンドロスはこの都市を破壊した。

〔**語群**〕

　　（ア）コリントス　（イ）アクティウム　（ウ）イッソス　（エ）カイロネイア

　　（オ）ネブカドネザル2世　（カ）ラガシュ　（キ）エフタル　（ク）カンネー

　　（ケ）ティルス　（コ）デロス　（サ）キプロス　（シ）アルベラ　（ス）ニコメディア

　　（セ）ペルガモン　（ソ）アレクサンドリア　（タ）プラトン　（チ）ペルセポリス

　　（ツ）ポリビオス　（テ）ペラ　（ト）アリストテレス　（ナ）サルゴン1世

　　（ニ）パルティア　（ヌ）スサ　（ネ）アッシュル＝バニパル　（ノ）バクトリア

3 ローマ世界とキリスト教

1 以下の文章を読み，下記A，Bに答えよ。　　　　　　（早稲田大）

(a)ローマは紀元前3世紀半ばまでに，イタリア半島の大部分の都市を勢力下に置いた。その後，(b)前2世紀半ばまでの長期の戦いで，ローマはカルタゴに最終的に勝利し，広大な属州を獲得した。この間，元老院議員など富裕層が広大な公有地を占有し，[　c　]と呼ばれる大土地経営に乗り出した。一方，武装自弁の重装歩兵からなる市民軍団の中核を担った自作農の多くが，兵役と重税の負担から土地を失い，ローマに流入して無産市民になった。こうして中小農民からなる市民軍団の維持が困難になり，代わって無産市民の志願兵からなる職業軍団が誕生した。共和政末の著名な将軍たちは，このような職業兵士を使って，掠奪と奴隷獲得のための征服戦争を行った。共和政末には，征服戦争とともに，内紛が激しくなった。前2世紀末の(d)グラックス兄弟の改革をめぐる対立を経て，政治的対立が明確になった。共和政の伝統を守ろうとする元老院を中心とする門閥派と，民衆を動員して台頭しようとする平民派の対立である。前91年から前88年にかけての[　e　]戦争が終ると，まもなくローマは内乱に突入し，スラを代表とする門閥派と，(f)マリウスを指導者とする平民派が争った。両者の激しい抗争の末，スラが前83年にマリウス派に打ち勝ち，翌年に独裁官に就任し，元老院の力を強化する一方，民衆の影響力を抑える政治を行った。

　紀元前78年のスラの死後，ポンペイウスがスラの路線を継承し，元老院の後ろ盾を得て翌年に統領に選出された。その後ポンペイウスは前67年に東地中海の海賊を掃討し，翌年ポントス王を破り，(g)前62年までにほぼ東地中海地域全体を平定した。しかしポンペイウスの影響力増大を恐れた元老院は，その功績に十分報いなかったため，両者の間に軋轢が生まれた。一方，もともと縁戚関係から平民派に近かったカエサルは，公有地分配政策を掲げて民衆の人気を高め，統領への選出を狙っていた。カエサルは元老院と対立するポンペイウスと提携し，その協力で前59年に統領に就任し，翌年から(h)長期の遠征を開始した。ところがカエサルがローマを離れている間に，ポンペイウスはふたたび元老院の有力者たちに接近し，前52年に統領に選出された。前49年にポンペイウスと結んだ元老院が，カエサルに対して事実上の公敵宣言を行った。カエサルは軍団を率いてルビコン川を渡り，ふたたび内乱が始まった。(i)カエサルは前48年の決戦でポンペイウスを破り，前46年に任期10年の独裁官に就き，その後これを終身化し，独裁的な権力を握った。結局カエサルは，共和政の廃止を恐れる者によって暗殺された。カエサルの死後，かれの養子のオクタウィアヌスと部将のアントニウスが盟約を結んだが，その後両者は対立し，(j)エジプト女王と結んだアントニウスが敗北したことで，ようやく内乱が終結した。(k)前27年にオクタウィアヌスは元老院から「アウグストゥス」の称号を贈られ，共和政の伝統を名目上尊重する政治を始めた。

A　下記の問1〜6について，最も適切な答えを一つ選べ。

☐ **問1**　次の古代都市のうち，下線部（a）に該当するギリシア人植民市はどれか。
　　　　イ．タレントゥム　　ロ．シドン　　ハ．メッサナ　　ニ．マッサリア

□ **問2** 下線部（b）に関連する記述として，誤っているのはどれか。

　　　イ．カルタゴは，フェニキア人が建設した植民市だった。

　　　ロ．ローマは，カンネーの戦いでカルタゴを破った。

　　　ハ．ローマはシチリア島を獲得し，初の属州にした。

　　　ニ．カルタゴは，コリントスと同じ年に滅ぼされた。

□ **問3** 下線部（d）に関連する記述として，誤っているのはどれか。

　　　イ．改革は，大スキピオの孫であり，相次いで護民官に就任した兄弟によって行われた。

　　　ロ．改革は，ホルテンシウス法の復活によって，公有地の占有を制限する政策を含んでいた。

　　　ハ．改革は，市民軍団の再建のために，公有地の再配分により自作農を創設する政策を含んでいた。

　　　ニ．改革は，公有地の占有や属州の統治に対して規制を加えたため，元老院勢力の反対に遭った。

□ **問4** 下線部（f）の人物に関連する記述として，誤っているのはどれか。

　　　イ．無産市民の志願兵から軍団を編成する軍制改革を行った。

　　　ロ．北アフリカのヌミディアの王ユグルタと戦い，勝利した。

　　　ハ．ポントス王に対する討伐戦の指揮権をめぐりスラと争った。

　　　ニ．メソポタミアをめぐるパルティア王国との戦いで戦死した。

□ **問5** 下線部（i）の決戦の名称は何か。

　　　イ．イッソスの戦い　　ロ．テルモピレーの戦い

　　　ハ．ファルサロスの戦い　　ニ．アクティウムの戦い

□ **問6** 下線部（k）に関連する記述として，誤っているのはどれか。

　　　イ．この統治体制は，プリンケプス（元首）が実権を握る「プリンキパトゥス」（元首政）と呼ばれる。

　　　ロ．元首が直轄する属州と元老院が管轄する属州が分けられ，エジプトは元首が直轄する属州とされた。

　　　ハ．元首政の最盛期に現れた五賢帝の最後の皇帝が，イタリア本土の全自由人にローマ市民権を付与した。

　　　ニ．元首政と対照的に，ディオクレティアヌス帝以来の統治体制は「ドミナトゥス」（専制君主制）と呼ばれる。

B　下記の**問1〜5**について，最も適切な答えを記せ。

□ **問1**　空欄（c）に当てはまる適切な語句をカタカナで記せ。

□ **問2**　空欄（e）に当てはまる適切な語句を記せ。

□ **問3**　下線部（g）の一環でポンペイウスによって滅ぼされたシリア王国の創始者はだれか。

□ **問4**　下線部（h）の体験を記したカエサルの著作名は何か。

□ **問5**　下線部（j）の出身王朝がアレクサンドリアに開設・保護した学術研究機関の名は何か。

2 つぎの文章を読んで，下記の設問に答えよ。 （成城大）

　帝国の最盛期は，［　a　］帝に始まるいわゆる五賢帝の時代にもたらされた。［　a　］帝は前皇帝ドミティアヌスが暗殺された後，96 年に (A)推挙されて即位し，財政難の克服につとめた。そして，有能な軍人であった［　b　］を養子とし，死後に帝位を継がせた。この後に続くハドリアヌス，［　c　］，［　d　］という三代の皇帝も，いずれも前皇帝の養子となった人物である。こうしたことから，有能な人物が養子となり後継者に指名されたこの方式によって，徳望ある皇帝が連続して統治を行い帝国に (B)平和と安定をもたらした，と主張する歴史家も少なくない。実際，五賢帝最後の［　d　］帝は実子コンモドゥスを後継者とし，暗愚なコンモドゥスが皇帝となるとその治世は乱れ，かれは自らの親衛隊に暗殺されるのである。

　さて，［　b　］帝はスペイン出身の貴族であったから，イタリア半島以外のローマの支配地である［　e　］を出身地とする最初の皇帝となった。この皇帝の治世に帝国の支配領域は最大になった。続くハドリアヌスはその (C)広大な領土をくまなく巡幸し，ブリテン島に全長 120km に及ぶ防壁をつくらせた。次の［　c　］帝はローマ近郊に生まれたが，家系は (D)南フランスの貴族で名門であった。この皇帝の時代は，官僚制が整備され，財政の節約がなされ，「かれの治世には歴史がない」と言われるほどに平穏であった。『［　f　］』を書いた哲学者でもあった五賢帝最後の［　d　］帝は，(E)国境を越えて侵入する異民族への対応に追われながらも，官僚機構にも支えられて保守的な統治を行った。18 世紀イギリスの歴史家ギボンは，『ローマ帝国衰亡史』において，この五賢帝による時代を「人類がもっとも幸福であった時代」とさえ述べたのである。

□ **問1**　文中の空欄 [a] 〜 [f] を埋めるのに最も適切な語句を記せ（同一記号は同一語句）。

□ **問2**　下線部 (A) について，推挙したのは，共和政時代から国政全般にわたる大きな諮問権を有する機関であった。この機関は何か。

□ **問3**　下線部 (B) ついて，アウグストゥス時代から五賢帝時代にかけての約 200年間において，帝国の支配下に地中海周辺地域の平和と繁栄が実現したことを指す言葉が，後世に生まれている。この言葉は何か。

□ **問4**　下線部 (C) について，ハドリアヌスの巡幸地には，オクタウィアヌス（アウグストゥス）が帝政樹立へと向かうことになった戦にゆかりの都市もあった。前 31 年，オクタウィアヌスがギリシア西岸のこの都市の沖でアントニウスらと戦った海戦は何か。

□ **問5**　下線部 (D) について，土木建築などの実用面にすぐれていたローマ人は，領土内の各地でその技術を用いていた。南フランスに今も遺跡が残る水道橋は何か。

□ **問6**　下線部 (E) について，この時期にローマ帝国に侵入した勢力のうちで，イラン・メソポタミアを支配していた国家は何か。

3 キリスト教史に関する次の文章を読み，設問に答えよ。　　　　　（早稲田大）

　イエスの死後，その言行が弟子たちによって伝えられ，信者たちの共同体として
教会が形成された。活動はユダヤの地域を越えてギリシアおよびローマ世界に，ま
たユダヤ人から異邦人へと広まり，①各地に教会が建てられ，新約聖書が編纂され，
キリスト教が成立した。

　キリスト教は，皇帝崇拝を旨とするローマでは，まず［　Ａ　］帝による迫害にあっ
た。そののち［　Ｂ　］帝の大規模な迫害が失敗に終わると，［　Ｃ　］帝は，313 年，
キリスト教を公認した。380 年には，［　Ｄ　］帝によりローマ帝国の国教となった。
②教会内部では，325 年のニケーア公会議で，アリウス派が異端とされ，アタナシ
ウス派が正統の地位を占めた。431 年のエフェソス公会議ではネストリウス派が，
また 451 年のカルケドン公会議では単性論が，異端とされた。ローマ教会はやがて
カトリック（普遍的）と称し，その首長は教皇としての権威を持つようになった。

□ **問1**　下線部①について，次の中から古代の主要な五つの教会（五本山）に該当し
　　ないものを一つ選べ。

　　　　　イ．ローマ　ロ．コンスタンティノープル　ハ．アテネ　ニ．イェルサレム

□ **問2**　空欄［Ａ］～［Ｄ］にはローマ皇帝の名前が入る。その組み合わせとして正
　　しいものを一つ選べ。

　　　イ．Ａ：ネロ　Ｂ：ディオクレティアヌス
　　　　　Ｃ：コンスタンティヌス　Ｄ：テオドシウス

　　　ロ．Ａ：コンスタンティヌス　Ｂ：ディオクレティアヌス　Ｃ：ネロ
　　　　　Ｄ：テオドシウス

　　　ハ．Ａ：テオドシウス　Ｂ：コンスタンティヌス　Ｃ：ネロ
　　　　　Ｄ：ディオクレティアヌス

　　　ニ．Ａ：ネロ　Ｂ：テオドシウス　Ｃ：コンスタンティヌス
　　　　　Ｄ：ディオクレティアヌス

□ **問3**　下線部②のキリスト教にあった複数の考えについての記述のうち，明白な誤
　　りを含むものを一つ選べ。

　　　イ．アタナシウス派は父なる神と子なるイエスは同質だとし，この考えはのち
　　　　　に三位一体説として確立された。

　　　ロ．アリウス派はイエスを神によって創られた人間と見なし，異端とされた後
　　　　　もスラヴ民族に拡がった。

　　　ハ．ネストリウス派はイエスの神性と人性を分離して考え，中国まで伝播して
　　　　　景教と呼ばれた。

　　　ニ．単性論はイエスに神性のみを認め，エジプトのコプト教会などに受け継が
　　　　　れた。

4 古代インドと東南アジア世界

1 次の文中の下線部に関する問いに答え，最も適当な記号一つを答えなさい。

（関西学院大）

　　インドでは，①インダス文明の衰退後，アーリヤ人がインダス川，ついでガンジス川流域に進出し，②ヴェーダ時代と呼ばれる古代文明の形成期を迎えた。やがてヴェーダ時代の終焉とともに，城壁をそなえた都市を中心とする諸国家が形成され，それらを統一した③マウリヤ朝が，アショーカ王の時代に最盛期を築いた。彼の死後，同王朝は衰退し，北インド中央部ではしばらく分裂が続いた。その間，インド西北部に侵入したイラン系民族の中から，1世紀にクシャーン人が④クシャーナ朝を建て，カニシカ王の時代に最盛期を迎えたが，やがてササン朝の侵攻で衰退した。4世紀に入るとグプタ朝が興り，チャンドラグプタ2世のときに最盛期を迎え，北インド全域を統治する大国となり，南インドにも進出した。このグプタ朝時代には，インド固有の宗教としての⑤ヒンドゥー教が確立するとともに，インド古典文化が完成期をむかえた。

□① インダス文明に関する記述として，誤りを含むものはどれか。
　　a. 都市の遺跡からは，大規模な宮殿や陵墓が発見されている。
　　b. 都市遺跡として，グジャラート地方のドーラヴィーラーが知られる。
　　c. 遺跡からは，メソポタミアの印章が発見されている。
　　d. 未解読のインダス文字は，象形文字とされる。

□② ヴェーダ時代の出来事でないものはどれか。
　　a. リグ＝ヴェーダが成立した。　　b. ストゥーパが作られた。
　　c. 鉄器の使用が始まった。　　　　d. ヴァルナが形成された。

□③ マウリヤ朝に関する記述として，誤りを含むものはどれか。
　　a. マガダ国の武将によって建てられた。
　　b. 辺境の属州には王族が太守として派遣された。
　　c. アショーカ王は第3回の仏典結集を行ったとされる。
　　d. この王朝のもとで大乗仏教が生まれた。

□④ クシャーナ朝に関する記述として，誤りを含むものはどれか。
　　a. プルシャプラを都とした。
　　b. ローマ貨幣の影響で金貨が大量発行された。
　　c. マトゥラーなどで仏像が作られ始めた。
　　d. バクティ運動が広まった。

□⑤ ヒンドゥー教とヒンドゥー社会に関する記述として，誤りを含むものはどれか。
　　a. 世界護持の神ヴィシュヌなどを主神とする多神教である。
　　b. マヌ法典は，ヒンドゥー社会のヴァルナごとの生活規範を定めた。
　　c. ナーランダー僧院はヒンドゥー教の寺院として栄えた。
　　d. ヒンドゥー教の神は，大乗仏教にも取り入れられた。

2 次の文章を読み，下記の問に答えなさい。
(明治大)

　東南アジアは，大陸部と諸島部の2つに分かれる。大陸内陸部では，紀元前1000年紀に始まった稲作の発展を基礎にして，ベトナム北部から中国西南部の雲南省を中心に㋐スキタイ美術や中国の青銅器文明の影響を受けた金属器文化が生まれた。この文化の象徴である［　①　］の出土地の分布から，この稲作民の文化がマレー半島をへて，諸島部にまで広がっていたことがわかる。他方，大陸沿岸部では，漁労民の文化である［　②　］文化が興隆した。

　紀元前後から，南シナ海とインド洋とをむすぶ海上交易が本格化した。これは，モンスーンという気象条件を利用した沿岸づたいの帆船航海が一般化したことによる。こうした海上交易の発展は，マレー半島や大陸沿岸部に，㋑船舶の乗り継ぎや風待ちのための中継地としての機能，香辛料など他の地域が求める豊富な物資の生産地としての機能といった多くの機能を持つ都市を誕生させ，これらを支配する在地権力の形成を促した。こうした都市の中から，メコン川下流域に建国された［　③　］や，［　②　］文化を基礎にして発展した［　④　］といった都市国家群を支配する大国も登場した。

　他方内陸部でも，イラワディ川中流域では，1世紀からピュー都市国家群が成立した。5世紀になって，ピューが［　③　］と結ばれると，両者間の中継交易によってチャオプラヤ（メナム）川中・下流域でモン人の国家である［　⑤　］が勢力をのばした。

　7世紀になると，航海技術の発達により，沿岸部を航行するルートに代わり，マラッカ海峡を通過する海洋ルートが栄えるようになった。このようなルートの変更によって，新たな東西交易の中継拠点として，㋒スマトラ島の勢力が力を増していく一方，［　③　］などの旧ルート上の勢力が衰退した。その後8世紀になると，㋓ジャワ島中部の王朝が強大な海軍力で上記のスマトラ島の勢力に取って代わり，東南アジアの海路を制した。この勢力はさらにカンボジアに宗主権をもち，［　④　］に進攻するほどの大発展をみせた。

□ 問1　文中の空欄［①］〜［⑤］のそれぞれにもっとも適切と思われる語句を記入しなさい。

　問2　文中の下線部㋐〜㋓に関して，下記の問（ア）〜（エ）に答えなさい。

□（ア）　下線部㋐に関して，この文化は紀元前4世紀頃から東南アジア各地に広がったが，この文化は何と呼ばれているか。

□（イ）　下線部㋑に関して，このような機能を持つ都市を基盤とする国家は何と呼ばれているか。

□（ウ）　下線部㋒に関して，7世紀にスマトラ島東南部を中心に建てられた国の中心として栄えた，スマトラ島東部の都市はどこか。

□（エ）　下線部㋓に関して，大乗仏教を保護するこの王朝により，8世紀には5層の回廊の浮き彫りと504体の仏像により仏教的な世界観を表す寺院がジャワ島に建てられたが，それと同時期にジャワ島に存在した古マタラム国によって建設されたヒンドゥー教寺院群は，何と呼ばれているか。

5 中国史①（黄河文明～秦漢帝国）

1 古代の中国に関する下記の設問に答えなさい。 〈南山大〉

□ **問1** 先史時代に関する記述として正しいものを選びなさい。

⑦ 周口店上洞人は現生人類に属する。

④ 黄河流域では稲を中心とした農耕がはじまった。

⑦ 長江流域では仰韶文化が広がった。

⑤ 竜山文化は彩陶を特色とする。

□ **問2** 殷に関するつぎの二つの文について正誤を判断し，aとbの両方が正しければ⑦を，aが正しくbが誤っていれば④を，aが誤っておりbが正しければ⑦を，aとbの両方が誤っていれば⑤を選びなさい。

a. 甲骨文字が占いの記録に使われた。

b. 鉄製農具を使って農業生産力を高めた。

□ **問3** 周に関する記述として正しいものを選びなさい。

⑦ 前11世紀に禅譲によって殷から王位を継承した。

④ 現在の洛陽付近にあった鎬京を都とした。

⑦ 王は一族・功臣・有力首長を世襲の諸侯とした。

⑤ 封土の分与による周の統治のしかたは郡国制と呼ばれる。

□ **問4** 春秋・戦国時代に関する記述として誤っているものを選びなさい。すべて正しい場合は⑦を選びなさい。

⑦ 斉の桓公は春秋の五覇の一人とされる。

④ 戦国時代には，周王を無視した諸侯がつぎつぎと王を称した。

⑦ 晋は韓・魏・趙に分裂した。

⑤ 刀銭・布銭などの青銅貨幣が使われるようになった。

□ **問5** 戦国の七雄に含まれないものを選びなさい。すべて含まれる場合は⑦を選びなさい。

⑦秦 ④魯 ⑦斉 ⑤魏

2 秦から後漢までの歴史に関するA～Dの文を読んで，各設問に答えなさい。

〈早稲田大〉

A 秦は周の東遷のとき，周王を洛邑に送り届けた功績で諸侯となった国で，始皇帝の登場まで500年以上の歴史をもっている。秦はそのような伝統的な面と，戦国時代以降の革新的な面を併せもっている。そのような歴史を背景に，始皇帝は中国統一後，皇帝号を採用し，(a)全国を36郡にわけ，中央から官僚を派遣して統治し，匈奴を撃退して万里の長城を修築するなど，中央集権体制を確立した。

□**問1** 下線部（a）の郡県制に関して，不適切な記述はどれか。

イ．周の封建制にかわって，春秋時代の覇者が実施した。

ロ．始皇帝は封建制を廃止して，郡県制を全土に施行した。

ハ．前漢高祖は直轄地に郡県制を布き，それ以外の地に封建制を復活させた。

ニ．隋は郡を廃し，州が県を統括する州県制を採用し，唐もこれを踏襲した。

B　前漢武帝は始皇帝が建設した統一帝国を完成させた。郡国制は実質的に郡県制と等しくなった。対外面では高祖以来の消極策を改め，匈奴に反撃してこれを漠北に撃退した。また (b)西域・南越・朝鮮などを経営し，空前の支配領域を形成した。しかしたび重なる外征は深刻な社会不安や財政逼迫をまねき，(c)経済統制政策が実施された。

□問2　下線部 (b) のシル川上流にある盆地は，名馬の産地として有名である。その地名はどれか。

　　イ．烏孫　ロ．大宛　ハ．敦煌　ニ．大月氏

□問3　下線部 (c) に関して，これに含まれないものはどれか。

　　イ．均輸法　ロ．平準法　ハ．塩・鉄・酒の専売　ニ．限田法

C　前漢後期になると，中央では外戚や [　あ　] が実権を争い，地方では豪族による土地兼併が進行した。こうした中で外戚の王莽は，前漢を奪って新を建国した。王莽は周の政治を理想とし，儒家の経典に基づく急進改革を行ったが，社会の混乱をまねき，各地で(d)農民反乱が起こった。さらに地方豪族の反乱が起こり，新は15年で滅亡した。

□問4　空欄 [あ] に入る最も適切な語句を漢字で記入しなさい。

□問5　下線部 (d) に関して，中国史上の農民反乱の説明として，不適切な記述はどれか。

　　イ．黄巾の乱は太平道の教祖張角が指導した反乱で，後漢滅亡の一因となった。

　　ロ．黄巣の乱は朱全忠に呼応して黄巣が指導した反乱で，唐の滅亡を決定的にした。

　　ハ．紅巾の乱は元末の白蓮教などの宗教結社を中心とした農民反乱で，元滅亡の直接原因となった。

　　ニ．白蓮教徒の乱は清中期に四川などの新開地で起こり，その鎮圧に郷勇が活躍し，清の弱体化が露呈した。

D　新末の動乱の中から，豪族の援助をえて漢を再興したのが劉秀（光武帝）である。光武帝は内政につとめ，対外的には消極的だった。後に後漢は積極的な対外政策に転じ，匈奴や西域諸国を服属させた。その後，幼帝が続き，外戚や [　あ　] が再び政治を混乱させ，やがて群雄割拠となったが，[　い　] は禅譲により魏を樹立した。以後，中国は隋による再統一まで長い分裂時代に入る。

□問6　空欄 [い] に入る最も適切な人物名を漢字で記入しなさい。

6 中国史② (魏晋南北朝〜隋・唐帝国)

1 以下の文章を読み，下線部(1)〜(9)に関する問いについて，a〜dの選択肢の中から答えを1つ選びなさい。
(早稲田大)

中国では2世紀末に黄巾の乱がおこり，後漢の統治体制が崩壊して (1)魏・呉・蜀の三国が分立し，魏晋南北朝と総称される長い分裂の時代を迎えた。この時代には，社会の混乱を収拾させるために，いくつかの政権は新しい (2)土地制度や税制度を導入した。

西晋の朝廷に内紛がおこると，その機に乗じて，華北に移住していた (3)匈奴の劉淵が自立して漢（前趙）を建国し，西晋は滅んで五胡十六国時代が幕を開けた。五胡十六国は (4)北魏によって統一されたが，その北魏の末期には北方の辺境から (5)六鎮の乱がおこり，何度目かの大規模な民族南下現象を引き起こした。

魏晋南北朝時代は，仏教が中国に定着した時代である。亀茲出身の (6)鳩摩羅什は長安に来て仏典約300巻を漢訳し，また中国僧もインドに留学した。さらには中国各地に (7)石窟寺院が造営された。道教が確立したのもこの時代である。道教は後漢末の民間宗教結社の流れを汲み，北魏の (8)寇謙之によって教団が形成された。一方，南朝では (9)書・画・文芸などの分野で華麗な貴族文化が発展した。

□ (1) 三国・西晋の政治的展開について，誤っている説明はどれか。
　　a. 曹丕が後漢・献帝の禅譲を受けて魏が成立した。
　　b. 建業に都を置いた呉は魏の攻撃を受けて滅亡した。
　　c. 劉備は四川に蜀を建て諸葛亮を丞相とした。
　　d. 魏の実力者の子である司馬炎が禅譲を受けて西晋を建てた。

□ (2) 諸王朝の実施した制度について，誤っている説明はどれか。
　　a. 魏は屯田制を施行した。　　　　b. 西晋は戸調式の税制を発布した。
　　c. 五胡の諸国では土断法が行われた。　d. 北魏は均田制を施行した。

□ (3) この出来事は何というか。
　　a. 永嘉の乱　b.黄巣の乱　c. 赤眉の乱　d. 八王の乱

□ (4) この王朝の首都，平城があった場所は現在のどこか。
　　a. 河南省安陽市　b. 河北省北京市　c. 江蘇省揚州市　d. 山西省大同市

□ (5) この混乱後の政治史について，誤っている説明はどれか。
　　a. 東魏の実権者高歓は，洛陽から鄴に都を遷した。
　　b. 西魏は長安を拠点とし，府兵制を施行した。
　　c. 東魏・西魏の対立期は，南朝では梁の時代にあたっていた。
　　d. 北周からの禅譲で成立した隋は，北斉を併合して華北を統一した。

□ (6) この僧が訳した漢訳仏典は「旧訳」といわれるが，後に仏典の「新訳」を行い法相宗の教義を開いた僧は誰か。
　　a. 義浄　b. 玄奘　c. 智顗　d. 仏図澄

□ (7) 洛陽郊外に造営された石窟はどれか。
　　a. 雲崗　b. 莫高窟　c. 仏国寺　d. 竜門

☐ (8) この伝統道教を改革して，金代には全真教という道教教団が成立した。全真教の開祖は誰か。

  a．王重陽 b．慧遠 c．恵果 d．陸九淵

☐ (9) 書聖と称され，後世の漢字の書体に大きな影響を与えた人物は誰か。

  a．王羲之 b．呉道元 c．顔真卿 d．顧愷之

2 **隋・唐に関するつぎの文を読み，下記の設問に答えなさい。** (南山大)

 隋の楊堅は都を⑦大興城に定め，南朝の［ 2 ］を倒して中国を統一した。(3)隋は(4)南北朝時代の諸王朝の制度をとり入れたが，各地で反乱がおこって滅んだ。

 618年に④李淵は唐をたてた。2代目の太宗は中国を統一し，その治世は「⑨開元の治」と呼ばれる。唐は隋の制度を継承し，(5)中央官制を整備して統治をおこなった。また，唐は周辺諸国の首長に対し，爵位や官位を与えて臣従・朝貢させた。唐の諸制度や(6)文化は周辺諸国に導入され，大祚栄が靺鞨の民と［ 7 ］の遺民を率いてたてた渤海も唐の官僚制をとり入れた。

 8世紀に入ると，傭兵を用いる募兵制が採用され，その指揮官である④節度使が辺境の防備にあたるようになった。(8)安史の乱後，中央政府の統制はおとろえ，ウイグルや吐蕃の侵入も頻発して，唐の領土が縮小した。9世紀後半，［ 9 ］の密売人の黄巣がおこした反乱が全国に広がり，やがて唐は滅亡した。

☐ (1) 文中の下線部⑦〜④のうち，誤っているものを選びなさい。すべて正しい場合は⑦を選びなさい。

☐ (2) 空欄［2］に入る語を選びなさい。 ⑦斉 ④陳 ⑨梁 ④宋

☐ (3) 隋がおこなったことを選びなさい。

  ⑦九品中正の廃止 ④殿試の導入 ⑨里甲制の実施 ④市舶司の設置

☐ (4) 西魏の時代にはじまった制度を選びなさい。

  ⑦均田制 ④屯田制 ⑨占田・課田法 ④府兵制

☐ (5) 詔勅の草案の審議をおこなう機関を選びなさい。

  ⑦門下省 ④吏部 ⑨尚書省 ④御史台

☐ (6) 唐代の文化に関するつぎの二つの文について正誤を判断し，aとbの両方が正しければ⑦を，aが正しくbが誤っていれば④を，aが誤っておりbが正しければ⑨を，aとbの両方が誤っていれば④を選びなさい。

  a．孔穎達は『五経大全』を編纂した。

  b．柳宗元は古文の復興を主張した。

☐ (7) 空欄［7］に入る語を選びなさい。 ⑦新羅 ④百済 ⑨高句麗 ④加羅

☐ (8) 安史の乱を含む出来事が古い順に並んでいるものを選びなさい。

  ⑦ 玄宗の即位——安史の乱の勃発——両税法の採用

  ④ 玄宗の即位——両税法の採用——安史の乱の勃発

  ⑨ 安史の乱の勃発——玄宗の即位——両税法の採用

  ④ 両税法の採用——玄宗の即位——安史の乱の勃発

☐ (9) 空欄［9］に入る語を選びなさい。 ⑦絹 ④塩 ⑨酒 ④鉄

7 中国史③（北宋～モンゴル帝国・元）

1 以下の文章を読み，下線部(1)～(6)に関する問いについて，a～dの選択肢
の中から答えを1つ選びなさい。また，波線部（A）および空欄[B]，[C]に
関する問いの答えをすべて漢字で記入しなさい。　　　　　　　　　（早稲田大）

　8世紀半ばに (A)安史の乱が起こると，唐の辺境統治は不安定となり，中国内地
には藩鎮の勢力が林立して，王朝の権力は低下した。9世末には塩の密売商人によ
る [　B　] の乱が起こり，唐は事実上崩壊した。この唐末の反乱は中国内地の物
流の発展を背景にしている。やがてこの反乱軍の武将であった朱全忠によって皇帝
位が奪われ，(1)五代十国時代が始まった。

　五代十国の混乱は，(2)北宋によって統一された。魏晋南北朝以来の門閥貴族は唐
の後半期以降に没落し，北宋ではかわって (3)新しい階層が社会の支配者層として
台頭した。また，宋代には前代の風潮を受けて商業が発展し，華北と江南の人口比
率が逆転して，(4)中国南方の港湾都市が発展した。北宋の領土は唐前半期に比べれ
ば狭く，北方諸国からの圧力にさらされたが，遼との間に (5)澶淵の盟が結ばれて
平和な時代を保つことができた。今日の東北地方に金が興ると，宋は (6)金と手を
結んで遼を滅亡に追い込んだ。しかし，金は戦後の宋の約束不履行を理由に首都開
封に攻め込み，徽宗・欽宗などの皇族を捕虜として北方に連れ去る [　C　] の変
を起こし，北宋は滅亡した。

- □ (1)　五代の諸王朝に関する説明として誤っているものはどれか。
    - a.　後梁は汴州（開封）に都を置いた。
    - b.　後唐は李存勗によって建国された。
    - c.　後漢の高祖は都を洛陽に移した。
    - d.　後周の世宗は仏教弾圧を行った。
- □ (2)　北宋初期の政策や出来事として誤っているものはどれか。
    - a.　軍人の勢力を弱めるために禁軍は廃止された。
    - b.　武断政治の風潮を押さえるために文治主義をとった。
    - c.　科挙が整備されて皇帝自らが行う殿試が導入された。
    - d.　第2代太宗が十国最後の国である北漢を滅ぼした。
- □ (3)　門閥貴族にかわって経済・文化の担い手となった新興地主層はどれか。
    - a.　形勢戸　b.　佃戸　c.　客家　d.　部曲
- □ (4)　これらの都市と周辺地域に関する説明として誤っているものはどれか。
    - a.　厦門はアヘン戦争後の南京条約で開港された。
    - b.　福州と泉州はともに今日の福建省の港市である。
    - c.　マカオはポルトガルの貿易拠点として発展した。
    - d.　広州湾は帝国主義時代にイギリスが租借した。
- □ (5)　この盟約に関する説明として誤っているものはどれか。
    - a.　盟約を結んだ宋の皇帝は真宗である。
    - b.　燕雲十六州は遼から宋に返された。

c. 宋は絹・銀などを毎年遼に贈ることとされた。

d. この盟約の後，宋は西夏と慶暦の和約を結んだ。

□ (6)　金と遼に関する説明として誤っているものはどれか。

a. 金はツングース系女真族の完顔部が今日の中国東北地方に建てた国である。

b. 遼の耶律大石は中央アジアで西遼を建て，ベラサグンを拠点とした。

c. 西遼に滅ぼされたサーマーン朝は最初のトルコ系イスラム王朝であった。

d. 金はオゴタイ＝ハン率いるモンゴル軍の攻撃を受けて滅んだ。

□ 問A　この反乱の名称は二人の首謀者の姓を並称したものである。安禄山と並ぶも
う一人の武将の姓名を記しなさい。

□ 問B　空欄［B］に入る語を記しなさい。

□ 問C　空欄［C］に入る語を記しなさい。

2　**以下の文章を読み，各設問に答えなさい。**　　　　　　　　　（早稲田大）

1206年，チンギス＝ハンはハン位につき，モンゴル高原の遊牧諸部族を統一した。
(a)チンギスとその子孫が率いた騎馬軍団は帝国の版図を広げ，それぞれの領域内に
独立した (b)遊牧民の国を作った。五代目ハンの (c)フビライは，大都に都を定め国
号を元とし，1279年に南宋を滅ぼし，中国全土を支配下にいれた。モンゴル帝国
は初期から帝国内の交通路の確保につとめた結果，(d)ユーラシア大陸における東西
交流が進んだ。元の大都は運河によって江南と結ばれ，(e)宋の時代から発達してい
た港市を中心とした南海貿易はさらに発展した。

□ 問1　下線（a）に関連して，以下の記述に誤りを含むものを一つ選びなさい。

ア．ジュチの息子バトゥがハンガリーに侵攻した。

イ．チンギスの息子オゴタイ＝ハンが金を滅ぼした。

ウ．トゥルイの息子フラグがアッバース朝を滅ぼした。

エ．グユクの息子モンケ＝ハンが西夏を滅ぼした。

□ 問2　下線（b）の「遊牧民の国」にあたる言葉をモンゴル語で何というか。

ア．ウルス　イ．クリルタイ　ウ．ジャムチ　エ．ティマール

□ 問3　下線(c)のフビライに関する以下の記述に誤りを含むものを一つ選びなさい。

ア．イブン＝バットゥータと大都で会見した。

イ．チベットの仏教僧パクパ（パスパ）を国師とし文字を作らせた。

ウ．日本，ベトナム，ジャワに遠征し，失敗した。

エ．フビライの即位に反対してオゴタイの孫ハイドゥが乱を起こした。

□ 問4　下線（d）に関連して，モンゴルを訪れたヨーロッパ人について，以下の記
述に誤りを含むものを一つ選びなさい。

ア．プラノ＝カルピニはグユク＝ハンにローマ教皇の親書を届けた。

イ．マルコ＝ポーロはフビライ＝ハンの宮廷に仕えた。

ウ．モンテ＝コルヴィノは大都にキリスト教会を建てた。

エ．ルブルックはカラコルムでオゴタイ＝ハンに謁見した。

□ 問5　下線（e）に関連して，『東方見聞録』でザイトンと呼ばれた港市は以下のど
れか。　　ア．開封　イ．杭州　ウ．泉州　エ．福州

8 中国史④（明清帝国）

1 次の文を読み，下記の設問A・Bに答えよ。 （立教大）

　中国では 13 世紀以降，モンゴル人の支配が続いていたが，14 世紀にはふたたび民族興亡の激動に直面することとなる。紙幣の乱発による物価の高騰やあいつぐ天災を背景として各地で困窮した民衆の反乱がおこるなか，弥勒仏を信仰する民間の宗教結社である［　イ　］教徒が 1351 年に紅巾の乱をおこし，これが元の支配を決定的に揺るがすこととなった。やがて紅巾軍の指導者として頭角をあらわした朱元璋が長江下流域の穀倉地帯をおさえ，1368 年に現在の (1)南京で皇帝の位につき明朝を建てた。朱元璋はその元号により「洪武帝」と呼ばれる。元はモンゴル高原にしりぞき漢民族による中国統一が復活した。

　洪武帝は支配機構の整備に力を注ぎ，元の時代に政治の中枢にあった［　ロ　］とその長官の［　ハ　］を廃止し，六部を皇帝直属とするなど，皇帝中心の体制を敷いた。また，(2)税制を厳格に実施するために農村部を［　ニ　］という連帯責任制度のもとに編成し，当番制によって (3)租税台帳の整備を行わせた。

　さらに洪武帝は 1397 年に (4)民衆教化のための教訓を定め，国の安定化をはかった。また子を封じて諸王となし，各地に配置した。ただし，諸王はさほど実権を持たされておらず，次の建文帝の時代に諸王への抑圧が強まるに至って，これに対抗する (5)燕王が挙兵し，南京を占領して帝位についた。

　明は，(6)東南沿海では民間人の海上交易を許さず，政府の管理する朝貢貿易を行った。東南方海上における［　ホ　］と呼ばれる海賊・商人集団の跳梁には以前から悩まされていたが，永楽帝の時代には，［　ホ　］の禁止を条件に日本からの朝貢を認め勘合貿易が始まった。その後も明を中心とする朝貢貿易は，様々な国との間でおこなわれ，例えば (7)黎朝も明と朝貢関係を結んだ。

　国際的な商業の活発化は，中国国内の商工業の発展も促した。この発展にともない明の政府と結びついた商人が全国的に活動し富を築いた。大きな都市には同じ出身地の者や同業者の互助などを目的とした会館や［　ヘ　］がつくられた。こうした都市には (8)科挙合格者や官僚経験者で出身地において勢力を持つ者も多く集まった。さらに明末文化の 1 つの流れとして科学技術への関心が高まり，様々な (9)書物が編纂され，東アジア諸国に影響を与えた。

　経済発展にともなう社会の変化や朝貢政策を超えた貿易の拡大に，明朝はしだいに対応できなくなっていった。15 世紀のなかばには，西北モンゴルのオイラトがエセンの指揮のもと明との交易を求めて侵攻し，［　ト　］帝を捕えるという土木の変がおこった。エセンの死後，オイラトは分裂したが，16 世紀にはタタールをひきいたアルタン＝ハンが力をつけ明を圧迫した。

　中国東北部で明の支配下にあったツングース系の女真族は，1616 年に建州女真の一族長ヌルハチによって統一された。ヌルハチは軍事組織である［　チ　］の編制や満州文字の制作など独自の政策を進め明に対抗した。第 2 代の太宗ホンタイジは内モンゴルのタタール系の部族である［　リ　］を従え，1636 年に国号を清と

改めた。

　明の万暦帝時代初期，官僚の最高位である首席内閣大学士として皇帝を補佐した
［　ヌ　］の指導のもと行われた財政たて直しは，彼の死後なしくずしにされた。
重税と飢饉のために各地でおきた反乱によって明朝は滅んだ。明の滅亡後，それに
乗じて北京を占領した清は中国全土に支配をひろげた。第4代の康熙帝は呉三桂ら
による乱を鎮圧し，清朝の基礎を固めた。(10)康熙帝の時代にはロシアとの間で条
約を結んで国境を定めた。

　清朝は中国統治にあたって，明の制度をほぼ踏襲した。一方で，軍制では満州族
固有の社会組織をもとにした軍事組織を採用したが，これを補うため漢人で組織す
る［　ル　］のほか，雍正帝の時代には (11)皇帝直属の軍事・行政の諮問機関を設
置した。また (12)大規模な編纂事業をおこして学者を優遇したが，(13)反清的な言論
に対しては厳しく弾圧した。

□ A　文中の空所［イ］〜［ル］それぞれにあてはまる適当な語句をしるせ。

　B　文中の下線部（1）〜（13）にそれぞれ対応する次の問1〜13に答えよ。

□ 問1　洪武帝即位当時の南京の呼称を，次のa〜dから1つ選び，その記号を
　　　答えよ。　　a. 応天府　b. 建業　c. 建康　d. 臨安

□ 問2　唐代なかばにはじまり明代後半まで実施された税法を，次のa〜dから1
　　　つ選び，その記号を答えよ。
　　　a. 一条鞭法　b. 均輸法　c. 地丁銀　d. 両税法

□ 問3　洪武帝の時代に整備されたこの租税台帳の名をしるせ。

□ 問4　「父母に孝順なれ，長上を尊敬せよ」などの内容を含む，この教訓の名を
　　　しるせ。

□ 問5　1399年に起きたこの事件の名をしるせ。

□ 問6　明が政府の管理する朝貢貿易を推進する目的もあり実施した，この政策
　　　の名をしるせ。

□ 問7　この王朝があった地域を，次のa〜dから1つ選び，その記号を答えよ。
　　　a. 雲南　b. チベット　c. ベトナム　d. ミャンマー

□ 問8　こうした地方社会における実力者の呼び名を漢字2字でしるせ。

□ 問9　明朝期でない時期に作成された書物を，次のa〜dから1つ選び，その
　　　記号を答えよ。　　a. 斉民要術　b. 天工開物　c. 農政全書　d. 本草綱目

□ 問10　このとき結ばれた条約を，次のa〜dから1つ選び，その記号を答えよ。
　　　a. アイグン条約　b. キャフタ条約　c. ネルチンスク条約　d. 北京条約

□ 問11　この諮問機関の名をしるせ。

□ 問12　国家による編纂事業として清代に作成された書物を，次のa〜dから1
　　　つ選び，その記号を答えよ。
　　　a. 四庫全書　b. 資治通鑑　c. 四書大全　d. 儒林外史

□ 問13　清は，禁書を行って思想統制をはかるほか，反清的とみなされる言論や
　　　表記を摘発し，その筆者を処罰するなどの弾圧を行った。この弾圧は何と呼ばれ
　　　るか，その名をしるせ。

9 中国周辺史（朝鮮・チベット）

1 次の文の[1]～[8]に入れるのに最も適当な語句を下記の語群から選び，その記号を答えなさい。

　紀元前1世紀，漢の[　1　]は軍を派遣して衛氏朝鮮を滅ぼした後，4つの郡を設置したが，このうち[　2　]郡の中心地が平壌一帯であったと考えられている。

　中国東北部を中心に勢力を拡大してきた[　3　]は，4世紀のはじめに南下して[　2　]郡を滅ぼし，朝鮮半島北部の支配を強めていった。[　3　]は427年，中国東北部の丸都城（現在の集安）から，平壌に都を遷した。平壌という地名が使われはじめた時期は定かではないが，4世紀末から5世紀はじめに行われた[　3　]と倭との戦争の内容を伝える[　4　]には「平穰」の名がみられ，これが今の平壌を指すという説がある。一方，半島南部では，西側に成立した[　5　]と，東側で成立した新羅がしだいに力をつけ[　3　]と対立するようになった。これらの国が並立した時代は[　6　]と呼ばれている。7世紀に入ると，新羅は中国の[　7　]と連合し，[　5　]と[　3　]を相次いで滅ぼすが，新羅はさらに[　7　]を半島の北部に駆逐し，朝鮮半島中部までを統一した。ただこの時，平壌が新羅の領土となったかどうかについては定かではない。高麗時代に入ると，平壌は西京と呼ばれ，都のあった[　8　]に次ぐ地位が与えられた。また，朝鮮時代においても半島西北部の中心地として機能した。

〔語群〕

　(ア) 魏志倭人伝　(イ) 燕　(ウ) 楚　(エ) 衛満　(オ) 箕子　(カ) 百済
　(キ) 戦国時代　(ク) 広開土王（好太王）碑　(ケ) 光武帝　(コ) 斉　(サ) 楽浪
　(シ) 渤海　(ス) 臨屯　(セ) 真番　(ソ) 高句麗　(タ) 加耶　(チ) 北魏　(ツ) 隋
　(テ) 帯方　(ト) 太宗　(ナ) 高祖　(ニ) 三国時代　(ヌ) 漢城　(ネ) 武帝　(ノ) 唐
　(ハ) 『宋書』倭国伝　(ヒ) 開城　(フ) 慶州

2 以下の問題文の空欄[1]から[4]に入る最も適切な語句を語群の中から選び，その番号を答えなさい。

　朝鮮半島は，歴史的に中国大陸や日本列島と深く関わってきた。前2世紀の朝鮮半島には戦国の七雄に数えられる[　1　]の系譜を引く国家が成立している。前1世紀頃，中国東北地方の南部に貊族がたてた国家は，鴨緑江沿いの[　2　]に都を置き，4世紀初頭には，各国が国家の諸制度を整えるために，中国から漢字・仏教・儒教などの文化を競って受容した。これらの中国文化は，朝鮮半島から海を渡った外交使節や移民によって，日本列島へも伝えられた。

　7世紀半ばには唐と連合した王朝が朝鮮半島の大部分を統一し，唐の冊封を受け，中央集権の体制をつくりあげた。その都に建造された[　3　]と仏国寺は，現在ともに世界遺産に指定されている。しかし，10世紀初頭，この王朝が衰えると，地方豪族の王建は新たな王朝を築いた。新王朝では中国大陸の影響を受けながら，大蔵経の出版に代表されるような高度な文化が栄えた。この頃から朝鮮半島では，

自国を中華王朝と並ぶもう一つの中華とみなす小中華思想が育っていく。

　1392 年，李成桂によって国号が改められ，科挙の整備や朱子学の導入といった改革が取り入れられた。第四代国王の時代には固有の表音文字が制定されたほか，1442 年には世界初といわれる［　4　］がつくられ，実用化された。

〔語群〕

01. 阿房宮　02. 安東　03. 燕　04. 韓　05. 丸都城　06. 魏　07. キリル
08. 金属活字　09. 開城　10. 紫禁城　11. 斉　12. 西夏　13. セイロン
14. 石窟庵　15. ソウル　16. 測雨計　17. ソグド　18. 染付　19. 大興城
20. 趙　21. 都察院　22. 突厥　23. 平壌　24. 夫余　25. マラヤ　26. モン
27. 有輪犂　28. 綿繰り機

3　次の文中の下線部に関する問いに答え，最も適当な記号１つを書きなさい。

（関西学院大）

　7 世紀にチベットを統一した①吐蕃王国は，唐とインドから文化を取り入れて強盛となり，北インドのヴァルダナ朝に侵攻する一方，唐とは親交を結んで国家体制の整備を進めた。8 世紀に入ると吐蕃は唐の辺境をしばしば脅かし，安史の乱の際には長安にまで侵攻したが，8 世紀後半に②ウイグルと唐との接近に危機を覚えると，辺境の安定を望む唐との関係を次第に修復していった。ときの吐蕃王ティソン＝デツェンは仏教を国教化し，新たに建立したサムイェー寺にインドや唐の僧侶を招いた。以後，チベットはインド仏教の強い影響のもとに，独自の③チベット仏教を伝えていき，後の元朝や清朝の時代に，北京の宮廷にも流入した。

〔問い〕

□　①　吐蕃に関する記述として，誤りを含むものはどれか。

　　a. ソンツェン＝ガンポが建国した。

　　b. ラサを都とした。

　　c. インド系文字をもとにチベット文字を作った。

　　d. 吐谷渾に滅ぼされた。

□　②　ウイグルに関する記述として，誤りを含むものはどれか。

　　a. 西突厥を滅ぼした。

　　b. ソグド文字をもとにしたウイグル文字を用いた。

　　c. マニ教を受容した。

　　d. ウイグルの建てた王国がキルギスに滅ぼされた。

□　③　チベット仏教に関する記述として，誤りを含むものはどれか。

　　a. チベット仏教の高僧パスパは，フビライによって国師として敬われた。

　　b. ツォンカパの開いた黄帽派は，リャマ派に代わってチベット仏教の主流となった。

　　c. エセン＝ハンは，チベット仏教の指導者にダライ＝ラマの称号を贈った。

　　d. ダライ＝ラマは観世音菩薩の化身とされる。

解答・解説：別冊 p.20

10 イスラーム世界の成立と発展

1 AとBの文章を読んで，問1〜19に答えなさい。解答は選択肢（a〜d）から
もっとも適切なものを1つ選びなさい。 （上智大）

A　アラビア半島を囲む紅海やアラビア海では，古くから季節風を利用した海上交
易が盛んであった。それは，1世紀半ばの地理書 (1)『エリュトゥラー海案内記』
にみてとれる。しかし，6世紀後半になると，(2)ビザンツ帝国の国力低下とともに，
その支配していた紅海貿易が衰えた。また，(3)サ サン朝とビザンツ帝国とが戦い
をくりかえしたために，東西を結ぶ (4)「オアシスの道」は両者の国境でとだえた。
その結果，「オアシスの道」や「海の道」によって運ばれた各種の商品は，いず
れも (5)ヒジャーズ地方を経由するようになり，メッカの大商人は国際的な中継
貿易を独占して大きな利益をあげた。

　このメッカに生まれた (6)ムハンマドは，610年頃唯一神アッラーのことばを
授けられた (7)預言者であると自覚し，厳格な一神教であるイスラーム教をとな
えた。(8)630年，ムハンマドは無血のうちにメッカを征服し，多神教の神殿であっ
た (9)カーバ神殿をイスラーム教の聖殿に定めた。

　イスラーム教の聖典は (10)『コーラン（クルアーン）』であり，ムハンマドに啓
示された，神の教えの記録とされる。イスラーム教の教義を後世の学者たちが簡
潔にまとめたものが(11)六信五行である。イスラームの紀元元年は(12)ヒジュラ（聖
遷）があった年であり，この年からはじまる暦がイスラーム暦である。

問1 下線部 (1) に関連して，誤っている記述はどれか。
- a. エリュトゥラー海は現在の紅海を指す。
- b. ローマ帝国が珍重した代表的な産物は胡椒であった。
- c. 交易の中心であった南インドの代表的な交易品は綿布であった。
- d. 『エリュトゥラー海案内記』はペルシア人によって著されたとされる。

問2 下線部 (2) に関連して，ビザンツ帝国（東ローマ帝国）は何年に滅亡し
たか。
- a. 1445　b. 1448　c. 1453　d. 1458

問3 下線部 (3) に関連して，ササン朝は何年に滅亡したか。
- a. 642　b. 651　c. 660　d. 669

問4 下線部 (4) に関連して，「オアシスの道」の要衝として栄えたブハラは，
現在どの国にあるか。
- a. ウズベキスタン　b. カザフスタン　c. タジキスタン　d. イラン

問5 下線部 (5) はアラビア半島のどこに位置するか。
- a. アラビア半島北部
- b. アラビア半島南部
- c. アラビア半島西部
- d. アラビア半島東部

□ **問6**　下線部（6）に関連して，ムハンマドの生家であるハーシム家の末裔を国王とする国はどれか。

　　a. ヨルダン　b. カタール　c. モロッコ　d. サウジアラビア

□ **問7**　下線部（7）に関連して，イスラーム教からみた預言者を年代が古い順に並べると，正しい組み合わせはどれか。

　　a. ダヴィデ―モーセ―ソロモン―アブラハム

　　b. モーセ―ダヴィデ―ソロモン―イエス

　　c. ソロモン―ダヴィデ―イエス―アブラハム

　　d. アダム―ソロモン―ダヴィデ―イエス

□ **問8**　下線部（8）に関連して，630年にアジアで起きた出来事として正しい組み合わせはどれか。

　　ア．白村江の戦いで日本は大敗した。

　　イ．東突厥が唐の攻撃を受けて一時服属した。

　　ウ．義浄がインドへ赴いた。

　　エ．遣唐使がはじまった。

　　a. ア―イ　b. ア―ウ　c. イ―エ　d. ウ―エ

□ **問9**　下線部（9）に関連して，誤っている記述はどれか。

　　a. イスラーム以前のアラブ諸部族はカーバ神殿に巡礼していた。

　　b. カーバ神殿は，メッカの聖モスクの隣に位置する。

　　c. ムスリムはカーバ神殿の方向に向かって礼拝をする。

　　d. カーバ神殿は四角い形をしている。

□ **問10**　下線部（10）に関連して，『コーラン（クルアーン）』を現在の形にまとめたとされる第三代カリフは誰か。

　　a. マンスール　b. アブー＝バクル　c. ウスマーン　d. ウマル

□ **問11**　下線部（11）に関連して，六信に含まれないものはどれか。

　　a. 預言者たち　b. 来世　c. 聖人　d. 天使

□ **問12**　下線部（11）に関連して，五行に含まれないものはどれか。

　　a. ジハード（聖戦）

　　b. ザカート（喜捨）

　　c. サウム（断食）

　　d. ハッジ（巡礼）

□ **問13**　下線部（12）は西暦何年にあったか。

　　a. 620　b. 622　c. 624　d. 626

B　ムハンマドの死後，アラブ人は大規模な征服活動を開始し，支配地域を広げて
いった。そして，多くのアラブ人が征服地に移住した。そのような征服地として
はじまった都市の一つがカイロである。カイロは，(13)ファーティマ朝が(14)軍営
都市として建設したことにはじまった。ファーティマ朝は［　15　］に首都を建
てたシーア派の王朝であり，969年エジプトを征服し，カイロに新首都を建設した。
　　カイロは，(16)サラディン（サラーフ＝アッディーン）がおこしたアイユーブ
朝をへて，マムルーク朝中期には，インド洋・地中海貿易の中継点となり，「千
の(17)塔の都」として称えられ，大いに繁栄した。マムルーク朝時代に信仰と学
問分野において中心的役割を果たすようになった(18)アズハル学院は，現在もイ
スラーム世界で大きな権威を有している。

□ **問14**　9世紀後半から10世紀前半にかけて，イスラーム世界では，下線部（13）
　　のファーティマ朝のほか，ブワイフ朝とサーマーン朝も成立した。これら三
　　つの王朝を成立年代が古い順に並べると，正しい組み合わせはどれか。

　　a. ブワイフ朝—サーマーン朝—ファーティマ朝

　　b. ブワイフ朝—ファーティマ朝—サーマーン朝

　　c. サーマーン朝—ブワイフ朝—ファーティマ朝

　　d. サーマーン朝—ファーティマ朝—ブワイフ朝

□ **問15**　下線部（14）に関連して，征服地に建設された軍営都市をアラビア語で
　　何というか。

　　a. ミスル　b. メディナ　c. ザーウィヤ　d. ウンマ

□ **問16**　空欄［15］に入る都市名はどれか。

　　a. ダマスクス　b. マフディーヤ　c. バグダード　d. コルドバ

□ **問17**　下線部（16）に関連して，誤っている記述はどれか。

　　a. サラディン（サラーフ＝アッディーン）はクルド人武将である。

　　b. サラディン（サラーフ＝アッディーン）は第3回十字軍を退けた。

　　c. サラディン（サラーフ＝アッディーン）はシーア派の王朝を建てた。

　　d. サラディン（サラーフ＝アッディーン）はファーティマ朝の宰相であった。

□ **問18**　下線部（17）に関連して，モスクに付随する尖塔を何というか。

　　a. ミナレット　b. ミンバル　c. ミフラーブ　d. ミッレト

□ **問19**　下線部（18）に関連して，正しい記述はどれか。

　　a. アズハル学院は初めスンナ派の教義を教えた。

　　b. アズハル学院は現存するイスラーム世界で第二に古いマドラサである。

　　c. ムハンマド＝アブドゥフはアズハル学院で教えた。

　　d. アズハル学院はアイユーブ朝期に創設された。

11 イスラーム専制帝国の繁栄

1 次の文章を読み，問1から問9までの設問に答えなさい。 （青山学院大）

　中央アジアでは，14世紀半ば頃，チンギス・ハンの子によって建国された遊牧国家が東西分裂を起こすと，分裂後の西側国家における混乱に乗じて①ティムール朝が誕生した。また，西アジアでは，②タブリーズやスルターニーヤを都としたモンゴル王朝が1353年に滅亡したが，この王朝で成熟した文化が中央アジアに伝播したことによって，トルコ＝イスラーム文化が形成された。

　1299年にアナトリア西北部で建国された③オスマン帝国は，第10代皇帝④スレイマン1世の治世下で最盛期を築いた。この帝国は，⑤約620年間も続いたイスラームの大帝国であり，主にキリスト教徒である西欧諸国の人々に特権的治外法権（カピチュレーション）を認め，西欧諸国との外交・貿易関係を深めようとしたほか，17世紀末までは積極的な領土拡大政策で獲得した広大な地域を支配下に置き，欧州諸国との間で軍事的勢力関係の均衡を保った。

　16世紀になると，イラン地域にサファヴィー朝が誕生し，初代君主であるイスマーイール1世は，遊牧国家の⑥国内統一を図るために国教を定めたほか，君主の称号としてシャー（王）を採用した。この王朝は，第5代シャーの治世下で最盛期を築き，⑦内政改革とヨーロッパ諸国との交易・外交，新首都の建設を通じて栄華を誇ったが，18世紀前半にトルコ系王朝によって倒されると，この地域はその後，ロシアとの抗争やイギリスによる半植民地化など，抗争と混乱の時代を迎えることになる。

　インド地域では，1526年にインド史上最大のイスラーム国家である⑧ムガル帝国が誕生した。この帝国は17世紀まで，胡椒，染料，火薬，綿織物などをヨーロッパ地域やアジア地域の諸国へ輸出し，その代価として諸国から金や銀を獲得する経済大国として発展した。また，イスラーム教がインド全域に広まり，ヒンドゥー文化の影響を受けたことによって，⑨インド＝イスラーム文化が開花した。

☐ **問1** 下線部①のティムール朝に関する説明として誤っているものを次の選択肢の中から1つ選んで答えなさい。

1. 中央アジアの大部分を制圧したが，1507年にウズベク族に滅ぼされた。
2. 建国者はトルコ系豪族の出身であり，後に西北インドへ侵入した。
3. 建国者はオスマン帝国と戦って撃破し，第4代スルタンを殺害した。
4. 第3代君主は遷都を行い，オスマン帝国と親善関係を維持した。
5. ミニアチュールと呼ばれる細密画などの文化が栄えた。

☐ **問2** 下線部②に関連して，このモンゴル王朝に関する説明として誤っているものを次の選択肢の中から1つ選んで答えなさい。

1. 建国者はチンギス・ハンの孫であり，イスラーム教を国教化した。
2. 建国者が1258年に滅ぼした王朝は，イスラーム教シーア派を弾圧した。
3. 第7代君主は，イクター制の導入や税制の確立など，内政安定を重視した。
4. 第7代君主の宰相の著書『集史』は，モンゴル史の重要史料である。

5. キプチャク・ハン国とは対立関係に，元朝とは友好関係にあった。

□ **問3** 下線部③のオスマン帝国に関する説明として<u>誤っているもの</u>を次の選択肢の中から1つ選んで答えなさい

1. 1362年，バルカン半島のアドリアノープルを奪取し，その後，約1世紀にわたって帝国の首都とした。
2. 1396年，ニコポリスの戦いでバルカン諸国など連合十字軍を撃破した。
3. 1453年，コンスタンティノープルを占領してビザンツ帝国を滅ぼした。
4. 1529年，神聖ローマ帝国の都を包囲したが，西欧諸国連合軍の反撃を受けて撤退した。
5. 1538年，スペイン・ヴェネツィア・ローマ教皇の連合艦隊を撃破し，地中海域のほぼすべてにつき制海権を獲得した。

□ **問4** 下線部④のスレイマン1世に関する説明として<u>誤っているもの</u>を次の選択肢の中から1つ選んで答えなさい。

1. エジプトの王朝を滅亡させ，メッカ・メディナの支配権を得てイスラーム世界における覇権的地位を確保した。
2. ハンガリー王国と戦ってハンガリー王ラヨシュ2世を戦死させ，その後，ハンガリーを分割して主要地域を支配下に置いた。
3. 建築家ミマーリ・シナンに命じて，イスタンブルにスレイマン・モスクを建てさせた。
4. 内政面では中央集権体制を整備し，外交面ではフランス王フランソワ1世と同盟関係を築き，西欧諸国に対する圧力を強めた。
5. 法典や法令集の編纂など帝国支配の制度を整備した業績から「立法者（カーヌーニー）」と呼ばれた。

□ **問5** 下線部⑤に関連して，オスマン帝国の法や制度に関する説明として<u>誤っているもの</u>を次の選択肢の中から1つ選んで答えなさい。

1. 非イスラーム教徒の共同体（ミッレト）が形成され，共同体の構成員に従来の信仰や慣習を認めるとともに，オスマン帝国への貢納の義務を課した。
2. 刑事法や家族法をはじめとする各種の法のほか，礼拝などの宗教儀礼に関する規範を定めたイスラーム法（シャリーア）が普及していた。
3. シャリーアを補充する法体系としてカーヌーンを採用し，スルタンの勅令や慣習法も帝国の法規範の一部とした。
4. 捕虜や非イスラーム教徒をイスラーム教徒に改宗させて，帝国の官僚や兵士として強制徴用する制度（デウシルメ）を採用していた。
5. 騎士（シパーヒー）には分与地の所有権（ティマール）が与えられた一方，所有面積に応じた人数の部下を率いて軍事奉仕を行う義務が課せられていた。

□ **問6** 下線部⑥に関連して，この国教とされた宗教に関する説明として<u>誤っているもの</u>を次の選択肢の中から1つ選んで答えなさい。

1. この宗教は，第4代正統カリフとその子孫のみをムハンマドの正当な後継者と認めるイスラーム教分派である。

  2.　この宗教は，イラン・イラク地域で現在も存続しており，「ムハンマドの言行・慣行」に従う者を意味するイスラーム教分派と対立関係にある。

  3.　この宗教の分派である十二イマーム派は，第4代正統カリフとその妻の直系12人のみを「真の指導者」とし，国教の主要宗派を構成していた。

  4.　この宗教の分派であるイスマーイール派は，10世紀にアフリカ東部で建国されたファーティマ朝では国教と定められた。

  5.　この宗教は，現代のイスラーム教分派では少数派を構成しており，多数派よりも神秘主義的傾向が強く，聖者崇拝が多数派よりも広く行われている。

□ **問7**　下線部⑦に関連して，サファヴィー朝に関する説明として誤っているものを次の選択肢の中から1つ選んで答えなさい。

  1.　特権階層の遊牧民（キジルバシュ）を弾圧し，人材登用のあり方を見直した。

  2.　交易上の重要拠点ホルムズ島をスペインから奪回した。

  3.　アゼルバイジャンとイラクの主要都市をオスマン帝国から奪回した。

  4.　新首都にはイギリス東インド会社の商館が置かれ，交易が盛んに行われた。

  5.　建築や美術が著しい発展を遂げ，新首都にはイマームモスクが建設された。

□ **問8**　下線部⑧に関連して，この国家の歴代皇帝に関する説明として誤っているものを次の選択肢の中から1つ選んで答えなさい。

  1.　初代皇帝は，ティムール朝の再建を目指したがウズベク族に敗れ，その後はインドへ進攻し，パーニーパットの戦いでロディー朝を撃破した。

  2.　第3代皇帝は，統治機構の中央集権化を推進し，人頭税ジズヤを廃止したほか，ラージプート諸王国に対し宥和政策を採用した。

  3.　第3代皇帝は，すべての官僚を序列化し，位階に応じた騎兵・騎馬の準備を義務付けるという位階制度（マンサブダール制）を導入した。

  4.　第5代皇帝は，インド＝イスラーム文化の最盛期をもたらし，タージ・マハルを造営したが，晩年は第6代皇帝によって幽閉された。

  5.　第6代皇帝は，厳格なシーア派教徒であり，ヒンドゥー教の弾圧や寺院の破壊を行ったほか，積極的な外征に伴う戦費増大で財政を悪化させた。

□ **問9**　下線部⑨のインド＝イスラーム文化に関する説明として誤っているものを次の選択肢の中から1つ選んで答えなさい。

  1.　ミニアチュールと呼ばれる細密画がイランから伝来し，その後，ムガル絵画とラージプート絵画へ発展を遂げた。

  2.　ムガル絵画は宮廷絵画で，花鳥や動物を写実的に描いたものが多く，第4代皇帝の治世下ではヨーロッパ絵画の影響も受けた。

  3.　ラージプート絵画では，ヒンドゥー教における三大神の一つであるヴィシュヌ神の信仰に関わるものが多く題材に使われた。

  4.　第3代皇帝が著した回想録は，ムガル王家の歴史を題材とする散文学作品であり，初代皇帝が著した回想録と並んで文学史上の傑作と評される。

  5.　北インドの方言とアラビア語・ペルシア語が融合した言語としてウルドゥー語が誕生し，この言語は現在ではパキスタンの国語となっている。

12 中世ヨーロッパ世界①

1 4世紀後半に始まった民族大移動の経路を示した地図に関する下記の問いに答えなさい。

（青山学院大）

〔選択肢〕　①ケルト人　②西ゴート人　③東ゴート人　④アングロ・サクソン人
　　　　　⑤フン人　⑥フランク人　⑦デーン人　⑧ブルグンド人
　　　　　⑨ヴァンダル人　⓪ランゴバルド人

□ **問1**　地図中の記号 **B** に該当する民族名を上記の選択肢①〜⓪から一つ選べ。

□ **問2**　地図中の記号 **C** に該当する民族名を上記の選択肢①〜⓪から一つ選べ。

□ **問3**　地図中の記号 **E** に該当する民族名を上記の選択肢①〜⓪から一つ選べ。

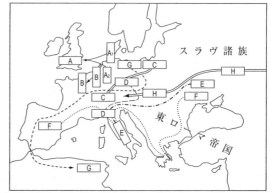

□ **問4**　地図中の記号 **F** に該当する民族名を上記の選択肢①〜⓪から一つ選べ。

□ **問5**　地図中の記号 **G** に該当する民族名を上記の選択肢①〜⓪から一つ選べ。

□ **問6**　地図中の記号 **H** に該当する民族名を上記の選択肢①〜⓪から一つ選べ。

□ **問7**　**A** 民族がイングランドで建設した七王国を統一した人物を下記の選択肢①〜④から一つ選べ。

　　　①エグバート　②アラリック　③ロロ　④アルフレッド大王

□ **問8**　**B** 民族に属す人物がイスラーム軍の侵入を阻止した732年の戦いの名称として正しいものを下記の選択肢①〜④から一つ選べ。

　　　①カタラウヌムの戦い　②クレシーの戦い　③テルモピレーの戦い
　　　④トゥール・ポワティエ間の戦い

□ **問9**　**E** 民族の王で，5世紀後半にイタリアに侵入し王国を建国した人物として正しいものを下記の選択肢から一つ選べ。

　　　①アッティラ　②テオドリック　③オドアケル　④ユスティニアヌス

□ **問10**　**E** 民族および **G** 民族を滅ぼした皇帝の業績として正しいものを下記の選択肢①〜④から一つ選べ。

　　　①軍管区制の制定　②三圃制の推進　③聖像禁止令の発布
　　　④『ローマ法大全』の完成

□ **問11**　**D** 民族は **E** 民族の滅亡後，イタリア半島に深く侵入し，現在まで続いている地域名をイタリアに残した。その地域を代表する都市として正しいものを，下記の選択肢①〜④から一つ選べ。

　　　①ヴェネツィア　②ジェノヴァ　③ピサ　④ミラノ

□ **問12** H民族ののち東方からヨーロッパに侵入し，6世紀後半から9世紀にかけて現在のハンガリーのほぼ全域を支配した民族に該当するものを下記の選択肢①～④から一つ選べ。

　　①マジャール人　②フィン人　③ザクセン人　④アヴァール人

2　以下の文章を読み，各設問に答えなさい。

　ゲルマン人の国家のうち，(a)西ゴート王国とフランク王国は，国王がカトリックに改宗し王国の基礎を固めたが，西ゴート王国はイスラーム勢力の侵攻により滅亡した。一方，フランク王国では，(b)カール＝マルテルの軍隊がイスラーム軍を破り，孫の(c)カール大帝が西欧世界に帝国を復活させた。フランク王国はその後，分裂するが，(d)帝国の理念と皇帝位はドイツ王権に継承された。

□ **問1**　下線 (a) の王国の最終的な首都となり，たびたび教会会議が開催された都市はどこか一つ選びなさい。

　　ア．トレド　イ．コルドバ　ウ．マドリッド　エ．セビーリャ

□ **問2**　下線 (b) に関連する記述として誤りを含むものを一つ選びなさい。

　　ア．732年にトゥール・ポワティエ間でイスラーム軍を撃破した。

　　イ．フランク王国の宮宰であったが王以上の実力者であった。

　　ウ．751年にフランク王に就任した。

　　エ．カロリング家の発展に大きく貢献した。

□ **問3**　下線 (c) に関連する記述として誤りを含むものを一つ選びなさい。

　　ア．800年に教皇レオ3世により皇帝として戴冠された。

　　イ．フランク王国の各地に国王巡察使を派遣した。

　　ウ．ザクセン人と戦い，その地域の人々をキリスト教に改宗させた。

　　エ．後ウマイヤ朝のイスラーム軍と戦いコルドバを征服した。

□ **問4**　下線 (d) に関連する記述として誤りを含むものを一つ選びなさい。

　　ア．ザクセン朝のドイツ王は，皇帝となりイタリアに干渉した。

　　イ．皇帝ハインリヒ4世がシチリア王位を継承したことで，グレゴリウス7世との間に叙任権闘争が起こった。

　　ウ．皇帝選出を定めた金印勅書は，ルクセンブルク家のカール4世が発布した。

　　エ．皇帝位は15世紀半ばから，ハプスブルク家が世襲的に継承した。

3　次の文中の[　　　]に最も適当な語を語群から選び，また下線部に関する問いに答え，最も適当な記号1つを書きなさい。

　ヨーロッパの中世は，封建的な主従関係と①荘園を基礎に成り立っていたが，中世都市の成立により，別の形の社会が生じてくることとなった。

　11世紀頃から②農業生産力の増加が進み，ローマ時代以来の司教座都市などが交易の拠点としての機能を持つようになり，また新たな都市も出現した。中世ヨーロッパの③商業活動は貨幣経済の広がりや，④十字軍の影響による遠隔地貿易の発達とともにますます活発化した。商工業が発達すると⑤都市はしだいに領主の支配からの自由を求めるようになり，自治権を獲得して自治都市となるものもあった。都市はまた，共通の利害をもつ他の都市と都市同盟を形成し，国王や諸侯と並ぶ政治勢

力となった。[　イ　]を盟主とする⑥ハンザ同盟はその代表例である。市政はまず商業ギルドを結成した大商人などの特権層のみによって行われたが，しだいに手工業者たちが⑦同職ギルド（ツンフト）を結成し，ツンフト闘争を通じて，大商人と並んで市政参加権を獲得していった。13世紀には毛織物業や金融業などの繁栄を背景に政治をも左右する大富豪が現れた。フィレンツェのメディチ家や，南ドイツの［　ロ　]を本拠地とするフッガー家は，その代表的な例である。

〔語群〕

イ. a. ブリュージュ　b. リューベック　c. ブレスラウ　d. マグデブルク

ロ. a. アウクスブルク　b. ウィーン　c. ニュルンベルク　d. フランクフルト

□① 荘園に関する記述として，誤りを含むものはどれか。
  a. 農民は領主直営地で労働する義務を課された。
  b. 農民は教会に十分の一税をおさめた。
  c. 荘園の農民は農具などの所有を許されなかった。
  d. 領主は，国王の役人が荘園に立ち入ることを拒むことができた。

□② 農業生産力の増加の背景に関する記述として，誤りを含むものはどれか。
  a. 耕地を春耕地・秋耕地・休耕地に分ける三圃制農法が普及した。
  b. 鉄製農具や有輪犂が広まり，農業技術が進歩した。
  c. 11世紀頃から数百年間，おおむね温暖な気候が続いていた。
  d. 俗人領主を主体とした「大開墾運動」により，耕地面積が増大した。

□③ 中世ヨーロッパの商業活動に関する記述として，誤りを含むものはどれか。
  a. ヴェネツィアは東方貿易によって香辛料を輸入した。
  b. ダンツィヒは南ドイツ産の銀などを輸出した。
  c. ガンはフランドルの毛織物業によって栄えた。
  d. シャンパーニュ地方は大規模な定期市でにぎわった。

□④ 第1回十字軍の派遣を提唱し，聖地回復を目的に掲げた教皇は誰か。
  a. ウルバヌス2世　b. グレゴリウス7世
  c. インノケンティウス3世　d. ボニファティウス8世

□⑤ 都市に関する記述として，誤りを含むものはどれか。
  a. 北イタリアでは，コムーネとよばれる自治都市が国家として独立した。
  b. ドイツでは，特許状を得て皇帝直属の帝国都市となるものがあった。
  c. 都市には市壁が築かれ，自治都市の多くは街の中心に市庁舎をもっていた。
  d. 「都市の空気は自由にする」という言葉は，経済活動の自由を意味している。

□⑥ ハンザ同盟の在外商館が置かれていなかった都市はどれか。
  a. ロンドン　b. ノヴゴロド　c. ベルゲン　d. リガ

□⑦ 同職ギルド（ツンフト）に関する記述として，誤りを含むものはどれか。
  a. 女性やユダヤ人は排除されていた。
  b. 職人や徒弟は正式の組合員ではなかった。
  c. 職人が親方の資格を得るには，生涯その都市に暮らすことが条件だった。
  d. 組合員以外の営業を禁じて市場を独占した。

13 中世ヨーロッパ世界②

1 以下の問題文の空欄[1]から[6]に入る最も適切な語句を語群の中から選び，その番号を答えなさい。また，下線部に関する設問（ア）から（カ）に解答し，最も適切な語句を語群の中から選び，その番号を答えなさい。 （慶應大）

ビザンツ帝国（東ローマ帝国）の始まりをいつ頃とみなすか議論はあるが，(ア)330年に首都がビザンティウムに移転し，コンスタンティノープルと改称されたのをもって，ビザンツ帝国の起源とするのが一般的である。

5世紀の西ローマ帝国滅亡後，コンスタンティノープルはローマ帝国唯一の首都として繁栄を極めていく。初期のビザンツ皇帝(イ)ユスティニアヌス1世は，一時的とはいえ，(ウ)ローマ帝国の地中海沿岸における旧領の大半を取り戻すことに成功する。同帝の治世はビザンツ帝国に栄光の時代をもたらし，コンスタンティノープルにビザンツ様式の壮麗なハギア=ソフィア聖堂を建立するなどその権勢を誇示した。ビザンツ皇帝は，政治と宗教の両面において絶大な権力を持っていた。自らを全世界の支配者であると自認し，また5世紀半ば以降，(エ)コンスタンティノープル総主教から帝冠を授けられることで，皇帝は地上における神の代理人として自らの権力を正当化した。

(オ)アラブ勢力の侵攻により，ビザンツ帝国は，636年にシリア属州の，642年にエジプト属州の支配権を相次いで喪失した。その後も領土は縮小の一途をたどり，674年から718年にかけて，ビザンツ帝国は，[　1　]朝のアラブ軍にコンスタンティノープルの二度の包囲を許してしまった。二度目の包囲の際にアラブ軍を撃退し，帝国の危機を救ったのが，小アジアの軍管区長官出身の[　2　]であった。彼は，アラブ軍を撃退するとコンスタンティノープルにやってきて，みずから皇帝の座についた。9世紀後半に始まる[　3　]朝は第一次ブルガリア帝国を併合し，それ以後，ビザンツ帝国の前には繁栄と拡大の時代が開け，それは11世紀初頭まで続くことになる。コンスタンティノープルは，つねに経済の中心地として繁栄し続け，12世紀にいたるまで，アジアから西方に運ばれる高額な商品の中継地としての役割を果たし続けた。帝国で用いられた[　4　]金貨は，ヨーロッパから西アジアにいたる広い地域で流通した。

しかし，1071年，小アジアの[　5　]の戦いでビザンツ軍がセルジューク朝のトルコ軍に惨敗すると，小アジアの領土は事実上失われ，ビザンツ帝国は大きな痛手を被ることとなった。そのように増大する新たな脅威に対抗するため，1095年，時の皇帝[　6　]は，ローマ教皇を通して西方に援軍を求めた。また，ビザンツ帝国は，のちに自らを脅かす存在となるヴェネツィア共和国への譲歩を強いられた。1202年から1204年にかけて，インノケンティウス3世のもとにおこされ，異教徒と戦うために東にむかったはずの第4回十字軍は，聖地ではなくコンスタンティノープルを占領した。これは，商業圏の拡大をもくろむヴェネツィアの意向によるものであった。1204年，占領されたコンスタンティノープルにラテン帝国が建てられた。そのため，ビザンツ帝国の宮廷は，各地を転々とした。1261年，その宮

廷は，ラテン帝国からコンスタンティノープルを奪回する。また，11世紀以来，ビザンツ帝国では，(カ)貴族層を対象に，軍事奉仕を条件として公有地の管理権及び徴税権を当人一代にかぎり付与する制度が発展してきたが，これはのちに世襲化され，社会の独自の封建化を促すことになった。

- □（ア）　この事業を行った皇帝の伝記を執筆し，さらに『年代記』を書いた人物は誰か。
- □（イ）　カルタゴと並んでビザンツ帝国の総督府が置かれていた地で，ユスティニアヌス1世のモザイク画があるサン＝ヴィターレ聖堂が所在する地はどこか。
- □（ウ）　551年，ビザンツ帝国はある国から領土を奪って，帝国領の大半を回復する。この領土を奪われた国が，6世紀後半から8世紀初頭まで首都としていたのはどこか。
- □（エ）　6世紀初頭，コンスタンティノープルをはじめ，ビザンツ帝国内のいくつかの地に総主教座が置かれていたが，このうち，かつてセレウコス朝シリアの首都であったのはどこか。
- □（オ）　この間アラブ勢力を率いたカリフは誰か。
- □（カ）　この制度は後に，オスマン帝国のティマール制に影響を与えたといわれているが，ティマール制において徴税権を認められた者は誰か。

〔語群〕

01．アター　02．アッバース　03．アトス　04．アドリアノープル　05．アリー
06．アルカディウス　07．アレクシオス1世　08．アンティオキア
09．アンティゴノス　10．アンブロシウス　11．ウァレンス　12．ウスマーン
13．ウマイヤ　14．ウマル　15．エウセビオス　16．エクバタナ
17．エフェソス　18．エリウゲナ　19．エレクトラム　20．カーディー
21．カディス　22．カーヌーン　23．カラカラ帝　24．カルケドン
25．カルタヘナ　26．キジルバシュ　27．クライシュ　28．グラナダ
29．クレーロス　30．後ウマイヤ　31．コムネノス　32．コルドバ
33．サーマーン　34．サラゴサ　35．シパーヒー　36．ジャーギール
37．セビリャ　38．ダマスクス　39．テオドシウス1世　40．テッサロニケ
41．ドラクマ　42．トラヤヌス帝　43．トレド　44．ニカイア
45．ニハーヴァンド　46．ネルウァ帝　47．ノミスマ　48．バクトラ
49．ハーシム　50．バシレイオス1世　51．バシレイオス2世
52．バルセロナ　53．バレンシア　54．ヒッポレギウス
55．ヘカトンピュロス　56．ヘラクレイオス1世　57．ペルガモン
58．ベルナルドゥス　59．ボエティウス　60．マケドニア
61．マラーズギルド　62．マラーター　63．メテオラ　64．モンテ＝カシノ
65．ラヴェンナ　66．ルーム＝セルジューク　67．レオン（レオ）3世

2　身分制議会に関するつぎの文を読み，下記の設問に答えなさい。　　（南山大）

11世紀の(ア)ノルマン朝の成立以来，イギリスは王権の強い封建国家であった。しかし，(2)ジョン王が失政を重ねたうえに重税を課したため，貴族たちが結束して国

王に反抗し，新たな課税には高位聖職者と貴族たちの会議の同意を必要とすることなどを定めた⑦大憲章を国王に認めさせた。ところが，つぎに国王となった［　3　］がこれを無視したため，⑦シモン＝ド＝モンフォールを中心とする貴族たちが反乱をおこして国王を破り，1265年，聖職者と貴族に加えて州と都市の代表を招集して国政を協議した。この会議はイギリス議会の起源と言われる。13世紀末に，聖職者と貴族，州と都市の代表が参加する⑨模範議会が招集され，14世紀半ばには，議会は(4)上院と下院の二院制となった。

　フランスでは国王の課税が聖職者にまでおよび，これに反対する教皇庁との対立が生じた。14世紀はじめ，(5)フィリップ4世は聖職者・貴族・平民の3身分の代表が出席する三部会を開いて国内体制を固め，教皇［　6　］と(7)対立した。

□ (1)　文中の下線部⑦〜⑨のうち，誤っているものを選びなさい。すべて正しい場合は⑦を選びなさい。

□ (2)　イギリス王ジョンに関する記述として誤っているものを選びなさい。すべて正しい場合は⑦を選びなさい。
　　⑦　教皇インノケンティウス3世と争い，破門された。
　　⑦　フランス王フィリップ2世と戦い，フランス国内の領地の大半を失った。
　　⑨　フランスのアンジュー伯であった父が，プランタジネット朝を開いた。
　　⑨　在位中にワット＝タイラーの乱がおこった。

□ (3)　空欄［3］に入る語を選びなさい。
　　⑦ヘンリ3世　⑦リチャード1世　⑨エドワード1世　⑨エドワード3世

□ (4)　下線部(4)に関するつぎの二つの文について正誤を判断し，aとbの両方が正しければ⑦を，aが正しくbが誤っていれば⑦を，aが誤っておりbが正しければ⑨を，aとbの両方が誤っていれば⑨を選びなさい。
　　a.　地主化した騎士が州の代表として下院の有力な勢力となった。
　　b.　新たな課税については，上院の議決のみが必要とされた。

□ (5)　フランス王フィリップ4世に関する記述として正しいものを選びなさい。
　　⑦　10世紀末に成立したカペー朝の国王である。
　　⑦　第6回と第7回の十字軍を主導した。
　　⑨　異端カタリ派を制圧して，王権の支配を南フランスへ広げた。
　　⑨　ルブルックをモンゴル帝国のカラコルムに派遣した。

□ (6)　空欄［6］に入る語を選びなさい。
　　⑦グレゴリウス7世　　　⑦レオ10世
　　⑨ボニファティウス8世　⑨ウルバヌス2世

□ (7)　君主と教皇の対立に関わる出来事が古い順に並んでいるものを選びなさい。
　　⑦　アナーニ事件──ヴォルムス協約──カノッサの屈辱
　　⑦　カノッサの屈辱──アナーニ事件──ヴォルムス協約
　　⑨　カノッサの屈辱──ヴォルムス協約──アナーニ事件
　　⑨　アナーニ事件──カノッサの屈辱──ヴォルムス協約

14 ルネサンス・大航海時代・宗教改革

1 つぎの文章を読んで，下記の設問に答えよ。　　　　　　　　　（成城大）

　ルネサンスは，毛織物工業や金融業などでの都市の繁栄を背景にイタリアのフィレンツェで14世紀にはじまった。『アエネイス』を書いた古代ローマの叙事詩人［　a　］に傾倒し，理想の恋人ベアトリーチェへの愛をうたいあげた『新生』や，中世神学の教える煉獄や地獄を描きつつそこに落ちた人々の苦悩と錯誤の後の魂の純化を象徴的に表現した『［　b　］』で知られるダンテは，金融業も営むフィレンツェの小貴族の出であった。美しい人妻ラウラへの愛と苦悩をうたった『叙情詩集』で知られる［　c　］は，フィレンツェの公証人の息子であった。かれは，古代の原典（写本）を探してヨーロッパ各地を旅し，多数の古典を厳密なかたちで復元し，それに依拠して考えることにより（「原典に帰れ」），古典研究の先駆者となった。ダンテに傾倒し，［　c　］と親交の深かったボッカチオは，10人の男女が1話ずつ10日間に話した100の短編から成り，写実的な手法で世俗の社会に生きる人々の欲望を肯定的に描いた『［　d　］』で知られるが，かれもまた，フィレンツェの富裕な商人の子であり，ギリシアの古典研究者であった。15世紀に入ると，フィレンツェの大商人メディチ家が隆盛を極め，多くの学者や芸術家のパトロンとなった。古典古代の理想を取り入れ，建築におけるルネサンス様式を確立したといわれるブルネレスキは，［　e　］大聖堂の八角形のドーム（大円蓋）を設計・完成させた。人間の健康な肉体美を追求した「ダヴィデ像」の彫刻で知られるドナテルロ，「ヴィーナスの誕生」「春」などで女性美を追求した画家［　f　］などもメディチ家の後援を受けていた。

　15世紀末から16世紀前半には，メディチ家出身のレオ10世などのローマ教皇が，学芸の最大のパトロンとなったため，ルネサンスの中心はローマに移り，その最盛期を迎えた。「最後の晩餐」や「モナ＝リザ」などの作品で有名な［　g　］は，絵画・彫刻・建築のほか，機械工学・解剖学をはじめとするあらゆる分野の観察と応用に通じたルネサンスを代表する「万能人」であった。メディチ家とローマ教皇に仕えた［　h　］は，その非凡な才能を，システィナ礼拝堂のフレスコ画である「天地創造」や「最後の審判」などにより余すところなく発揮している。［　h　］などの芸術に学び，天才的技法により完成された調和を目指す作品を生み出した［　i　］は，一連の「聖母子像」，ヴァティカン宮殿署名の間の壁画「アテネの学堂」などを描いた。

　ルネサンス期の傾向は，(A)イタリアにとどまらず，他の西ヨーロッパ諸国にも広がっていた。また，事物を子細に観察したり，現象の背後にある共通の特徴や法則を探ろうとするルネサンス期に芽生えた姿勢は，文芸の分野にとどまらず，(B)科学を発展させ，さまざまな技術の応用をも生み出していき，後に発展する近代科学の礎ともなった。

□ 問1　文中の空欄[a]～[i]を埋めるのに最も適切な語句を記せ（同一記号は同一語句）。

問2 下線部（A）について，

□ (1)『愚神礼賛』を著した，ネーデルラントの人物の名を記せ。

□ (2)『エセー（随想録）』を著した，フランス人の名を記せ。

□ **問3** 下線部（B）について，ルネサンス期に，そのもとになるものがいずれも中国から持ち込まれ，ヨーロッパで改良され実用化された代表的な技術を3つ挙げよ。

2 次の文章を読み，下記A，Bに答えよ。 （早稲田大）

　コロンブスがカリブ海の島に到達し，スペインによる (a)新大陸の発見・征服・植民の事業が始まった。スペイン人は西インド諸島を征服後，大陸部に進出し，先住民を次々に征服し，植民地を拡大した。また，新大陸の銀を太平洋航路でアジアに持ち込み，アジアの特産物との貿易に活用した。一方，ポルトガルは喜望峰を回り，インド洋を航海してアジアに到達した。ポルトガルは船舶の停泊と航海の安全のために沿岸部に (b)港市を確保し，それを拠点にして香辛料，綿布，絹，陶磁器などを獲得し，莫大な富を手に入れた。こうして全地球的貿易網が生まれ，ヨーロッパは (c)大航海時代を迎えた。

　スペインによる新世界の発見・征服・植民事業を実際に担ったのは，主にスペイン南部のそれほど豊かではない郷士や農民であった。彼らは武器を携え，渡航費を工面してアンダルシア地方の中心都市である [d] の港から大西洋を渡った。決して王室の経済的援助があったわけではない。スペインの (e)イサベル女王はイスラーム教徒との戦闘に多大の出費を強いられ，王室の財政は逼迫していた。新大陸の征服・植民事業の成功は個人の力によるところが大きかったのである。征服や植民の功労者には報奨として一定期間，(f)エンコミエンダが与えられた。この特権を授けられた者をエンコメンデロと呼ぶ。(g)その後，エンコミエンダ制は完全には廃止されなかったが，衰微の一途を辿った。

　王室はエンコメンデロの特権である世襲制に制限を加える一方で，神学者たちの助言を採用して，エンコメンデロによる先住民の虐待も禁止した。植民地に派遣された聖職者たちから先住民を奴隷化し，彼らに暴力を振るうエンコメンデロたちの数々の悪行が報告されていたからである。それらの告発者の中でも『インディアスの破壊についての簡潔な報告』を著した [h] は先住民の擁護者としてその名を歴史に刻まれている。先住民を搾取する植民者がいる一方で，先住民を庇護しようとした聖職者もいたのである。

A 下記の**問1〜4**について，最も適切な答えをイ〜ニから一つ選べ。

□ **問1** 下線部（a）に関連して新大陸の発見と征服に関わる出来事を年代順に並べたものとして適切なのはどれか。

　　①カブラルのブラジル漂着

　　②バルボアの太平洋（南の海）発見

　　③マゼランの世界一周への出港

　　④カボット父子のニューファンドランド探検

　　⑤コルテスのアステカ帝国の征服

イ．①→②→④→③→⑤　　ロ．④→①→②→③→⑤

ハ．②→①→④→⑤→③　　ニ．①→⑤→②→④→③

□ **問2**　下線部（b）について，ポルトガルが拠点とした港市でないものはどこか。

イ．マニラ　ロ．ホルムズ　ハ．マラッカ　ニ．モンバサ

□ **問3**　下線部（c）の大航海時代に関する記述として誤りを含むものはどれか。

イ．アントウェルペンが衰退した後，アムステルダムが貿易港として栄えた。

ロ．ヨーロッパでは銀の流入によって激しいインフレが起こり，封建貴族は
打撃を受けた。

ハ．明では福建など南部の人々が海禁政策を破り，密貿易に従事するように
なった。

ニ．オランダはアンボイナ事件でポルトガルの勢力をモルッカ諸島から締め
出した。

□ **問4**　下線部（e）のイサベル女王の治世より後に起こった出来事はどれか。

イ．ポルトガルはジョアン2世の治世期に喜望峰に到達した。

ロ．トルデシリャス条約によってブラジルはポルトガル領となった。

ハ．ポルトガルがインドのゴアを占領した。

ニ．カトリック両王によってユダヤ教徒追放令が出された。

B　下記の**問1～4**について，最も適切な答えを記せ。

□ **問1**　空欄［d］の都市名を記せ。

□ **問2**　下線部（f）について，エンコミエンダはある条件のもとにエンコメンデ
ロに対して，先住民を労働力として使役することを認めた制度である。その
条件とは何か。15文字以内で記せ。

□ **問3**　下線部（g）について，エンコミエンダが衰退に向かう一方で，16世紀末
からスペイン植民地で発達した大農園を何と呼ぶか，その名称を記せ。

□ **問4**　空欄［h］にあてはまる人名を記せ。

3　次の文中の[　　　]に最も適当な語を語群から選び，また下線部に関する問
いに答え，最も適当な記号1つを書きなさい。 （関西学院大）

1517年，ドイツのヴィッテンベルク大学教授であったマルティン＝ルターは，「九
十五カ条の論題」の中で，教皇［　イ　］が行う贖宥状の販売政策を批判した。ロー
マ教皇や①カトリック教会の権威を否定するルターの思想は，当時普及しつつあっ
た印刷術によって急速に人々の間に広まった。

神聖ローマ皇帝②カール5世は，教皇から破門されたルターを召喚し，考えを改
めさせようと試みたが失敗した。ルターの改革運動に触発された農民たちの反乱は，
③ドイツ農民戦争へと発展したが，領主たちによって鎮圧された。その後，カール
5世がルター派への弾圧を始めると，ルターを支持する諸侯や都市は［　ロ　］を
結んで対抗したが，1555年には④アウクスブルクの宗教和議が結ばれた。

スイスのジュネーヴで改革運動を行ったカルヴァンは「予定説」をとなえ，福音
主義を理論化した著作［　ハ　］を公刊した。イギリスでは国王ヘンリ8世が離婚

問題でローマ教皇と対立し，カトリック教会から離れて⑤<u>イギリス国教会</u>を成立させた。フランスでは 16 世紀後半に，宗教戦争である⑥<u>ユグノー戦争</u>が勃発することになった。

〔語群〕　イ．a．レオ 10 世　b．ウルバヌス 2 世　c．クレメンス 5 世
　　　　　　　　d．ボニファティウス 8 世
　　　　　ロ．a．ユトレヒト同盟　b．ライン同盟　c．シュマルカルデン同盟
　　　　　　　　d．カルマル同盟
　　　　　ハ．a．『キリスト者の自由』　b．『神学大全』　c．『神の国』
　　　　　　　　d．『キリスト教綱要』

☐ ①　16 世紀のカトリック教会に関する記述として，誤りを含むものはどれか。
　　a．イグナティウス＝ロヨラたちがイエズス会を設立した。
　　b．トリエント公会議で長老制を公認した。
　　c．禁書目録と宗教裁判所による思想統制を進めた。
　　d．イタリア人の宣教師であるマテオ＝リッチは中国で布教を行った。

☐ ②　カール 5 世に関する記述として，誤りを含むものはどれか。
　　a．同時代のフランス王アンリ 4 世と対立関係にあった。
　　b．カルロス 1 世としてスペイン国王も兼ねていた。
　　c．皇帝選挙の際，フッガー家から財政支援を受けた。
　　d．ヴォルムス帝国議会を開いた。

☐ ③　ドイツ農民戦争に関する記述として，誤りを含むものはどれか。
　　a．農奴制・領主制の廃止を求めて起こった。
　　b．農民側が作成した「十二カ条の要求」を領主側は拒否した。
　　c．農民の指導者となったのはツヴィングリであった。
　　d．ルターは，反乱の徹底弾圧を呼びかけるようになった。

☐ ④　アウクスブルクの宗教和議に関する記述として，誤りを含むものはどれか。
　　a．アウクスブルクのあるバイエルンの領邦議会で発布された。
　　b．諸侯には，カトリック派かルター派を選択する自由が認められた。
　　c．ルター派の領邦では，領邦教会制が導入されることになった。
　　d．個人の信仰の自由は認められなかった。

☐ ⑤　イギリス国教会に関する出来事を年代順に並べたものはどれか。
　　a．統一法の制定→エドワード 6 世即位→首長法の制定
　　b．首長法の制定→統一法の制定→エドワード 6 世即位
　　c．統一法の制定→首長法の制定→エドワード 6 世即位
　　d．首長法の制定→エドワード 6 世即位→統一法の制定

☐ ⑥　ユグノー戦争に関する記述として，誤りを含むものはどれか。
　　a．ユグノーとはフランスのカルヴァン派を指す。
　　b．摂政カトリーヌ＝ド＝メディシスのもとで戦いが開始された。
　　c．ナントの勅令でユグノーにも信仰の自由が認められたことから収束した。
　　d．戦争の発端となったのは，宰相リシュリューのユグノー弾圧である。

15 近世ヨーロッパ世界①

1 以下の文章を読み，下記A，Bに答えよ。

（早稲田大）

中世末から近世にかけてのヨーロッパでは，カトリック教会や (a)神聖ローマ帝国が担ってきた普遍的な世界秩序が緩み，個別の権力単位が自己の支配領域を国境で囲い込み，対内的・対外的に独立的な行動を示すようになった。こうした権力単位を主権国家といい，(b)主権国家同士が互いに勢力を競い合う状態が生まれた。

主権国家の形成期には，(c)スペイン，フランス，イギリスなど比較的大きな諸国で，絶対王政と呼ばれる国王を中心とする強力な政治体制が誕生した。しかし絶対王政のもとでも，旧来の身分制度が残るとともに，さまざまな特権をもつ貴族や教会や都市などが〔 d 〕団体を形成し，一般民衆に対する国王の直接支配を制約していた。しかし絶対王政と〔 d 〕団体の関係は複雑だった。絶対王政と〔 d 〕団体の関係は，常に対立し合う関係ではなく，ときどきの権力状況や利害状況によって変化した。(e)絶対王政の形成期には，国王は国内の統制と国力増大のために，〔 d 〕団体の協力を必要とした。一般的な趨勢として，絶対王政が誕生する過程においては，王権と〔 d 〕団体の関係は良好で，両者の協力関係が目立つが，やがて王権が磐石になるにしたがって，〔 d 〕団体の特権に対する王権の統制や介入がしだいに厳しくなっていった。この王権と〔 d 〕団体の対抗関係の結果しだいによって，その後の各国の政治体制が大きく異なることになった。たとえばイギリスでは，(f)チャールズ1世の時代に始まった内戦の際に，王権が議会に代表される〔 d 〕団体に敗北したため，絶対王政は早い段階で頓挫し，その後の議会を中心とする政治体制が成立する条件が生まれた。これに対してフランスでは，王権によって〔 d 〕団体の活動が抑えられ，(g)ルイ13世の時代を最後に〔 h 〕が開かれなくなり，(i)ルイ14世の時代に絶対王政は全盛期を迎えることになった。

一方，絶対王政の開始が遅れた (j)プロイセンや (k)オーストリアや (l)ロシアでは，君主主導の「上からの近代化」が図られた。これを〔 m 〕主義という。しかしこれらの地域でも，やはり〔 d 〕団体の抵抗は大きく，改革は〔 m 〕君主の意図の通りには進まなかった。

A 下記の**問1～7**について，最も適切な答えをイ～ニから一つ選べ。

□ **問1** 下線部（a）に関する説明として誤っているのはどれか。

　　イ．レヒフェルトの戦いでアヴァール人を破ったオットー1世が，962年に教皇から皇帝位を与えられたことが，帝国の始まりとされる。

　　ロ．ルクセンブルク家の皇帝カール4世は，1356年に「金印勅書」を発布して，選帝侯と呼ばれる7人の聖俗諸侯に皇帝選出の資格を限定した。

　　ハ．ベーメン王フェルディナント2世が，ベーメンに旧教を強制したことに同地の新教徒が反発し，三十年戦争が勃発した。

　　ニ．ナポレオンがバイエルンなど西南ドイツ諸邦を結集し，ライン同盟を結成したことを機にフランツ2世が退位し，1806年に帝国は消滅した。

□ **問2** 下線部（b）が生まれる契機となった「イタリア戦争」の1559年の講和

条約の結果, ハプスブルク家領となったイタリアの地域はどこか。
　　　イ．ヴェネツィア　　ロ．ジェノヴァ　　ハ．サヴォイア　　ニ．シチリア
□ **問3**　下線部 (c) の君主フェリペ2世の説明で誤っているのはどれか。
　　　イ．ハプスブルク家のカルロス1世の後を継ぎ, スペイン王に即位した。
　　　ロ．ポルトガル王家の断絶を機に, 同君連合によってポルトガルを併合した。
　　　ハ．オランダ独立の際, 南部10州にユトレヒト同盟を結ばせ, 分断を図った。
　　　ニ．ギリシアのコリントス湾口沖の海戦で, オスマン帝国の艦隊を破った。
□ **問4**　下線部 (f) に関する説明として誤っているのはどれか。
　　　イ．王党派と戦った議会派のなかに,「ピューリタン」と呼ばれるカルヴァ
　　　　　ン派の信者が多数存在した。
　　　ロ．スコットランドの反乱鎮圧のため召集された長期議会は, 戦費調達のた
　　　　　めの新税の導入を拒否したため, 国王によって強制解散させられた。
　　　ハ．独立派のクロムウェルが指揮する「鉄騎隊」と呼ばれる精鋭部隊が, マー
　　　　　ストン＝ムーアの戦いで王党派の軍隊を打ち破った。
　　　ニ．議会派のなかの急進派であった水平（平等）派は, 一般兵士の支持を得
　　　　　て, 普通選挙による共和政を主張し, 独立派と対立した。
□ **問5**　空欄 (h) にあてはまるもっとも適切な語句は何か。
　　　イ．高等法院　　ロ．全国三部会　　ハ．地方三部会　　ニ．国務会議
□ **問6**　下線部 (i) の人物に関する①〜④の出来事を年代順に並べた場合, 正し
　　いのはどれか。　　①コルベールの財務総監就任　　②フロンドの乱
　　　　　　　　　　　③ピレネー条約の締結　　　　　　④ナントの王令の廃止
　　　イ．②→③→①→④　　ロ．②→③→④→①
　　　ハ．③→②→①→④　　ニ．③→②→④→①
□ **問7**　下線部 (l) の君主エカチェリーナ2世の説明で誤っているのはどれか。
　　　イ．ピョートル3世を僭称し, プガチョフの農民反乱を鎮圧した。
　　　ロ．ラクスマンを日本へ送り通商を求めたが, 目的を達せられなかった。
　　　ハ．アメリカ独立戦争では, スウェーデンなどと武装中立同盟を結成した。
　　　ニ．三次のポーランド分割に参加し, ワルシャワを含む領土を獲得した。
B　下記の**問1〜6**について, 最も適切な答えを記せ。
□ **問1**　空欄 [d] にあてはまる語句を漢字で記せ。
□ **問2**　下線部 (e) のイギリスでは, 地方大地主層が地方の政治・行政・司法に
　　影響力を持つ無給の職に就いて, 王権を支えていた。この職名を漢字で記せ。
□ **問3**　下線部 (g) の宰相リシュリューによって創立され, 言語・文化政策の一
　　翼も担った学術団体の名は何か記せ。
□ **問4**　下線部 (j) の国王フリードリヒ2世が1740年に著し,「君主は国家第一
　　の僕」の言葉で知られる著作物の題名は何か記せ。
□ **問5**　下線部 (k) の君主ヨーゼフ2世は1781年に, 農民保護に関する法令の
　　他に, もう一つの法令を発している。その法令の名を漢字で記せ。
□ **問6**　空欄 [m] にあてはまる語句を漢字4文字で記せ。

16 近世ヨーロッパ世界②

1 下に掲げる 18 世紀におけるポーランド分割時のヨーロッパ東部の地図を参照しながら，問1～7に答えなさい。ちなみに，隣国列強による三度におよぶポーランド分割に際し，それぞれ割譲された地を，第1回分割時によるものを I ，第2回分割時によるものを II ，第3回分割時によるものを III と記している。

(早稲田大)

□ **問1** 北方戦争（1700 — 21）に勝利したロシアは，その領土を西に拡大し，戦時中に建設され，首都となった都市は「西欧への窓」と称された。その地の位置を，地図中の記号で選びなさい。
　　ア．a　イ．b　ウ．c　エ．d

□ **問2** マリア＝テレジアの広大なハプスブルク領の継承をめぐってオーストリア継承戦争（1740 — 48）が起こった。その戦争に参戦しなかった国はどれか，以下のなかからその国名を一つ選びなさい。
　　ア．イギリス　イ．スウェーデン　ウ．スペイン　エ．フランス

□ **問3** ポーランド分割に関わる次の文章のうち，誤りのあるものを一つ選びなさい。
　　ア．ポーランド分割は，1772 年，1793 年，1795 年の3回にわたって行われた。
　　イ．マリア＝テレジアは，第1回のポーランド分割に参加した。
　　ウ．ポーランドは絶対王政の破綻から，列強の干渉を招き，分割の憂き目にあった。
　　エ．分割により消滅したポーランド国家は，第1次世界大戦後に外国支配から脱し，独立した。

□ **問4** ロシアは 17 世紀末までオスマン帝国が支配していた地図中の記号X海に進出した。X海の名称を記しなさい。

□ **問5** オーストリア継承戦争の結果，プロイセンがオーストリアから奪った地方は，地図中記号Yの地である。その地の名称を記しなさい。

□ **問6** 3回にわたるポーランド分割は，ロシア皇帝が中心的役割を果たした。その人物名を記しなさい。

□ **問7** 地図中の記号Zは要塞都市ブラーツラウの位置にあたるが，そこは現在，キエフ市を首都とする国家の版図内にある。その国名を記しなさい。

2 次の文を読み，下記の設問A～Cに答えなさい。 （立教大）

　ポルトガルは1580年に［　イ　］との同君連合の関係に入ったが，同国のアジアにおける優越は，オランダ，イギリスなど，遅れてアジアに進出してきた国々との対立のなかで失われていった。蘭英両国は相次いで東インド会社を設立した。世界で初めて（　あ　）会社の形態をとったとされる，（　い　）年設立のオランダ東インド会社は，オランダによる急激なアジア進出の原動力となった。オランダは1623年の［　ロ　］事件でイギリスの勢力も排除して，東南アジアの諸島部で優位に立った。他方，イギリスは17世紀半ばからインドへの進出に努めて，東海岸の［　ハ　］（現チェンナイ），西海岸のボンベイ（現ムンバイ），ガンジス川下流域［　ニ　］地方のカルカッタ（現コルカタ）という3大拠点を17世紀末までに確保した。

　17世紀の後半以降，インドへの進出にあたってイギリスの主要な競争相手となったのはフランスであった。国王ルイ14世のもとで財務総監を務め（　う　）主義政策を展開した［　ホ　］は，17世紀初めに設立されたものの，活動を停止していたフランス東インド会社を（　え　）年に再建した。その後フランスは，［　ハ　］に近いポンディシェリと，カルカッタに近い［　ヘ　］を獲得し，イギリスに対抗した。(1)経済的競争関係にあったイギリスとフランスは，17世紀の末以降，植民地の獲得をめぐって世界各地で繰り返し戦った。アウラングゼーブ帝の没後ムガル帝国の支配が急速に解体にむかったインドは，北アメリカ，西インド諸島などとともに，両国にとってもっとも重要な争いの場となった。フランスのインド総督［　ト　］は，ヨーロッパで(2)オーストリア継承戦争が戦われていた1740年代には［　ハ　］を占領するなど，イギリス側を大いに苦しめたが，まもなく本国に召還された。1757年の［　チ　］の戦いでイギリスのクライヴは，フランスと［　ニ　］の地方政権の連合軍を破り，数年後にイギリスは［　ニ　］地方の徴税権を獲得し，広大なインドの領土支配の基礎を作った。この後，イギリス東インド会社は植民地統治のための機関としての性格を強めていったが，（　お　）年に解散となった。

□ **A**　文中の空所［イ］～［チ］それぞれにあてはまる適当な語句をしるしなさい。

B　文中の空所（あ）～（お）にあてはまる適当な語句または数字を，それぞれ対応する次のa～dから1つずつ選び，その記号を答えなさい。

□（あ）　a．株式　b．合名　c．勅許　d．独占

□（い）　a．1588　b．1600　c．1602　d．1604

□（う）　a．重金　b．重商　c．重農　d．自由貿易

□（え）　a．1643　b．1648　c．1664　d．1685

□（お）　a．1813　b．1833　c．1858　d．1877

C　文中の下線部（1）～（2）にそれぞれ対応する次の**問1～2**に答えよ。

□**問1**　フランスのナントの王令（勅令）の廃止は，イギリスと経済的競争関係にあった同国にどのような経済的影響を与えたか。1行でしるしなさい。

□**問2**　この戦争と同じ時期に北アメリカで戦われたイギリスとフランスの戦争の名をしるしなさい。

17 産業革命・アメリカ独立革命

1 次の文章を読んで以下の問に答えなさい。 　　　　　　　　　（慶應大）

　18 世紀後半からイギリスで始まった産業革命によって機械制大工業が成立し，資本主義システムが経済を支配するようになった。生産力が急速に発展するとともに資本家と労働者との対立も深まり，資本主義体制そのものの変革をめざす社会主義思想が生まれた。

問　下線部に関して，産業革命期の技術についての次の文章を読んで，以下の (1)，(2) に答えなさい。

　産業革命は綿工業部門で始まり，機械化によって綿製品が大量に生産されるようになった。綿工業のための主な発明として，ジョン＝ケイの飛び杼，[a] のジェニー紡績機，クロンプトンのミュール紡績機，[b] の力織機などがあげられる。また，18 世紀後半に [c] が改良した蒸気機関は，蒸気圧によるピストンの上下運動を回転運動に変換するなど優れた性能をもっており，紡績機械や織機の動力として利用されると綿工業の生産は飛躍的に増大した。

□ (1)　上の文章中の [a] ～ [c] に入れるのにもっとも適切な人名を次の 1 ～ 6 の中からそれぞれ 1 つずつ選びなさい。

　　1. アークライト　　2. カートライト　　3. スティーヴンソン
　　4. ニューコメン　　5. ハーグリーヴズ　　6. ワット

□ (2)　次の 1 ～ 4 の図の中から，上の文章中の [a] のジェニー紡績機，[c] の蒸気機関としてもっとも適切なものをそれぞれ 1 つずつ選びなさい。

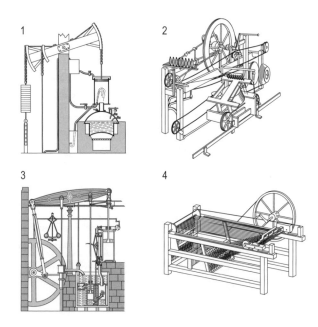

2 次の文章を読み，問1から問16までの設問に答えなさい。　　（青山学院大）

　イギリスは，17世紀初頭から18世紀前半までに北アメリカの大西洋岸に①13の植民地を設立した。その13の植民地では，②本国の議会制度にならって植民地議会を設けるなど，自治的傾向が強かった。18世紀，北米大陸ではイギリスとフランスが植民地をもち，勢力を争っていた。

　ヨーロッパでの七年戦争と並行して，北アメリカでは[A]戦争と呼ばれる植民地戦争が戦われ，イギリスの勝利に終わったが，七年戦争で多大な負債をかかえたイギリスは，③重商主義政策を強化させ，植民地への新たな課税をもって臨み，植民地人の不満が高まった。1765年の[B]に対し「[C]なくして課税なし」をスローガンとした抵抗運動が展開され，また1773年には独立戦争の導火線となった[D]が起きた。1775年，イギリス本国軍と植民地民兵の間での武力衝突が[E]と[F]で起こり，アメリカ独立戦争の火蓋が切られた。

　1776年7月4日，[G]で[H]が宣言案を起草した④独立宣言を発表した。この宣言は，主権在民の原則，自然権，革命権を掲げ，イギリスの[I]の思想が色濃く反映されており，1789年8月，フランス革命勃発直後にフランス国民議会が制定した[J]宣言とともに，近代民主政治の基本原理となった。1783年に[K]が結ばれ，イギリスはアメリカ合衆国の独立を承認した。その後強力な中央政府を樹立しようとする動きが強くなり，1787年には[L]で合衆国憲法がつくられた。この憲法では，⑤行政・立法・司法の権力を異なった機関に委ねることで，相互に牽制させ，権力の均衡をはかった。

☐ **問1**　下線部①の13植民地に含まれる植民地の名称として誤っているものを，次の選択肢の中から1つ選びなさい。

　　1. マサチューセッツ　2. ニューヨーク　3. ニュージャージー　4. フロリダ
　　5. デラウェア

☐ **問2**　下線部②に関連して，最初に植民地議会が設けられたのはどの植民地か，次の選択肢の中から1つ選びなさい。

　　1. ヴァージニア　2. マサチューセッツ　3. ニューヨーク
　　4. ペンシルヴェニア　5. ジョージア

☐ **問3**　[A]に入る語を記入しなさい。

☐ **問4**　下線部③に関連して，イギリスの重商主義政策を説明した文として最も適切なものを，次の選択肢の中から1つ選びなさい。

　　1. アフリカからの奴隷の供給を課税対象にした。
　　2. 植民地の自由な貿易や産業をおさえようとした。
　　3. 植民地の工業の発展を推進した。
　　4. 独占企業を禁止する法律を定めた。
　　5. 植民地人から信仰の自由を奪った。

☐ **問5**　[B]に当てはまる言葉を，次の選択肢の中から1つ選びなさい。

　　1. 航海法　2. 毛織物法　3. 砂糖法　4. 印紙法　5. 審査法

☐ **問6**　[C]に入る語を，記入しなさい。

☐ **問7** ［D］に入る語を，記入しなさい。

☐ **問8** ［E］と［F］に入る地名を，次の選択肢の中から1つ選びなさい。

    1. ［E］レキシントン　［F］ヨークタウン

    2. ［E］レキシントン　［F］コンコード

    3. ［E］ボストン　　　［F］レキシントン

    4. ［E］ヨークタウン　［F］ボストン

    5. ［E］コンコード　　［F］ヨークタウン

☐ **問9** ［G］に入る地名を，記入しなさい。

☐ **問10** ［H］に入る人名を，記入しなさい。

☐ **問11** 下線部④に関連して，アメリカ独立革命について述べた文として最も適切なものを，次の選択肢の中から1つ選びなさい。

    1. トマス＝ペインが「コモン・センス」を発表した。

    2. ジョン＝アダムスが13植民地の軍の総司令官に任命された。

    3. 武装中立同盟にイタリアが参加した。

    4. ヨークタウンの戦いでイギリス軍が勝利した。

    5. 奴隷解放宣言が発表された。

☐ **問12** ［I］に入る人名を，次の選択肢の中から1つ選びなさい。

    1. アイザック＝ニュートン

    2. ロバート＝ボイル

    3. ルネ＝デカルト

    4. ジョン＝ロック

    5. フランシス＝ベーコン

☐ **問13** ［J］に入る語を，記入しなさい。

☐ **問14** ［K］に当てはまる言葉を，次の選択肢の中から1つ選びなさい。

    1. パリ条約　2. ジュネーブ条約　3. ベルリン条約　4. ストックホルム条約

    5. ロンドン条約

☐ **問15** ［L］に入る会議の名称を，記入しなさい。

☐ **問16** 下線部⑤でのべている政治制度とは何か。正しい語句を記入しなさい。

18 フランス革命とナポレオン戦争

1 次の文中の[　　]に最も適当な語を語群から選び，また下線部に関する問いに答え，最も適当な記号1つを書きなさい。
（関西学院大）

　フランス革命を「劇薬」と呼んだ歴史家がいる。革命の偉大さと悲惨さをひとしく捉えるためである。偉大さとは，①アンシャン＝レジームを解体して，新時代を切り開いた大事業だということである。他方，悲惨さとは，恐怖政治と呼ばれる独裁と流血を指している。この両面を見据えてはじめて，フランス革命の意味を適切に理解できるのだ。

　確かに，革命は偉大な成果をもたらした。何より，1789年8月の②封建的特権の廃止の宣言に続けて，③人権宣言が発せられたことは画期的だった。国民を主権者とする民主主義の制度が考案されたことも重要だ。④暦や長さ・重さの単位も変更された。時間と空間の捉え方，感じ方を変えようとしたのだ。王政やカトリックを連想させる地理呼称も，革命的なものに換えられた。

　だが，社会と国家の激変には悲惨がつきまとった。バスティーユ監獄襲撃以来，一定の秩序と規律を保った民衆蜂起が，ある時期から歯止めなき暴力に転じてしまった。国民議会，⑤立法議会，⑥国民公会と続く議会では諸党派が激論を交わしたが，国民公会を率いたロベスピエールは反対派を排除・粛清して独裁を強めた。ギロチンのイメージが革命を貫いた。

　[　　]9日のクーデタを経て誕生した総裁政府は，恐怖政治を終わらせて穏健な共和政を目指したが，政治は安定しなかった。

〔語群〕
　a. テルミドール　b. ブリュメール　c. ジェルミナール
　d. ヴァンデミエール

〔問い〕
☐① アンシャン＝レジームに関する記述として，誤りを含むものはどれか。
　　a. 16世紀頃からフランス革命までの政治・社会体制を意味する。
　　b. 貴族を第一身分とする政治・社会体制である。
　　c. 第三身分は人口の9割以上を占めたが，地代や税負担に苦しめられた。
　　d. 宮廷を中心とした貴族の社交にもとづく文化が開花した。
☐② 封建的特権の廃止の宣言に関する記述として，誤りを含むものはどれか。
　　a. 国民議会が採択した宣言である。
　　b. 領主裁判権が無条件で廃止された。
　　c. 農民による土地取得が一気に進んだ。
　　d. 農民の人格的自由が認められた。

□ ③ 人権宣言に関する記述として，誤りを含むものはどれか。

    a. 人間の自由と権利における平等が定められた。

    b. 圧政への抵抗が，人間の生得の消滅することのない権利だとされた。

    c. 主権の根源が本質的に国民に属することが述べられた。

    d. 所有権の例外なき無条件の不可侵が宣言された。

□ ④ 暦や長さ・重さの単位の改革に関する記述として，正しいものはどれか。

    a. ユリウス暦に代えて革命暦（共和暦）と呼ばれる暦が制定された。

    b. 革命暦は十二進法に基づいて定められた。

    c. 1メートルは地球の子午線の長さに基づいて定められている。

    d. メートル法が正式に採用されたのは第一帝政期である。

□ ⑤ 立法議会に関する記述として，正しいものはどれか。

    a. 1791年憲法を制定し，立憲君主体制を確立した。

    b. 共和主義者のフイヤン派が多数派を占めた。

    c. オーストリアに宣戦して，対外戦争を開始した。

    d. 立法議会の発足を契機に，第1回対仏大同盟が組織された。

□ ⑥ 国民公会期に設置された機関でないものはどれか。

    a. 公安委員会　b. 保安委員会　c. 革命裁判所　d. 星室庁裁判所

2 次の文章を読み，下記の問に答えなさい。　（明治大）

　ナポレオン＝ボナパルトは，革命暦8年ブリュメール18日（1799年11月9日）のクーデタにより統領政府を樹立し，自ら第一統領の座に就いた。第一統領となった彼は，行政の中央集権化，民法典をはじめとする法典の整備，公教育制度の確立，フランス銀行の設立など，後のフランスの礎となる国内改革を次々と行った。さらに，それまで敵対を続けていた㋐イギリスやオーストリアやロシアと講和し，革命中に途絶えていたカトリック教会との関係も，当時の教皇である［　①　］との間に宗教協約を締結することで修復した。

　1804年，ナポレオン＝ボナパルトはナポレオン1世として皇帝の座に就き，第一帝政が開始した。皇帝ナポレオン1世の戴冠式はパリのノートルダム大聖堂で行われたが，この時の様子は新古典主義を代表する画家である［　②　］によって描かれ，その絵画は『ナポレオンの戴冠式』と呼ばれルーブル美術館に収蔵されている。㋑この絵画には，最初の妻であるジョゼフィーヌに皇后としての冠を自ら授けるナポレオンの姿が描かれている。

　皇帝となったナポレオン1世は，フランスの勢力を拡大しようとヨーロッパ各国への進撃を開始した。しかし，1805年，フランス・スペインの連合艦隊は，トラファルガー沖の海戦で，［　③　］提督が率いるイギリス海軍に壊滅させられてしまった。この敗戦によりイギリスへの侵攻は無理であると悟ったナポレオン1世は，オーストリアとロシアへの勢力拡大を目論み，両国の連合軍をアウステルリッツの三帝会戦で破ることに成功した。1806年，彼は，バイエルンなど西南ドイツ諸国にライン同盟を結成させ自らの庇護下に置いた。㋒ライン同盟結成後の1807年には，ティ

ルジット条約により，ロシアとプロイセンとの間に講和を成し遂げ，フランスはヨーロッパ大陸のほぼ全域を支配下に置くことになった。㋓ナポレオンの支配に対してスペインでは抵抗運動が起こり，民衆がゲリラ戦を用いてフランス軍を苦しめた。

　ナポレオン1世の勢いに陰りが見えたのは，1812年，大陸封鎖令を無視してイギリスとの通商を再開したロシアに対する軍事遠征に失敗した頃からである。このロシア遠征の失敗を見たヨーロッパ各国はナポレオン1世に反旗を翻すようになった。1813年には，プロイセン・ロシア・オーストリア・スウェーデン連合軍が現在のドイツ東部の［　④　］で行われた戦いでフランス軍を打ち負かし，㋕翌1814年にはパリが陥落し，ナポレオン1世は退位させられた。ナポレオンが退位した後，ルイ18世が亡命先から帰国し王位に就いたことで一時的にブルボン朝が復活したが，1815年にはナポレオンがパリに戻り皇帝の座を取り戻した。しかし，復位して間もなく，ナポレオン率いるフランス軍は，現在のベルギーに位置する［　⑤　］でイギリス・プロイセン・オランダ連合軍と戦って敗れ，ナポレオンは南大西洋の島に流刑となりそこで没した。

□ **問1**　文中の空欄［①］～［⑤］に入るもっとも適切と思われる語句を記入しなさい。

　問2　文中の下線部㋐～㋕に関して，下記の問（ア）～（オ）に答えなさい。

□（ア）　下線部㋐に関して，1802年，イギリスとフランスの間で講和条約が締結され，1793年から続いていたイギリス・フランス間の戦争状態と第2回対仏大同盟が解消された。この講和条約が締結されたフランスの都市はどこか。

□（イ）　下線部㋑に関して，最初の妻ジョゼフィーヌとの間に後継ぎが誕生しなかったナポレオン1世は，ジョゼフィーヌと離婚しオーストリア皇女と再婚した。このナポレオン1世が再婚したオーストリア皇女は誰か。

□（ウ）　下線部㋒に関して，ティルジット条約により，ナポレオン1世はプロイセンに対して広大な領土の割譲を求めた。この時，プロイセンが失ったポーランド地方には，ナポレオン1世により国が作られ彼の庇護下に置かれた。この国の名前を何というか。

□（エ）　下線部㋓に関して，ナポレオン軍により銃殺されるマドリード市民の様子を描いた『マドリード，1808年5月3日』と題された絵画を制作したスペイン人画家で，スペイン王家の宮廷画家としても活躍したのは誰か。

□（オ）　下線部㋔に関して，1814年に退位させられたナポレオン1世は，イタリア半島の西に位置する地中海の小さな島に流された。このナポレオン1世の流刑地である島の名前は何か。

19 ウィーン体制とヨーロッパ再編①

1 次の文章を読み，設問に答えなさい。 （早稲田大）

19世紀前半のヨーロッパでは，(a)フランス革命やナポレオン戦争ののちに，(b)ウィーン体制と呼ばれる新しい国際秩序が構築された。これはヨーロッパ再建のために招集されたウィーン会議によって成立した体制であり，この結果，フランスでは，ブルボン王朝が復活してルイ18世が即位した。この復古王政は，当初ある程度近代的な自由主義を認める議会政治をとったが，しだいに反動的な政治におちいった。1824年に国王シャルル10世が即位すると，亡命貴族賠償法の制定などによって一気に反動政治が強化され，国民の不満を外にそらす目的で1830年5月には[　A　]への出兵もおこなわれた。また国王は新議会を招集せずに解散したため，(c)これを批判する世論が高まり，ついに7月には，パリ民衆が決起した。この(d)七月革命によってフランスでウィーン体制の一部が崩壊したことは，ヨーロッパ各国に大きな波紋を投げかけた。(e)ウィーン体制は，押し寄せる近代ナショナリズムや革命の防波堤になることが期待されていたが，逆にヨーロッパは本格的な革命の時代に突入することになった。

- □ **問1** 下線部（a）に関連して，フランス革命やナポレオン戦争に関して述べた次の文の中で，正しいものはどれか。
  - イ．1791年，オーストリア皇帝レオポルト1世とプロイセンのフリードリヒ＝ヴィルヘルム1世は，ルイ16世の救援を諸外国に呼びかけるピルニッツ宣言を共同で出した。
  - ロ．1792年，フランス軍はヴァルミーの戦いでパリに迫るプロイセン・オーストリアの両軍に勝利した。
  - ハ．1805年，ナポレオンはアウステルリッツの会戦で，ロシア・プロイセンの軍隊を撃ち破った。
  - ニ．1815年，ナポレオンは現在のドイツにおけるワーテルローの戦いで，イギリス・オランダ・プロイセン連合軍に敗れた。

- □ **問2** 下線部（b）に関連して，ウィーン会議やウィーン体制に関して述べた次の文の中で，正しいものはどれか。
  - イ．ウィーン会議の基本原理となったのは，フランス代表の政治家タレーランが提唱した正統主義と，イギリス・ロシアなどが主張する立憲主義であったといわれる。
  - ロ．ウィーン体制を支持したロシア皇帝アレクサンドル1世の指導で，キリスト教の友愛精神にもとづく神聖同盟が結成され，オスマン帝国を含むヨーロッパの全君主が加盟した。
  - ハ．ウィーン会議の結果，イギリス・ロシア・オーストリア・プロイセンが四国同盟という軍事的・政治的同盟を結成し，のちにフランスが加わり五国同盟となった。
  - ニ．ウィーン会議の結果，オランダは，オーストリア領ネーデルラントの領有

が認められ，連邦共和国として復活した。

□ **問3**　［A］にあてはまる地域は，のちにフランスの植民地となる。この地域名を答えなさい。

□ **問4**　下線部（c）に関連して，復古王政の反動政策を新聞等で批判した当時の共和主義者・自由主義者たちの中に，のちに首相となり，また第三共和政初代の大統領に就任した人物がいる。この人物は誰か。

□ **問5**　下線部（d）に関連して，七月革命について述べた次の文の中で，正しいものはどれか。

　　イ．オルレアン家のルイ＝フィリップが，あらたに成立した七月王政の国王となった。

　　ロ．七月革命の結果，社会主義者や労働者の要求によって，1830年に国立作業場が設立された。

　　ハ．古典主義の画家ドラクロワは，この七月革命を題材に「民衆を率いる自由の女神」を描いた。

　　ニ．スタンダールは，『人間喜劇』で七月革命を批判し，写実主義の先駆的な作家となった。

□ **問6**　下線部（e）に関連して，1820～30年代のヨーロッパの革命運動や反乱について述べた次の文の中で，誤っているものはどれか。

　　イ．南ネーデルラント地域では武装蜂起が起こり，ベルギーがオランダから独立し，レオポルド1世が即位して立憲王国となった。

　　ロ．ロシアでは1825年にデカブリストの反乱が起きたが，鎮圧され，反動政治が強化された。

　　ハ．イタリアではカルボナリの活動は弾圧されたが，マッツィーニらが組織した「青年イタリア」が武装蜂起をおこなった。

　　ニ．ハンガリーではコシュートを中心とした独立運動が起きて独立を宣言したが，革命運動は弾圧によって崩壊した。

2 次の文章を読み，問1～3に答えなさい。 （同志社大）

　19世紀の世界では，イギリスがその経済的繁栄と圧倒的な海軍力を背景に強力な影響力をもつことで比較的平和な状態が保たれていた。この状況は「［　あ　］」と呼ばれる。他方，自由主義的性格を強めていたイギリス国内では，1828年に［　い　］法が廃止され，さらに翌29年に，（　a　）らアイルランド人の運動の結果，カトリック教徒解放法が成立して，国教徒以外でも公職につけるようになった。また，選挙制度が産業革命後の社会の現実にあっていなかったため，選挙法改正を求める運動が激しくなると，ホイッグ党内閣は1832年に (ア)第1回選挙法改正をおこなった。これよりもさらに民主的な選挙制度を求める労働者は，30年代後半から，男性普通選挙，議員の財産資格廃止など6カ条からなる人民憲章をかかげて［　う　］運動とよばれる政治運動をおこし，1848年にはその運動が最後の高まりをみせた。イギリスはこのころ，産業資本家に有利な自由貿易政策も実現したが，その画期とされるのは，コブデン，ブライトらが参加した反穀物法同盟による運動の結果，1846年に (イ)穀物法が廃止されたことである。

　(ウ)産業革命期には，イギリスでは人口が急増し，全体として国の富は増大していったものの，労働者の生活は悲惨であった。19世紀のなかばになると，イギリスは［　え　］女王のもとで繁栄の絶頂にあった。（　b　）年には，のべ600万人以上が入場したロンドン万国博覧会がひらかれ，人びとに近代工業力の成果を誇示した。政治においては，二大政党が総選挙の結果にもとづき交替で政権を担当する典型的な議会政党政治が成立し，保守党のディズレーリ，自由党のグラッドストンらによって，(エ)重要な改革がつぎつぎと実現された。他方，以前からイギリスの圧迫をうけ，（　c　）年に正式に併合されて「連合王国」に組みこまれたアイルランドでは，住民の多くがカトリックで，イギリス人不在地主に対する小作人の地位におかれていたために生活が苦しかった。1840年代なかばに大飢饉（ジャガイモ飢饉）を経験したアイルランドからは，その後わずか数年間で60万を超える人びとが移民として（　d　）にわたった。1880年代以降グラッドストンが提出したアイルランド自治法案は議会を通過せず，（　e　）系民族の国アイルランドをめぐる問題は未解決のまま，20世紀をむかえた。

□ **問1**　文中［あ］～［え］に入る適切な語句を記入しなさい。

□ **問2**　文中の（a）～（e）に入る最も適切な語句を次の語群から一つずつ選び，番号を記入しなさい。同一記号は同一語句とする。

　　〔語群〕

　　1. アメリカ　2. アングロ＝サクソン　3. インド　4. ウィリアム＝モリス
　　5. オコンネル　6. ケルト　7. ゲルマン　8. コールリッジ　9. スラブ
　　10. チリ　11. ドイツ　12. バーナード＝ショー　13. ハーバート＝スペンサー
　　14. パトリック＝ピアース　15. 西インド諸島　16. 南アフリカ　17. 1801
　　18. 1814　19. 1826　20. 1839　21. 1841　22. 1849　23. 1851　24. 1854
　　25. 1856

問3 下線部（ア）～（エ）についての以下の説明について，(a)(b) ともに正しい場合は数字 1, (a) のみ正しい場合は数字 2, (b) のみ正しい場合は数字 3, (a)(b) ともに正しくない場合は数字 4 を記入しなさい。

□（ア）　第 1 回選挙法改正
　(a)　これにより，選挙権が新興の中間市民層まで拡大した。
　(b)　この結果，腐敗選挙区が廃止された。

□（イ）　穀物法
　(a)　1815 年のこの法によって穀物の輸入に高率の関税がかけられた。
　(b)　この法は小作人の利益をまもるためのものだった。

□（ウ）　産業革命期には，イギリスでは人口が急増し，全体として国の富は増大していったものの，労働者の生活は悲惨であった。
　(a)　ひとつの結果として，ラダイト運動が起こった。
　(b)　工場主サン＝シモンは労働者の待遇改善をとなえ，イギリスにおける労働組合の設立に努力した。

□（エ）　重要な改革がつぎつぎと実現された。
　(a)　結果として，女性のほぼすべてが 19 世紀末までに選挙権を獲得した。
　(b)　結果として，初等教育の公的整備が進められた。

20 ウィーン体制とヨーロッパ再編②

1 次の文章を読み，問1〜6に答えなさい。 （早稲田大）

　ヨーロッパにナショナリズムが広がっていく重要なきっかけとなったのは，1789年にはじまったフランス革命であったと考えられる。「ネイション」がナショナリズムには不可欠だろうが，いわゆる (1)人権宣言 は「ネイション（ナシオン）」が国家の主人であると規定した。フランス革命とナポレオンの時代が終わった後も，ヨーロッパの様々な地域でしだいに「ネイション」が重みを増していった。(2)ルイ＝フィリップ が「フランス人（国民）の王」と称し，(3)ナポレオン3世 が「フランス人（国民）の皇帝」と称したのも，ある程度までその表れと言える。長らく統一国家が存在しなかった (4)イタリア と (5)ドイツ の地域がそれぞれ国家として統合されるうえでも，「ネイション」とそれに基づくナショナリズムが果たした役割は大きかった。どちらも君主政国家として統一されたのだが，かならずしも十分なかたちでなかったとはいえ，「ネイション」と「国家」とが重なり合う「ネイション＝ステイト（国民国家）」の建設が目指されたからである。しかし，そのようなかたちの国家を建設することはヨーロッパ東部では困難であり，とりわけ (6)ハプスブルク帝国 に大きな難問を突きつけることになった。

□ **問1**　下線部 (1) の宣言の草案の作成者で，それ以前にアメリカ独立戦争に従軍した経歴を持つ人物はだれか，名前を記しなさい。

□ **問2**　下線部 (2) の人物が王位につくきっかけとなった革命の影響を受けて，独立をめざす反乱が起こったが失敗におわった地域をア〜エから一つ選びなさい。
　　ア．アイルランド　イ．ポーランド　ウ．ベルギー　エ．ギリシア

□ **問3**　下線部 (3) の人物について説明した下記のア〜エの文の中で，誤りを含むものを一つ選びなさい。
　　ア．1848年12月の選挙で大統領に選出された。
　　イ．ナポレオン1世の甥であった。
　　ウ．クリミア戦争後の講和会議を主宰した。
　　エ．メキシコに出兵し，一時メキシコ皇帝を兼ねた。

□ **問4**　下線部 (4) の地域にはイタリア王国が成立するが，下記のア〜エの中で最も遅くイタリア王国領となった都市を選びなさい。
　　ア．ナポリ　イ．ミラノ　ウ．ローマ　エ．ヴェネツィア

□ **問5**　下線部 (5) の地域における国家統一に関連する動きを説明した下記ア〜エの文の中で，誤りを含むものを一つ選びなさい。
　　ア．ドイツ国民議会は，1849年に大ドイツ主義に基づく憲法を採択した。
　　イ．1864年のデンマーク戦争は，デンマークがシュレスヴィヒ公国の併合を図ったために起こった。
　　ウ．軍事力を用いたビスマルクの統一政策は，「鉄血政策」と呼ばれる。
　　エ．ドイツ帝国は，プロイセンを中心とした連邦国家として成立した。

□ **問6** 下線部（6）の帝国が抱えた民族問題の結果として，この帝国の皇位継承者がある都市で暗殺された。この都市はどこか，記しなさい。

2 **次の文章を読んで，後の問（1・2）に答えなさい。** （上智大）

　　1850年代に行われたクリミア戦争の名前は，激戦があった［　1　］の名前からきている。ロシアが，オスマン帝国下の［　2　］の保護を口実に出兵すると，翌年，ロシアの南下政策を恐れた［　3　］と［　4　］が，オスマン帝国の側にたって戦ったため，ヨーロッパの有力国同士の戦争となり，(ア)サルデーニャ王国も参戦した。1年におよぶ (イ)セヴァストーポリ要塞攻防戦のすえ，ロシアは劣勢となり，1856年の［　5　］条約で(ウ)講和が成立した。この戦争の与えた影響は大きい。敗北したロシアは，自国の後進性を痛感し，戦後，皇帝［　6　］の下，(エ)近代化政策に着手した。また，この時阻止された南下政策の意欲を，その後も持ち続け，後年，オスマン帝国や他のヨーロッパ列強と戦うことになる。一方，勝利した［　4　］では，この戦争勃発の前年に元首となった［　7　］の威信が，この戦争の勝利で頂点に達した。彼はその後も，さまざまな国内政策を行うと同時に，(オ)積極的な対外政策を続けることになる。また，この戦争は後に続く社会運動を引き起こした。多くの死傷者を出した近代戦となったこの戦争の知らせを聞いて，［　3　］のナイティンゲールは34名の看護婦とともに野戦病院で傷病兵の看護をした。この活動に影響を受けたスイスの銀行家［　8　］は，1860年代の(カ)イタリア統一戦争の戦場の悲惨さを見て，赤十字運動を提唱し，1863年，戦時における傷病兵の救護活動を目的とした国際赤十字社が発足した。現在にもつながる国際的人道主義の組織ができたのである。

問1 文章の空欄［1］～［8］に入る言葉としてもっとも適切なものを，選択肢（a）～（e）から1つ選びなさい。

□ 1. a. 海峡　b. 平野　c. 都市　d. 半島　e. 河口

□ 2. a. ロシア人　b. ギリシア正教徒　c. タタール人　d. スラヴ民族
　　　e. カトリック教徒

□ 3. a. イギリス　b. フランス　c. オーストリア　d. プロイセン
　　　e. オランダ

□ 4. a. イギリス　b. フランス　c. オーストリア　d. プロイセン
　　　e. オランダ

□ 5. a. サン＝ステファノ　b. パリ　c. ベルリン　d. ユトレヒト
　　　e. ロンドン

□ 6. a. アレクサンドル1世　b. アレクサンドル2世
　　　c. アレクサンドル3世　d. ニコライ1世　e. ニコライ2世

□ 7. a. ヴィクトリア　b. フランツ＝ヨーゼフ1世　c. ナポレオン3世
　　　d. フリードリヒ＝ヴィルヘルム4世　e. レオポルド2世

□ 8. a. パストゥール　b. クーベルタン　c. ロイター　d. デュナン
　　　e. ルイ＝ブラン

問2 文章の下線部（ア〜カ）に関する次の設問（1〜6）の答えとしてもっとも適切なものを，選択肢 a〜e から1つ選びなさい。

☐1. 下線部（ア）サルデーニャ王国と，（イ）セヴァストーポリは，地図上のどこにあたるか。

(ア)　　　　　　　　(イ)

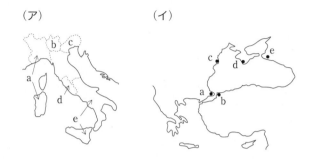

☐2. 下線部（ア）サルデーニャ王国の政治を当時担当していた首相は誰か。
　　a. カルロ＝アルベルト　b. ヴィットーリオ＝エマヌエーレ
　　c. マッツィーニ　d. カヴール　e. ガリバルディ

☐3. 下線部（ウ）の講和条約の内容として誤っているものはどれか。
　　a. 黒海の中立化　b. オスマン帝国領の保全
　　c. ダーダネルス・ボスフォラス海峡の軍艦通過の自由
　　d. ドナウ川航行の自由　e. ロシアの南ベッサラビア放棄

☐4. 下線部（エ）の近代化政策として有名なものはどれか。
　　a. 農奴解放令　b. シベリア鉄道建設　c. 十月宣言（十月勅令）
　　d. ミール解体　e. 世界政策

☐5. 下線部（オ）の積極的な対外政策に含まれないものはどれか。
　　a. メキシコ出兵　b. インドシナ出兵　c. エジプト遠征
　　d. プロイセン＝フランス（普仏）戦争　e. アロー戦争

☐6. 下線部（カ）のイタリア統一戦争で［　8　］の人物が見た悲惨な戦場はどこか。
　　a. プロンビエール　b. ソルフェリーノ　c. スダン（セダン）
　　d. シチリア　e. トリエステ

21 アメリカ合衆国の発展

1 次の文章を読み，問1から問17までの設問に答えなさい。　　（青山学院大）

　　アメリカ合衆国は独立後も19世紀の間に，急速に①領土を拡大した。
第7代の［　A　］大統領は，南部をおもな基盤とする［　B　］党を結成した。
一方，［　A　］大統領に反対する諸勢力は，［　C　］党を結成した。また，［　A　］
大統領の時代には西部開拓が推進されたが，その一方で，［　D　］法を制定し，
追い詰められた先住民の抵抗が強まった。西部開拓はまた，奴隷制度をめぐって，
②南部と北部の対立を激化させた。

　　1854年に，新州奴隷制の可否を住民の決定に委ねるとした，［　E　］が成立し，
南北の対立が再燃した。1860年に［　F　］党のリンカンが大統領にえらばれると，
南部諸州は合衆国から離脱し，翌年，［　G　］を結成し，ここに南北戦争がはじ
まり，この後，［　G　］の首都は［　H　］州に移った。当初は南軍が優勢であっ
たが，その後，連邦政府は西部の農民の支持を受け，更に，③1863年1月の奴隷
解放宣言により，内外世論の支持を集めた。同年のゲティスバーグの戦いで北軍が
勝利をおさめて以降，［　I　］将軍の率いる北軍が優勢となり，1865年，南部の首
都が陥落して，南軍は降伏し，④南北戦争は終結した。

　　南北戦争後，アメリカ合衆国は北部を中心に，⑤目覚ましい工業発展をとげた。
また，1865年には憲法修正第［　J　］条によってアメリカ合衆国内における奴隷
制度が正式に廃止された。しかし解放された黒人には農地の分配がおこなわれな
かったので，黒人の多くは，［　K　］として貧しい生活をおくった。また，南部
の白人層は［　L　］という秘密結社を組織し，黒人を迫害していった。

☐ **問1**　下線部①の，アメリカ合衆国の19世紀の領土拡大に関して，年代の古いも
のから順に最も適切に配列されているものを，次の選択肢から1つ選びなさい。
　　　　①　メキシコからカリフォルニアを獲得した。
　　　　②　スペインからフロリダを買収した。
　　　　③　ロシアからアラスカを買収した。
　　1.①—②—③　2.①—③—②　3.②—①—③
　　4.③—①—②　5.③—②—①

☐ **問2**　［A］に入る大統領の名前を，次の選択肢の中から1つ選びなさい。
　　1.ジェファソン　2.モンロー　3.ジャクソン
　　4.ハミルトン　5.ワシントン

☐ **問3**　［B］に入る語を，記入しなさい。
☐ **問4**　［C］に入る語を，記入しなさい。
☐ **問5**　［D］に入る語を，記入しなさい。

□ **問6** 下線部②に関連して，北部と南部における産業・貿易に対する見解，奴隷制への賛否について述べた文として最も適切なものを，次の選択肢の中から1つ選びなさい。

   1. 南部では，大農場制度が発達し，保護関税貿易を主張し，奴隷制に賛成していた。

   2. 南部では，商工業が発達し，自由貿易を主張し，奴隷制に賛成していた。

   3. 北部では，商工業が発達し，保護関税貿易を主張し，奴隷制に反対していた。

   4. 北部では，商工業が発達し，自由貿易を主張し，奴隷制に反対していた。

   5. 北部では，大農場制度が発達し，自由貿易を主張し，奴隷制に賛成していた。

□ **問7** ［E］に当てはまる言葉を，次の選択肢の中から1つ選びなさい。

   1. ミズーリ協定　2. ホームステッド法　3. 再建法　4. 人民憲章

   5. カンザス・ネブラスカ法

□ **問8** ［F］に入る語を，記入しなさい。

□ **問9** ［G］に当てはまる言葉を，次の選択肢の中から1つ選びなさい。

   1. アメリカ労働総同盟　2. 独立労働党　3. 総裁政府　4. アメリカ連合国

   5. 社会民主連盟

□ **問10** ［H］に入る州名を，次の選択肢の中から1つ選びなさい。

   1. アラバマ　2. ジョージア　3. ルイジアナ　4. ノース・カロライナ

   5. ヴァージニア

□ **問11** ［I］に入る人名を，次の選択肢の中から1つ選びなさい。

   1. リー　2. グラント　3. ジョンソン　4. デヴィス　5. ホイットニー

□ **問12** 下線部③に関連して，1860年代に起こった事象として誤っているものを次の選択肢の中から1つ選びなさい。

   1. プロイセン＝オーストリア戦争

   2. ロシアの農奴解放令　3. 国際赤十字社の結社

   4. 第1回万国博覧会開催　5. スエズ運河の完成

□ **問13** 下線部④に関連して，南北戦争終結から19世紀末までのアメリカ合衆国で起こった事象として誤っているものを次の選択肢の中から1つ選びなさい。

   1. 独占企業などに反対するポピュリズムが台頭した。

   2. 世界産業労働者同盟（IWW）が結成された。

   3. イギリスを抜いて，世界一の工業国となった。

   4. シャーマン（反トラスト）法が制定された。

   5. アメリカ合衆国はラテンアメリカへの影響力の拡大を図って，パン＝アメリカ会議を主催した。

□ **問14** 下線部⑤に関連して，19世紀後半の工業発展に関して述べた文として<u>誤っ</u>
<u>ている</u>ものを次の選択肢の中から1つ選びなさい。

   1. 東欧や南欧からの移民が増加し，安価な労働力を提供した。

   2. 最初の大陸横断鉄道が完成して，国内市場の結びつきを強めた。

   3. 東部を中心に都市化がすすみ，電灯や電信・電話などの技術が導入された。

   4. 製鉄にコークスをもちいる技術が開発された。

   5. 石炭・石油・鉄鋼などを基本とする重工業が躍進した。

□ **問15** ［J］に入る数字を，次の選択肢の中から1つ選びなさい。

   1. 12 2. 13 3. 14 4. 15 5. 16

□ **問16** ［K］に入る語を，記入しなさい。

□ **問17** ［L］に入る語を，記入しなさい。

22 19・20 世紀のアジア・アフリカ①

1 以下の文章の空欄[1]から[3]，及び下線部（ア）から（カ）に関する設問の文章の空欄[4]から[9]に入る最も適切な語句を語群より選び，その番号を答えよ。また，下線部（キ）に関する設問に答えよ。

（慶應大）

イギリスのインド支配の担い手となったのは，イギリス東インド会社であった。イギリス東インド会社は，1757年にフランスと協力したベンガル太守軍を破ると，1764年には〔 1 〕の戦いでムガル皇帝，ベンガル太守などの連合軍に圧勝し，翌年，ムガル皇帝からベンガル，〔 2 〕両地域の徴税権を授与された。またマイソール王国と（ア）マラーター同盟を破ったイギリスは，南インドと中部インドを支配下においた。

イギリス東インド会社は，さらにシク戦争にて（イ）シク王国を破ると，パンジャーブ地方を獲得し，19世紀半ばまでにインドの全域を支配下においた。しかし，1857年にインド大反乱が起きると，翌年，イギリスはムガル皇帝を廃し，東インド会社を解散させ，インドを本国政府の直接統治下においた。1877年にはインドは（ウ）インド帝国となった。

中国におけるイギリスの帝国主義の展開は，武力を後ろ盾とした自由貿易の押し付けというかたちをとった。清朝は18世紀半ばから西洋諸国との交易を広州一港に限定する管理貿易体制をとっていた。茶や生糸などの輸入によって西洋諸国で最大の清朝の貿易相手国となっていたイギリスは，（エ）マカートニーやアマーストを派遣して，貿易の自由化を求めたが，清朝はこれを拒否した。

イギリスは，輸入超過による貿易赤字を解消する手段として，アヘンの密輸に踏み切り，アヘン吸引は中国の深刻な社会問題となった。1839年に，〔 3 〕が林則徐を広州に派遣し，アヘンを厳しく取り締まると，翌年，イギリスは艦隊を派遣し，アヘン戦争が始まった。この戦争に敗北した清朝は，1842年に締結した南京条約によって，長江以南の5港の開港，香港島の割譲，賠償金の支払い，公行の廃止などを認めた。

（オ）アロー戦争が始まると，イギリス軍はフランス軍とともに，広州を攻撃し占領したのち，天津まで迫った。1858年に清朝はイギリス，フランス，アメリカ，ロシアの四ヵ国と天津条約を締結したが，その批准にやってきた英仏使節団を清朝が砲撃したことから，清朝と英仏は決裂し，戦争が再開した。1860年，英仏軍は北京を占領し，（カ）円明園を略奪し破壊する蛮行をはたらいたうえで，清朝と北京条約を締結した。これら2つの条約によって，清朝は外国大使の北京駐在，（キ）開港場の増加，九竜半島南部のイギリスへの割譲，キリスト教布教などを認めた。

〔設問〕

☐ 下線部（ア）に関し，マラーター王国は，18世紀にマラーター諸侯の連合体であるマラーター同盟に移行する。この王国の創始者は，〔 4 〕である。

☐ 下線部（イ）のシク王国は，シク教徒が建国した国家である。シク教の総本山ハルマンディルのある都市は，〔 5 〕である。

□　下線部（ウ）のインド帝国は，インドとパキスタンの分離独立によって崩壊する。現在のパキスタンの国語は，[　6　]語である。

□　下線部（エ）に関し，1793年にマカートニーは，[　7　]の離宮にて，乾隆帝に謁見した。

□　下線部（オ）に関し，アヘン戦争開始時にイギリスの外相であり，アロー戦争開始時にイギリスの首相であった人物は，[　8　]である。

□　下線部（カ）の円明園の設計に携わった人物と同時代に活躍し，ブーヴェとともに『皇輿全覧図』の作成に従事したイエズス会宣教師の中国名は，[　9　]である。

□　下線部（キ）に関し，これら2つの条約によって清朝が新たに開港を認めた港の組み合わせとして正しいものを下から選べ。[　10　]

　　　［01］　南京，漢口，大連，九江，淡水
　　　［02］　天津，福州，九江，青島，台南
　　　［03］　南京，天津，鎮江，台南，淡水
　　　［04］　天津，福州，漢口，淡水，九江

〔語群〕
　　01．アグラ　02．アムリットサール　03．ヴィクトリア　04．ウルドゥー
　　05．嘉慶帝　06．カシミール　07．カーナティック　08．カビール　09．咸豊帝
　　10．グラッドストン　11．グルカ　12．康熙帝　13．シヴァージー
　　14．シャー＝ジャハーン　15．ジョゼフ＝チェンバレン　16．シンド
　　17．タスマニア　18．タミル　19．通州　20．ディズレーリ　21．デリー
　　22．道光帝　23．湯若望　24．同治帝　25．トカラ　26．ナーガールジュナ
　　27．南懐仁　28．南京　29．ニザーム　30．西オーストラリア
　　31．ニューサウスウェールズ　32．熱河　33．ハイダル＝アリー　34．白進
　　35．パーマストン　36．ピット　37．ビハール　38．ヒンディー
　　39．ブクサール　40．プラッシー　41．北京　42．ベンガル　43．奉天
　　44．ポンディシェリ　45．南オーストラリア　46．雷孝思
　　47．ラージプターナ　48．ラホール　49．郎世寧

2　次の文を読み，下記の設問A・Bに答えよ。　　　　　　　　　　（立教大）

　1881年開業の唐胥鉄道（唐山─胥各荘）は，その後の鉄道網形成につながった。敷設を指導したのは (1)洋務運動の代表的人物の1人である李鴻章であった。この鉄道は後に北京と瀋陽を結ぶ京瀋線の一部となった。

　日清戦争で清国が敗北し，列強は清国領土内で鉄道敷設や鉱山開発などの利権獲得競争に乗り出した。ロシアは，日清戦争後の三国干渉で，日本から清国に遼東半島を返還させた見返りとして，中国東北部の［　イ　］鉄道の敷設権を得た。イギリスは，香港島の対岸にあり，1860年に清国からイギリスに割譲された［　ロ　］半島南端を起点に，広州までを結ぶ鉄道の敷設権を得た。膠州湾を租借した［　ハ　］は，山東省の鉄道敷設権を認めさせた。

　こうした列強の分割の動きは民衆の排外運動を刺激したが，(2)義和団事件により

危機に陥った清国は，国民統合の手段として鉄道を重視した。鉄道利権の回収と，主権の回復を主張する利権回収運動を受けて，清国は1905年，(3)<u>アメリカ</u>から粤漢鉄道の建設権・経営権を買い戻した。

　1911年5月，清国は鉄道国有化令を公布し，幹線鉄道の国有化と，外国からの借款による鉄道建設を進めようとした。これに反対する暴動がきっかけとなり，10月に武昌で革命派が挙兵し，辛亥革命が勃発した。しかし，革命後まもなく権力を掌握した袁世凱は，借款による鉄道建設の方針を継続した。袁世凱の死後，軍閥割拠の時代には，軍閥が鉄道を私物化した。

□　**A**　文中の空所 [イ] ～ [ハ] それぞれにあてはまる適当な語句をしるせ。

　　B　文中の下線部 (1) ～ (3) にそれぞれ対応する次の問1～3に答えよ。

　□ **問1**　中国の伝統的な道徳倫理を根本としながら，西洋技術を利用するというこの運動の基本思想を何と呼ぶか。その名をしるせ。

　□ **問2**　この事件につながった，中国各地の反キリスト教運動を何と呼ぶか。その名をしるせ。

　□ **問3**　この国が19世紀末に提唱した清国に対する政策として，適当でないものを，次のa～dから1つ選び，その記号を答えよ。

　　　a. 機会均等

　　　b. 平等互恵

　　　c. 門戸開放

　　　d. 領土保全

3　次の文中の下線部に関する問いに答え，最も適当な記号1つ書け。

（関西学院大）

　関西学院の創始者であるウォルター＝ラッセル＝ランバスは，1910年代に2回にわたって①<u>コンゴ奥地</u>への伝道旅行を行い，南メソジスト監督教会のコンゴ＝ミッションを開設した。ランバスは②<u>アフリカ伝道</u>の先駆者のひとり③<u>リヴィングストン</u>の人生を「アフリカの人々に福音を伝え，隠された秘密を探り出し，そして，アフリカを荒廃させる④<u>奴隷売買</u>を廃止するための倦まざる努力に費やされた」と記す。この「偉大な伝道探検家」は，⑤<u>ブール人</u>（ボーア人）の奴隷所有の状況や，⑥<u>ポルトガル人奴隷業者</u>が引き起こした奴隷狩りの惨状を目撃した。1871年に発表した目撃記事は「⑦<u>イギリス</u>と文明世界のすみずみまで恐怖の戦慄を与え」，奴隷貿易調査のための王立委員会を設置する要因となった。ランバスは，リヴィングストンが「道を開拓した」伝道事業の後に続くため，コンゴへと赴いた。時はあたかもヨーロッパ諸国による⑧<u>アフリカ分割</u>の完成期であった。

引用文出典：ウォルター・R・ランバス／保田正義訳『ブラジル・メキシコ・アフリカ』
『ウォルター・ラッセル・ランバス資料（3）』関西学院キリスト教主義教育研究室

□ ① コンゴに関する記述として，誤りを含むものはどれか。

　　a. ベルギー国王はコンゴ国際協会を組織して，コンゴの領有を宣言した。

　　b. コンゴの領有問題などを解決するために，ベルリン会議が開かれた。

　　c. コンゴは，ベルギー，ポルトガル，ドイツに分割して領有された。

　　d. ベルギー国王の私的植民地として，コンゴ自由国がつくられた。

□ ② アフリカの王国に関する記述として，誤りを含むものはどれか。

　　a. アラビア半島からの移住者が，エチオピア高原にベニン王国を建てた。

　　b. マンサ＝ムーサの治世に，マリ王国は全盛期を迎えた。

　　c. アフリカ南部のモノモタパ王国は，インド洋交易で栄えた。

　　d. アフリカ西部のガーナ王国は，岩塩と黄金との交易で栄えた。

□ ③ リヴィングストンと同時期に，アフリカ内陸部を探検した人物は誰か。

　　a. スタイン　　b. ヘディン　　c. スコット　　d. スタンリー

□ ④ 17世紀から19世紀に，奴隷貿易で栄えたアフリカ西部の王国はどれか。

　　a. ソンガイ王国　　b. ダホメ王国　　c. メロエ王国　　d. クシュ王国

□ ⑤ ブール人に関する記述として，誤りを含むものはどれか。

　　a. ケープ植民地に入植したオランダ人などの呼称である。

　　b. ブール人は，支配下のアフリカ先住民をアフリカーナーと呼んだ。

　　c. ケープ植民地がイギリス領になると，オレンジ自由国などを建てた。

　　d. 南アフリカ連邦では，イギリス系の人々とともに人種差別政策をすすめた。

□ ⑥ ポルトガルが1970年代まで植民地として支配した地域はどれか。

　　a. マダガスカル　　b. カメルーン　　c. エリトリア　　d. アンゴラ

□ ⑦ イギリスのアフリカ進出に関する記述として，誤りを含むものはどれか。

　　a. セシル＝ローズが南西アフリカ植民地を建設した。

　　b. アフリカ横断政策をとるフランスと，ファショダで対峙した。

　　c. 英仏協商により，エジプトにおける優越権を得た。

　　d. ムハンマド＝アフマドに率いられて始まったマフディー派の反乱を制圧した。

□ ⑧ アフリカ分割に関する記述として，正しいものはどれか。

　　a. アドワの戦いに勝利したイタリアは，エチオピアを獲得した。

　　b. ソマリランドは，フランス，イギリス，ドイツに分割された。

　　c. トルコとの戦争に勝利したイタリアは，リビアを獲得した。

　　d. 第2次モロッコ事件の後，スペインはモロッコ全域を保護領とした。

23 19・20 世紀のアジア・アフリカ②

1 次の文を読み，下記の設問A・Bに答えなさい。 (立教大)

16世紀から17世紀にかけてオスマン帝国はアジア，アフリカ，ヨーロッパに至る広大な領土を支配していた。しかし，ヨーロッパで近代化が進むと，多民族・多宗教の国家であったオスマン帝国は次第に弱体化する。

19世紀後半になると，トルコ人の民族意識が高まり，民族国家としての体制を作り上げることを求める知識人によって専制が批判されるようになる。19世紀の終わりには，自らを「青年トルコ人」と称するグループが「［ イ ］委員会」を結成した。青年トルコ人は1908年に首都に進軍し，政権を握った。

他方，帝国内の諸民族の間にも民族的な自覚が高まり，帝国からの自立を求める運動が始まった。アラビア半島では，イスラム改革運動が起こった。また，エジプトでは実権を握ったムハンマド＝アリーが近代化を推し進め，(1)シリアの領有など領土の拡大をはかる。しかし，度重なる戦争や10年にわたるスエズ運河の開削工事などにともなう財政破綻から列強の内政干渉が強まり，1882年には事実上イギリスの保護国となった。北アフリカのチュニジア，アルジェリア，リビアでは18世紀頃から現地の支配者がなかば自立して統治していたが，チュニジア，アルジェリアは19世紀にフランスに占領され，リビアは［ ロ ］の植民地となった。

弱体化したオスマン帝国は(2)3B政策をとっていたドイツに接近することとなり，同盟国側について第一次世界大戦に参戦する。パレスチナのアラブ人は(3)大戦中の外交交渉により独立を約束されていたが，戦後これは反故にされて戦勝国による支配を受けることになった。オスマン帝国は1920年の(4)セーヴル条約によって国土の大幅な縮小をしいられた。これに反発したムスタファ＝ケマルはトルコ大国民議会を組織し，1922年にギリシア軍を撃退する。次いで［ ハ ］制を廃止し，翌1923年にトルコ共和国を樹立した。共和国は連合国と新たに［ ニ ］を締結し，不平等条約の撤廃，ならびに領土の一部を回復した。

A 文中の空所［イ］～［ニ］それぞれにあてはまる適当な語句をしるしなさい。

B 文中の下線部（1）～（4）にそれぞれ対応する次の問1～4に答えよ。

問1 1920年に委任統治領シリアを委ねられた国を，次のa～dから1つ選び，その記号を答えなさい。
  a. アメリカ　b. イギリス　c. フランス　d. ロシア

問2 植民地進出に出遅れたドイツは，陸上では3B政策を推進する一方，海上ではイギリスと海軍力増強競争を展開する。さらに，あらたな植民地獲得をめざし，1904年の英仏協商でイギリスがフランスに認めた優越的権利に干渉する事件を引きおこす。この事件の名をしるしなさい。

問3　イギリスは大戦中，戦争を優位に進めるために，パレスチナを巡って矛盾とみられる外交を展開する。この外交交渉における協定・宣言に関する次の問 ⅰ・ⅱ に答えよ。

□　ⅰ．次の出来事①〜③がもっとも古いものから年代順に並んでいる組み合わせを，次のa〜dから1つ選び，その記号を答えなさい。

　　　①　サイクス・ピコ協定の締結
　　　②　バルフォア宣言の表明
　　　③　フセイン・マクマホン協定の締結

　　　a．①→②→③　　b．①→③→②
　　　c．③→①→②　　d．②→③→①

□　ⅱ．サイクス・ピコ協定の内容として正しいものを，次のa〜cから1つ選び，その記号を答えなさい。

　　　a．パレスチナにおけるアラブ人の独立を約束する
　　　b．パレスチナにおけるユダヤ人居住地建設を支援する
　　　c．パレスチナを国際管理下に置く

□　問4　セーヴル条約によりギリシア領とされたが，ムスタファ＝ケマルがギリシア軍を破り奪還したエーゲ海岸の都市の名をしるしなさい。

2　次の文章を読み，問1〜5に答えなさい。　　　　　　　　　　　　（同志社大）

　インドでは，18世紀なかば，イギリスとフランスが覇権をめぐって争った。インド東部で1757年に勃発した［　a　］の結果，イギリスが覇権を獲得し，以後 (ア)東インド会社を中心として植民地化を進めた。一方，東南アジアでも西洋諸国による植民地化が進行し，20世紀初頭までに［　b　］をのぞくすべての地域が植民地支配下に置かれていった。オランダは，香辛料の確保をねらって16世紀末にはじめてジャワ島に到達した。(イ)オランダはその後，300年以上に渡って現在のインドネシアにあたる地域を植民地化していった。マレー半島には［　c　］が進出し，18世紀末から19世紀初めにかけてペナン・マラッカ・シンガポールを入手した。16世紀にフィリピンに進出した［　d　］は，メキシコ産の［　e　］をマニラに運び，マニラに集まってきた中国の商船や中国人在住者を仲介にして，中国産の絹織物や陶磁器などをえてアメリカ大陸へ運ぶ太平洋ルートを確立した。ベトナムにはフランスが介入した。19世紀なかばになると，フランスは軍事介入しはじめ，メコン川流域をうばい，さらに領土拡大の動きを示した。これに対し，［　f　］が組織した黒旗軍は，北部に根拠をおいて頑強に抵抗した。それを口実にフランスは北部と中部に進出し，支配下においた。他方，清朝はベトナムへの宗主権を主張して派兵し，清仏戦争がおきた。清は敗れ，1885年の［　g　］条約でベトナムへのフランスの保護権を承認することになった。その後フランスは，1863年以来保護国化していたカンボジアとあわせてフランス領インドシナ連邦を1887年に成立させた。

こうした西洋諸国による植民地化は次第に現地の人々の反発を生んだ。インドでは，〔 h 〕年にインド人傭兵による大反乱が起こった。イギリスは鎮圧に乗り出すと，翌年には東インド会社を解散して直接的な統治を開始した。(ウ)その後，19世紀末から20世紀初頭にかけて，ベンガルでは西洋的教育を受けたインド人を中心とした民族運動が激化した。当初，インドの民族運動は主にエリートを中心としたものであったが，(エ)1910年代末以降，ガンディーの登場によって大衆を巻き込んだものに発展していった。インドネシアでは，20世紀にはいるとオランダ語教育をうけた子弟のあいだにしだいに民族的自覚がうまれ，1911年には民族的な組織である〔 i 〕が結成された。フィリピンでは，1880年代にはいると，知識人による民衆啓蒙活動が広まり，1896年にはフィリピン革命がはじまった。これに〔 j 〕が介入すると，〔 k 〕を中心とする革命軍は独力で解放をめざし，共和国を樹立した。その後，〔 d 〕にかわってフィリピンの領有権をえた〔 j 〕は，フィリピンに侵攻し，戦争が勃発した。共和国側は敗れ，〔 j 〕は1902年から本格的な統治を開始した。ベトナムでは，明治維新以来，近代化して強国化した日本の姿に鼓舞されて，〔 l 〕を中心に，フランスからの独立と立憲君主制の樹立をめざす維新会が組織された（1904年）。彼らは，日本へ留学生をおくって新しい学問や技術を学ばせようとする〔 m 〕を組織した。

□ **問1**　文中の〔a〕～〔m〕に入る最も適切な語句を次の語群から一つずつ選び，番号を記入しなさい。同一記号は同一語句とする。

〔語群〕

　1．アイグン（愛琿）　2．アギナルド　3．アヘン　4．アメリカ合衆国
　5．イギリス　6．カンボジア　7．サレカット＝イスラーム　8．シハヌーク
　9．スペイン　10．スリランカ　11．タイ　12．ディアス　13．ドイモイ（刷新）
　14．ドンズー（東遊）運動　15．ファン＝ボイ＝チャウ　16．プラッシーの戦い
　17．フランス　18．ホー＝チ＝ミン　19．ホセ＝リサール　20．ポルトガル
　21．マイソール戦争　22．マラーター戦争　23．ミャンマー　24．阮福暎
　25．光復会　26．銀　27．砂糖　28．茶　29．張学良　30．鄭成功　31．天津
　32．南京　33．洋務運動　34．劉永福　35．1840　36．1857　37．1875

□ **問2**　下線部（ア）についての以下の説明について，(a) (b)ともに正しい場合は数字1，(a)のみ正しい場合は数字2，(b)のみ正しい場合は数字3，(a) (b)ともに正しくない場合は数字4を，記入しなさい。

　(a)　イギリス東インド会社は，インドのベンガル州とビハール州における徴税権を1813年にムガール帝国から獲得した。

　(b)　イギリス東インド会社にたいしては，1833年にはインドにおける商業活動を禁止する決定が下された。

□ **問3** 下線部（イ）についての以下の説明について，(a)(b) ともに正しい場合は数字 1，(a) のみ正しい場合は数字 2，(b) のみ正しい場合は数字 3，(a)(b) ともに正しくない場合は数字 4 を，記入しなさい。

① (a) オランダは 1602 年に東インド会社を設立してジャワに進出した。
   (b) オランダはアンボイナ事件を転機にフランスの勢力をインドネシアからしめだした。

② (a) 18 世紀なかばにはオランダは内紛で揺れるマタラム王国を攻撃し，それが滅びるとジャワ島の大半を直接支配下においた。
   (b) 19 世紀にはいり，オランダはジャワでの植民地経営に必要な労働力をアフリカのケープ植民地から調達した。

□ **問4** 下線部（ウ）について，a〜c の出来事を，年代順（古い出来事→新しい出来事の順）に並べると，どうなるか。次の 1〜6 よりひとつ選び，番号を記入しなさい。

a. 英貨排斥・スワデーシ（国産品愛用）・スワラージ（自治獲得）・民族教育の 4 綱領が決議された。
b. イギリスは，ベンガル分割令を発表した。
c. イギリスは，首都をカルカッタから旧都デリーに移した。
1. a→b→c　2. a→c→b　3. b→a→c
4. b→c→a　5. c→a→b　6. c→b→a

問5 下線部（エ）に関する以下の問いへの答えを記入しなさい。

□ 1. 1910 年に成立したイギリスの自治領で，イギリス留学後のガンディーが，一時，弁護士としてインド人移民への差別撤廃運動に従事したのはどこか。

□ 2. 1919 年に植民地政府により発布された民族主義を弾圧するための治安法令を何法というか。カタカナを使って「〜法」というかたちで答えよ。

□ 3. 1885 年に結成された政治結社で，ガンディーがのちにその指導者となって独立運動を率いたものを何というか。

□ 4. 1930 年，生活の必需品である物品の生産が政府の専売法によって人びとに禁止されていることの矛盾をつき，植民地支配の不合理性を象徴的に示すためにガンディーが開始した運動を何というか。

解答・解説：別冊 p.48

24 帝国主義時代の欧米諸国

1 次の短文(1〜8)は，19世紀後半から20世紀初頭までのヨーロッパ各国で起きた出来事について述べたものである。空欄の[A]〜[H]に適切な語句を入れ，設問に答えなさい。

(中央大)

☐1 ボスニアの [A] を訪問中の帝位継承者夫妻が暗殺されたため，その一カ月後にセルビアに対して宣戦を布告した。

☐2 革命運動が高まる中，皇帝は [B] の起草した十月宣言を発して国会（ドゥーマ）の開設を約束し，彼を首相に登用した。

☐3 アジア各地でロシアとの対立が深まると，「光栄ある孤立」というこれまでの外交方針を転換して [C] 同盟を締結した。

☐4 サン＝ステファノ条約の締結によってヨーロッパに緊張が生じると，宰相は首都の [D] で会議を開催して列強の利害を調整した。

☐5 国際共産主義運動の中心組織として [E] が創設された。第3インターナショナルとも呼ばれるこの組織は，世界革命の推進を目指した。

☐6 フランスが [F] を保護国化しようとすると，これに異議を唱えて軍艦をアガディールに派遣したが，試みは失敗した。

☐7 ユダヤ系軍人の [G] がスパイ容疑で告発された。この冤罪事件に際しては，作家のエミール・ゾラが軍部糾弾の論陣を張った。

☐8 第2次 [H] 内閣の時には第3回選挙法改正が行われ，農業労働者層にまで選挙権が拡大した。

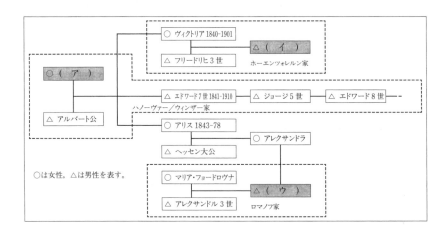

〔設問〕

□ **問1** 左ページの系図は，当時の主要な王室間の姻戚関係を示したものである。系図中の（ア）〜（ウ）に該当する人名をそれぞれ答えよ。

□ **問2** 系図中の（ア）〜（ウ）の統治国に該当し，なおかつその在位期間中に起こったものをそれぞれ短文（1〜8）から選び，短文の番号で答えよ。

□ **問3** 短文（1〜8）の出来事を年代の古い順に並べ替えた場合，4番目になるものを短文の番号で答えよ。

2 次の文章を読み，下記の問いに答えなさい。 (慶應大)

大規模な工場生産が拡大するにつれて，大都市には，大量の未熟練労働者が集中するようになった。全国規模の労働組合も誕生し，団体交渉やストライキによって，その賃金や労働条件の改善を試みた。マルクスとエンゲルスは，1848年に『共産党宣言』を発表して，(a)万国の労働者が団結して革命によって社会主義を実現するように説いた。

ヨーロッパ諸国での労働者勢力の運動方針は多様であった。ドイツでは，ビスマルクが「飴と鞭」の政策を進めて，[1]を制定する一方で，社会保険制度を導入した。各国の労働者政党は，国際的連帯を重視したため，社会主義運動の国際組織として，1889年に[2]を結成し，帝国主義戦争への反対を主張した。これに対して，イギリスでは，[3]内閣の下で，(b)1911年に国民保険法を制定し，国民生活の安定に対しても責任を負うようになった。

19世紀末に，資本主義諸国では，[4]と電力を新しい動力源とする第2次産業革命が進展して，少数の大企業が市場を支配する状況が生まれた。アメリカでは，(c)1890年に大企業の市場支配を阻止しようとして法律を制定したが，企業資本の集中はますます進んでいった。

□ **問1** 文中の空欄[1]〜[4]にあてはまる最も適当な語句を下記の語群から選び，その番号を答えなさい。

01．航海法　02．穀物法　03．コルベール　04．社会主義運動鎮圧法
05．社会主義者鎮圧法　06．自由党　07．審査法　08．スマイルズ　09．石炭
10．石油　11．第1インターナショナル　12．第2インターナショナル
13．第3インターナショナル　14．ダランベール　15．団結禁止法
16．ディドロ　17．鉄　18．テュルゴー　19．天然ガス　20．保守党
21．労働組合法　22．労働党

□ **問2** 下線部（a）について，マルクスらは，それまでの社会主義思想を批判して，自分たちの社会主義思想のことをどう呼んだか。

□ **問3** 下線部（b）について，この時に発足した2つの保険制度は何であったか。それらの保険の名前を記入しなさい。

□ **問4** 下線部（c）について，この時に成立した法律の名前は何か。

解答・解説：別冊 p.50

25 第一次世界大戦とヴェルサイユ体制

1 **次の文章を読み，下記の問いに答えなさい。**

　植民地獲得競争を通じて列強は，大きく2つの陣営に分かれることとなり，直接的には，ボスニアのサライェヴォで起きたオーストリア帝位継承者夫妻暗殺事件を契機として，同盟国側と協商国側の間に (a)第一次世界大戦が勃発した。

　大戦は協商国側の勝利に終わり，1919年1月にパリ講和会議が開かれた。アメリカのウィルソン大統領は，1918年に (b)14カ条の原則を提唱し，講和会議をリードすると思われた。しかし，同じく戦勝国であるフランスやイギリスの思惑もあり，14カ条の原則は部分的にしか実現しなかった。(c)対ドイツの講和条約であるヴェルサイユ条約は，巨額の賠償金を課すなどドイツに対してきわめて過酷であった。

　第一次世界大戦後，(d)西洋諸国の国内事情とそれらを取り巻く国際関係は大きく変容した。その中で台頭したのがアメリカである。戦争による被害をほとんど受けなかった (e)アメリカは，「黄金の20年代」と呼ばれる繁栄の時代を享受した。アメリカは1920年代の国際関係においても中心的な役割を担った。アメリカは国際連盟には参加しなかったものの，[ア]大統領がワシントン会議の開催を提唱し，アジア太平洋地域においてワシントン体制と呼ばれる国際秩序を成立させた。1928年には米仏外相の主導で不戦条約が締結され，戦争そのものが違法とされた。さらにドーズ案やヤング案によって，アメリカはドイツの賠償金支払いの軽減にも大きな役割を果たした。

☐ **問1** 下線部 (a) について，大戦中の出来事を古い順に並べたものとして，最も適切なものを一つ選びなさい。

　　（あ）　アメリカが，協商国側にたって参戦した。

　　（い）　ソヴィエト政権が，ドイツと単独講和を結んだ。

　　（う）　ドイツが，無制限潜水艦作戦を開始した。

　　（え）　仏英軍が，マルヌの戦いでドイツ軍の侵攻を食い止めた。

　　A.（え）→（う）→（あ）→（い）　B.（う）→（え）→（い）→（あ）

　　C.（え）→（い）→（う）→（あ）　D.（う）→（あ）→（え）→（い）

☐ **問2** 下線部 (b) の内容として誤っているものを一つ選びなさい。

　　A. 秘密外交の禁止　B. 海洋の自由

　　C. 無併合・無賠償　D. 国際平和機構の設置

☐ **問3** 下線部 (c) に関連して，第一次世界大戦の講和条約はドイツ以外の敗戦諸国とも締結されたが，その組み合わせとして誤っているものを一つ選びなさい。

　　A. オーストリア—サン＝ジェルマン条約

　　B. ハンガリー—トリアノン条約

　　C. ブルガリア—ヌイイ条約

　　D. オスマン帝国—ローザンヌ条約

□ **問4**　空欄アに入る最も適切な人物を一人選びなさい。

　　A. タフト　B. フーヴァー　C. ハーディング　D. クーリッジ

□ **問5**　下線部（d）に関連して，1920年代の西欧諸国の動向として最も適切なものを一つ選びなさい。

　　A. ドイツは，ロカルノ条約調印の翌年に国際連盟に加盟した。

　　B. アイルランドは，イギリス連邦を離脱した。

　　C. イタリアのファシスト党は，赤シャツ隊を組織した。

　　D. フランスは，ザール地方の占領を実施した。

□ **問6**　下線部（e）に関連して，1920年代のアメリカについて誤りを含むものを一つ選びなさい。

　　A. 1924年に成立した移民法は，アメリカへの移民を制限した。

　　B. 1920年に女性参政権が成立した。

　　C. ラジオや冷蔵庫などの家電製品が，広く普及した。

　　D. 民主党は，三度の大統領選挙においてすべて勝利した。

2 次の文章を読んで, 問(1 ～ 6)に答えなさい。解答は, 選択肢(a ～ e)からもっ
とも適切なものを 1 つ選びなさい。

(上智大)

　総力戦に耐える経済力に乏しかったロシアでは, 食糧要求・戦争反対・専制打倒
の声が大きくなり, 1917 年 3 月, 帝政が瓦解して, ［　1　］を中心とする臨時政
府が成立した。これをロシア三月革命（ロシア暦二月革命）という。臨時政府は戦
争を続行したが, ソヴィエトの主流派は, 祖国防衛的な戦争は認めたものの, 領土
獲得などの帝国主義的戦争目的は否定した。一方, 亡命先の［　2　］から帰国し
た［　3　］の指導者レーニンは, ［　4　］を発表してソヴィエト共和国樹立を唱え,
戦争継続に反対した。臨時政府は首相を (ｱ)社会革命党の［　5　］に代え, 戦争
を続行した。

　国民の中で戦争停止を求める声が大きくなると, ［　3　］と社会革命党左派は
11 月に武装蜂起して臨時政府を倒した。これを十一月革命（ロシア暦十月革命）と
いう。こうして成立したソヴィエト政権は, ［　6　］条約によってドイツとの単独
講和に踏み切り, 内政掌握を図った。しかし, (ｲ)プロレタリア独裁を進めるソヴィ
エト政権に対し, 国内の反対勢力は蜂起して, 内戦になった。また, (ｳ)従来の外
交的慣習に反する行動をおこなうソヴィエト政権に対して, (ｴ)連合国側は干渉戦
争を行った。こうして, ソヴィエト政権は, 内外の敵と戦わなくてはならない状況
となった。ソヴィエト政権は, 1917 年に設置した治安組織の［　7　］によって反
対派の取り締まりを強め, さらに［　8　］によって, 食糧の強制的徴発や, 中小
企業にまでおよぶ国有化を実施して, この内外の苦境をなんとか乗り切った。

問1　文章中の空欄 [1] ～ [8] に入るもっとも適切な語は何か。

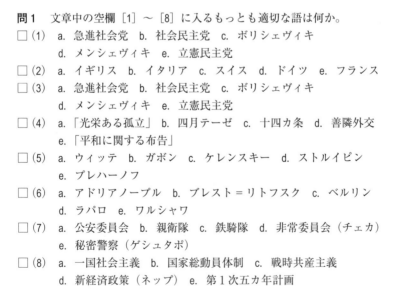

☐ (1)　a. 急進社会党　b. 社会民主党　c. ボリシェヴィキ
　　　　d. メンシェヴィキ　e. 立憲民主党

☐ (2)　a. イギリス　b. イタリア　c. スイス　d. ドイツ　e. フランス

☐ (3)　a. 急進社会党　b. 社会民主党　c. ボリシェヴィキ
　　　　d. メンシェヴィキ　e. 立憲民主党

☐ (4)　a. 「光栄ある孤立」　b. 四月テーゼ　c. 十四カ条　d. 善隣外交
　　　　e. 「平和に関する布告」

☐ (5)　a. ウィッテ　b. ガボン　c. ケレンスキー　d. ストルイピン
　　　　e. プレハーノフ

☐ (6)　a. アドリアノープル　b. ブレスト＝リトフスク　c. ベルリン
　　　　d. ラパロ　e. ワルシャワ

☐ (7)　a. 公安委員会　b. 親衛隊　c. 鉄騎隊　d. 非常委員会（チェカ）
　　　　e. 秘密警察（ゲシュタポ）

☐ (8)　a. 一国社会主義　b. 国家総動員体制　c. 戦時共産主義
　　　　d. 新経済政策（ネップ）　e. 第 1 次五カ年計画

□ **問2** 下線部（ア）の党の源流となった党派は何か。

    a. カルボナリ b. サンディカリスト c. シン＝フェイン

    d. デカブリスト e. ナロードニキ

□ **問3** 下線部（イ）に関して，ボリシェヴィキがおこなって大きな反感を買い，内戦の一因となったと言われていることはどれか。

    a. 憲法制定会議の選挙を実施しようとしなかったこと。

    b. 憲法制定会議の選挙を実施したが，不公平な制限選挙であったこと。

    c. 憲法制定会議の選挙をしたのに，会議を開催しなかったこと。

    d. 憲法制定会議を開催したが，それをすぐに武力で閉鎖したこと。

    e. 憲法制定会議を開催したが，そこで可決された憲法を発布しなかったこと。

□ **問4** 下線部（ウ）に関して，帝政時代の秘密外交の内容を暴露したことも，従来の外交的慣習に反した行動であった。ソヴィエト政権によって暴露され，それが連合国の結んでいた他の条約・協定と矛盾するために，後に大きな政治問題となった条約・協定・宣言は何か。

    a. サイクス・ピコ協定 b. 再保障条約 c. バルフォア宣言

    d. フセイン・マクマホン協定 e. ロンドン秘密条約

□ **問5** 下線部（エ）に関して，もっとも遅くまでシベリアに出兵した国はどれか。

    a. 日本 b. アメリカ c. イギリス d. ドイツ e. フランス

□ **問6** 問5のシベリア出兵のきっかけとなった事件は何か。

    a. コミンテルンの創設 b. シベリア鉄道の破壊 c. 赤軍の結成

    d. チェコ軍団の反乱 e. ロシア皇帝の処刑

4章

地球世界の形成と混迷

3 次の文章を読み，(1)〜(10)の設問について〔　　〕内の語句から最も適切と思われるものを選び，その記号を答えなさい。

（学習院大）

第一次世界大戦を終結させる講和会議は，アメリカ大統領が唱えた (1)〔①七カ条　②十四カ条　③二十一カ条　④二十八カ条〕を原則として，1919 年に (2)〔①ワシントン　②ロンドン　③ジュネーヴ　④パリ〕で開催され，戦後ヨーロッパの国際秩序の形成が目指された。審議にはいる以前の政治状況において，敗戦国では，(3)〔①ブルボン　②ホーエンツォレルン　③ハプスブルク　④ハノーヴァー〕家の皇帝ヴィルヘルム 2 世が退位することになり共和国が誕生した。また，講和会議の結果，連合国側と結んだ条約にしたがって，ドイツは，(4)〔①ズデーテン　②ベーメン　③ラインラント　④シュレジエン〕の非武装，軍備制限，賠償金の支払いを受け入れ，また，アルザス・ロレーヌをフランスへ割譲して，すべての海外領土を放棄した。

史上初の国際平和機構として 1920 年 1 月に発足した国際連盟は，(5)〔①ジュネーヴ　②ストラスブール　③ブリュッセル　④アムステルダム〕に本部をおき，付属機関として国際労働機関や国際司法裁判所を有したが，アメリカの不参加，ソ連の排除など，当初から国際平和維持のための機構として大きな弱点を抱えていた。この国際連盟を主導したのはイギリスとフランスであった。

第一次世界大戦終盤のイギリスで挙国一致内閣を率いた (6)〔①チャーチル　②マクドナルド　③ボールドウィン　④ロイド＝ジョージ〕は戦争終結後も連立内閣の首相をつとめ，高揚する労働運動を突き崩し，アイルランドの独立問題にも一定の区切りをつけるなど，危機的事態をひとまず克服した。しかし，イギリスはその後もこれらの問題に悩まされつづけ，経済でも政治でも，かつてのような国際的指導力を発揮することはなかった。

人的・物的に甚大な損害を被ったフランスにとって，ドイツから支払われるべき巨額賠償は，戦後復興のために不可欠であった。このため，賠償支払いが忠実に履行されないと見るや，対独強硬の (7)〔①クレマンソー　②ポワンカレ　③ティエール　④ブルム〕右派内閣は，ドイツの鉱工業地帯 (8)〔①バイエルン　②ルール　③ザール　④ザクセン〕を軍事的に占領した。これにたいしてドイツ側はストライキなどで抵抗したが，大混乱におちいり，このため大連合内閣を組織した首相 (9)〔①エーベルト　②カール＝リープクネヒト　③ヒンデンブルク　④シュトレーゼマン〕は，フランスにたいする抵抗をやめ賠償支払いを履行する政策へと転じた。他方で，フランスも駐留部隊を撤退させた。また，賠償支払いの方法，期限，総額などについては段階的に条件が緩和され，アメリカ資本がドイツに導入された。こうしてドイツ経済は改善へ向かい，ヨーロッパには経済的繁栄の季節が訪れた。また，それを背景として，フランス外相とアメリカ国務長官の提唱にもとづいて戦争放棄を訴える (10)〔①ラテラノ条約　②ケロッグ・ブリアン条約　③ロカルノ条約　④ブレスト＝リトフスク条約〕が締結されるなど，国際的平和を求める安定的政治状況が生じた。

ところが，それは束の間の繁栄，安定にすぎなかった。すなわち，ニューヨーク

株式市場の株価大暴落に端を発する経済恐慌が世界を覆うと，イギリスやフランスはブロック経済圏を構築し，他方，ドイツではヴェルサイユ体制打破を目指すナチ党が急速に勢力を伸ばしたのである。

26 アジア地域の民族運動

1 次の文章を読んで空欄に最も適切な語句を記入し，下線部についてあとの問いに答えよ。

（立命館大）

1911年の辛亥革命によって王朝体制が崩壊した中国では，その後，中国国民党と中国共産党の二つの政党が誕生し，たがいに協調と対立をくりかえしながら，広大な領土を統治してきた。両者はいずれも，1919年1月のパリ講和会議で二十一カ条廃棄の要求が拒否されたことに端を発した五・四運動と，同時期に知識人や青年学生が「民主」と「科学」をかかげ，ヨーロッパ近代文化の啓蒙活動を展開した[　A　]運動の中で誕生したが，前者については多少複雑な前史がある。

中国国民党の淵源は，清朝末期の革命運動にまでさかのぼる。当初，清朝の打倒を目指すいくつかの革命団体が組織されたが，1905年8月，孫文はそれらの団体の結集を図り，東京で中国同盟会を結成した。同会は辛亥革命後の国会選挙の実施にともない，他派を加えて[　B　]へと再編され，宋教仁が運営を取り仕切った。ところが，帝政をめざした袁世凱によって宋教仁は暗殺され，[　B　]は解散させられる。これにより，孫文は改めて東京で革命的秘密結社である[　C　]を結成する。これが1919年10月に中国国民党に改組・改称されるのである。

一方，中国共産党は1921年に上海で結党した。結党の直接的な要因は，ロシア革命と(1)ソヴィエト政権の成立が中国の知識人や革命家に大きな影響を与えたことである。とりわけ，ソヴィエト政権が帝政ロシア時代の対中不平等条約を否認し，中国との平等互恵・交友関係を提唱した[　D　]宣言や，訪中したコミンテルンの使節が共産党の結成を勧めたことが結党の大きな契機となった。

中国南方の広州を拠点として中国国民党を組織した孫文もまた，ロシア革命に対する関心は高く，また，コミンテルンも中国国民党へ接近していた。これにより，孫文は1924年1月に[　E　]を開催し，中国共産党員が個人として中国国民党に入党することを認め，第一次国共合作を成立させる。第一次国共合作の主たる目的は，帝国主義勢力と軍閥の地方割拠を打破する北伐を実施し，民族的統一を目指す[　F　]革命を成功させることであった。

翌年3月に孫文は死去するが，中国国民党内で頭角をあらわした蒋介石が[　F　]革命を進める。しかし，蒋介石はその過程において，中国共産党勢力の伸張をきらい，1927年4月，上海で中国共産党員と中国共産党系労働者を殺害し第一次国共合作は崩壊する。その後は中国国民党単独による北伐が展開され，翌年夏に，蒋介石はついに北京へ到達する。そして，中国東北部を支配していた張作霖が大陸進出を目論む日本軍によって爆殺されると，その長男の[　G　]は蒋介石に帰順し，これにより中国国民党のもとで全国統一が完成する。

国共分裂によって，中国共産党は活動の舞台を都市から農村へ移す。彼らは各地で武装蜂起を企てるものの尽く失敗し，江西省と湖南省との省境に位置する井崗山に敗残部隊を集結させ，革命の根拠地とした。1931年11月には毛沢東を主席とする［　Ｈ　］を江西省瑞金に設立したが，数年後には中国国民党の圧迫を受け，目的地の定まらない逃避行を1万キロ以上も続ける。いわゆる，「長征（大西遷）」である。その後，1935年10月に，陝西省北部に到着，1937年から1949年までは延安を中国共産党政権の所在地とした。

　敗走したはずの中国共産党が陝西省北部に根を下ろしたことは，蔣介石にとって予想外であった。1935年秋，蔣介石は［　Ｇ　］に中国共産党掃討を命じる。しかし，［　Ｇ　］は出兵先の西安で周恩来と密会し「反蔣抗日」を約束，翌年末に戦場視察に訪れた蔣介石を幽閉する。そこで周恩来らの説得によって国共の停戦が実現し，1937年9月の第二次国共合作へと結実していく。それ以後，[2] 中国国民党と中国共産党は民族統一戦線を組織して日中戦争を戦っていく。

☐〔1〕　ソヴィエト政権は世界で最初に社会主義を樹立した国家であるが，アジアで最初の社会主義国はどこか。当時の国名で答えよ。

☐〔2〕　第二次国共合作の過程において，中国共産党軍は国民革命軍の第八路軍・新編第四軍と改称され蔣介石の指揮下に編入されたが，改称前の中国共産党軍の名称は何か。

4章

地球世界の形成と混迷

次の文章を読み，以下の設問に答えなさい。 （早稲田大）

インド帝国は1947年までの70年間続くことになるが，その間，イギリス支配による「インドの近代化」と，①インド人によるイギリス支配への抵抗運動という過程の中で，宗教問題やカースト差別は複雑な様相を呈した。歴史的にとらえると，②ヒンドゥー教徒とイスラーム教徒は常に対立関係にあったわけではなく，イギリスの植民地統治が両者の関係を翻弄したといえるであろう。結果として1947年のイギリス支配からの解放は，ヒンドゥー教徒を主体とするインドとイスラーム教のパキスタンが二つの国家として分離独立するという形で遂げることとなった。

□ **問1** 下線①について，以下の記述のうち，明白に誤っているものを一つ選びなさい。

　　ア．イギリスは，インド人が団結して大規模な反英勢力を形成しないよう，一部の王国を藩王国として存続させ，地方内政を分断した。

　　イ．反英運動の中心であったインド東部のパンジャーブ州では，イスラーム教徒の州とヒンドゥー教徒の州に分割する法令が出され，民族運動の抑止が図られた。

　　ウ．急進派ティラクが率いた国民会議派は，ボイコット，スワデーシ，スワラージ，民族教育の綱領を打ち立てた。

　　エ．第二次世界大戦において，インド国民会議派は戦争に非協力の立場をとり，独立を要求し続けた。

□ **問2** 下線②について，以下の記述のうち，明白に誤っているものを一つ選びなさい。

　　ア．国民会議派はヒンドゥー教徒が中心であり，イスラーム教徒はこれに対抗する形で1885年に全インド＝ムスリム連盟を組織した。

　　イ．イギリスで高等教育を受けたガンディーは，ヒンドゥー教徒とイスラーム教徒の融和に努め，非暴力不服従運動を展開した。

　　ウ．第一次世界大戦でイギリスがカリフの国オスマン帝国と戦うと，全インド＝ムスリム連盟は反英的となり，国民会議派と提携した。

　　エ．全インド＝ムスリム連盟を率いたジンナーは，ヒンドゥー教徒と対立し，イギリスに協力する姿勢を示した。

3 **次の文章を読んで空欄に最も適切な語句または数字を記入し，下線部についてあとの問いに答えよ。** （立命館大）

日本は［　Ａ　］年に「韓国［　Ｂ　］に関する条約」を締結し，朝鮮総督府を設置して朝鮮半島を日本の植民地とした。朝鮮総督は日本の天皇に直属し，陸海軍に対する統率権，行政全般に関する統轄権や法律発令権，司法に対する指揮監督権を有するものとされた。特に［　Ａ　］年代に行われた植民統治では，［　Ｃ　］時代に起こった義兵闘争などの抵抗に対する治安維持を目的に，⑴集会取締令・犯罪即決令などの法規が制定され，軍事警察である憲兵が普通警察の職務も兼務する統治体制が整備された。また，［　Ａ　］年から1918年にわたって［　Ｄ　］事業が行われた。この事業は近代的な土地所有権を確立するという目的で行われたが，多

くの土地が国有地とされ，日本人の土地会社や地主に払い下げられた結果，朝鮮人農民の多くが小作人に転落した。このような抑圧的な統治のもとで，朝鮮の人々は日本の植民地支配に対する不満とともに民族意識を高めていった。

　そのために，1919年1月のパリ講和会議においてウィルソンの14箇条が提案され，その中で民族自決の原則が唱えられると，朝鮮の人々は独立に大きな期待を寄せた。また，ちょうどこの頃，[　E　]が死去し，日本人による毒殺説が広まった。[　E　]は1897年に自ら皇帝という称号を使用して国号を[　C　]とし，専制権力のもとで近代化を推進しようとした人物である。この[　E　]毒殺の噂は朝鮮民衆の怒りを呼び，反日感情が高まった。

　このような状況下で，1919年3月3日の[　E　]の葬儀に先立ち，⑵3月1日にソウルで33人の民族代表により独立宣言書が読み上げられた。その直後，ソウルのパゴダ公園（現タプコル公園）に集まった市民は太極旗を打ち振り，「独立万歳」を叫んで市街に繰り出した。この大衆的な示威運動は全国に拡散し，200万人以上が運動に合流した。⑶これを三・一独立運動とよぶ。これに驚いた総督府側は，軍隊を動員して民衆デモを武力で鎮圧した。

　こうしたなかで，中国でも，五・四運動と呼ばれる民衆運動が発生した。五・四運動はパリ講和会議で中国側の主張が認められなかったことが直接の原因として起こったものであるが，五・四運動の宣言や街頭での演説のなかで，三・一運動や朝鮮の現状について言及がなされた。このことから，中国の知識人たちが朝鮮で起こった三・一運動から民衆連帯の方法を学んでいたことがうかがえる。その一方で，中国に亡命した朝鮮人運動家たちも五・四運動に参加し，その後の中国革命に参加していった。1919年には海外に亡命していた朝鮮の民族独立運動家たちが結集し，上海で臨時政府が組織されたが，この亡命政府は孫文らが組織した[　F　]政府と1921年に相互協力の約束を交わした。このような連携は，三・一運動や五・四運動にみられるような，アジア被圧迫民衆たちの相互連帯の流れの中から起こったものであったといえよう。

□〔1〕　このような憲兵警察体制下において，朝鮮人の政治活動は弾圧・統制の対象となり，言論・出版・集会の自由も著しく制限された。[　A　]年代に展開されたこのような植民統治を何政治と言うか。

□〔2〕　この33人の民族代表の筆頭者は，天道教の教主をつとめていた孫秉熙であった。天道教は朝鮮王朝末期に崔済愚によって創始された当初，何と呼ばれていたか。

□〔3〕　三・一運動以後，日本側は植民統治の在り方を変えざるをえなかった。1920年代から，限られた範囲内であったが出版・言論の自由を認める懐柔策をとった。この統治政策を総称して何政治というか。

27 世界恐慌と第二次世界大戦

1 次の文章を読んで，設問に答えなさい。 （早稲田大）

　1933年春，不況のどん底で大統領に就任したフランクリン＝ローズヴェルトは1ニューディール政策と呼ばれる一連の失業者救済・景気回復策を実施し，これと並行して2外交においても新機軸を打ち出した。前大統領のフーヴァーと一線を画するローズヴェルトの大胆な政策によって一時的に景気の回復が見られたものの，1937年には再び景気が後退した。

　第一次世界大戦後，世界経済の中心にあったアメリカの恐慌は，3他国にも波及して世界恐慌となった。1938年以降，恐慌に起因するヨーロッパ情勢の緊迫化を背景に，ローズヴェルト大統領は軍備を拡大し，アメリカは「民主主義の兵器廠」としての役割を引き受け，中立政策を転換して1941年には［　Ａ　］法を成立させた。このように経済を戦時体制に転換させることにより，アメリカはようやく不況から脱することが可能となったのである。

□ **問1**　下線部1に関連して，1935年に連邦最高裁判所から違憲判決を受けたのは，次のア～エのどれか。

　　ア．全国産業復興法　イ．社会保障法　ウ．テネシー川流域開発公社法
　　エ．ワグナー法

□ **問2**　下線部2に関連して，次のア～エの記述の中で，ローズヴェルト政権の対外政策として誤っているのはどれか。

　　ア．キューバとの間で条約を結び，1901年のプラット条項を撤廃した。
　　イ．対ソ貿易の拡大をも期待して，ソ連との国交を樹立した。
　　ウ．フィリピン独立法により，10年後の独立を約束した。
　　エ．戦債・賠償の支払いを1年間猶予する措置を提案した。

□ **問3**　下線部3に関連して，次のア～エの記述の中で誤っているのはどれか。

　　ア．イギリスでは，マクドナルド挙国一致内閣によりカナダのオタワでイギリス連邦経済会議が開催され，スターリング＝ブロックが形成された。
　　イ．フランスでは，ファシズム勢力の台頭への危機感を背景に，仏ソ相互援助条約が結ばれ，翌年社会党のブルムが率いる人民戦線内閣が成立した。
　　ウ．ドイツでは，農民や，都市の商工業者などの中間層を中心に支持を得たナチ党が，1932年の選挙で第一党となり，翌年ヒトラー内閣が成立した。
　　エ．ソ連では，重工業の推進と農業の集団化を目指した第1次五ヵ年計画の中止に追い込まれた。

□ **問4**　［　Ａ　］に最も適切な語を入れなさい。

2 以下の問題文の空欄[1]と[2]に入る最も適切な語句を語群の中から選び，その番号を答えなさい。また，下線部に関する設問（ア）から（エ）に対する解答として最も適切な語句を語群の中から選びなさい。 （慶應大）

　（ア）ドイツでは，1933年に政権を掌握したナチスのヒトラーが翌年に総統とな

り，領土的野心をもって戦争の準備を進めていった。1939年9月にドイツはポーランドに侵攻し，第二次世界大戦が勃発した。翌年5月にはオランダとベルギーの侵略を開始するなど，ドイツ軍はヨーロッパ大陸に展開していった。追いつめられたフランス軍およびイギリス軍は，ドーヴァー海峡のフランス側に位置する［　1　］からイギリスへ向けた撤退作戦を敢行した。(ィ)これ以降，ドイツは一時ヨーロッパ大陸の大部分を支配下においた。

　1941年6月にドイツがソ連に攻撃を仕掛け，同年12月に日本軍がハワイの真珠湾やマレー半島，フィリピンなどに侵攻すると，ソ連とアメリカ合衆国という巨大な国土と資源を有する大国が戦争に加わった。アメリカ合衆国はすでに武器貸与法を通じて，イギリスなどの連合国への支援を進めていた。1942年夏からのスターリングラードの戦いによってソ連軍が優勢になると，ドイツ軍の敗走が始まった。1943年には，アメリカ合衆国のアイゼンハウアーが (ゥ)イタリア本土上陸を指揮し，翌年には連合国軍最高司令官となりノルマンディー上陸作戦を成功させた。1945年5月にドイツは無条件降伏を受け入れたが，(ェ)それまでにおびただしい数の一般市民が犠牲となった。

　戦争の惨禍を目の当たりにした連合国の指導者たちは，新しい国際機構によって恒久的な平和を実現しようと試みた。1943年秋には，アメリカ合衆国，イギリス，ソ連，中国の4か国が，「国際安全保障機構の早期設立」を含む［　2　］宣言を公表し，これが翌年のダンバートン＝オークス会議につながる。そこでの合意をもとに1945年に国際連合が発足した。

□(ア)　ヒトラーの政権掌握後にはユダヤ人に対する迫害が行われたが，ユダヤ人とならんで迫害された，インド北西部に起源をもつとされる人々は誰か。

□(イ)　1940年にはパリが占領されてフランス中部にヴィシー政府が設置されたが，その国家主席は誰か。

□(ウ)　ムッソリーニ失脚後の1943年7月に成立した政権は何か。

□(エ)　連合軍が1945年2月に行った大規模な無差別爆撃によって，3万5000人もの一般市民が犠牲となったドイツの古都はどこか。

〔語群〕
　　01．アサーニャ　02．イーデン　03．ヴェルダン　04．エリトリア　05．カイロ
　　06．カレー　07．ギニア＝ビサウ　08．キャンベラ　09．クラクシ
　　10．クリオーリョ　11．コルシカ島　12．サハロフ　13．サラザール
　　14．シエラレオネ　15．シャロン　16．シュテッティン　17．ジュネーヴ
　　18．ストックホルム　19．ダンケルク　20．ダンツィヒ　21．ティトー
　　22．テヘラン　23．トリアッチ　24．ドレスデン　25．ニュルンベルク
　　26．バドリオ　27．バンドン　28．ブルム　29．ペクン　30．ベネシュ
　　31．ベルリン　32．ポツダム　33．マオリ　34．マジャール人
　　35．マーストリヒト　36．ミュンヘン　37．ムラート　38．モスクワ
　　39．ルール　40．ロマ　41．ワスプ　42．ワルシャワ

28 第二次世界大戦後の世界①

1 冷戦時代について述べた以下の文章を読み，下線部(1)～(10)に関する問いについて，ａ～ｄの選択肢の中から答えを１つ選びなさい。また，波線部（Ａ）～（Ｃ）に関する問いの答えを，記入しなさい。

（早稲田大）

(1)第二次世界大戦後の世界で大きな力をもったのは，アメリカ合衆国と (A)ソ連であった。戦争中は連合国として協力した両国であったが，戦後は，(2)資本主義圏と社会主義圏の間で対立状態が続いた。しかしこの対立は両陣営の間の軍事衝突をともなうものではなかったので，「冷戦」と呼ばれた。

1953年にソ連の指導者スターリンが死去すると，1955年には米英仏ソの４カ国首脳による (3)ジュネーヴ４巨頭会談が開催され，冷戦の「雪どけ」が期待された。さらに1956年の (4)スターリン批判を受け，ポーランドやハンガリー，(B)チェコスロヴァキアでは自由化運動が起こったが，体制転換にはいたらなかった。また，「雪どけ」から平和共存への道のりは遠く，1961年にはベルリンを東西に分断する(5)ベルリンの壁が築かれた。さらに，翌年，ソ連のキューバにおけるミサイル基地建設を契機として，冷戦が (6)核戦争に転じる危険さえ生じた。ところがこの危機が回避されると，東西関係に緊張緩和への動きが生じた。

(7)西ドイツ（ドイツ連邦共和国）に成立した社会民主党政権下で，社会主義諸国との関係改善をはかる (8)東方外交が開始され，1970年には (C)ポーランドとの戦後国境を定めた国交正常化条約が締結された。(9)1975年にヘルシンキで開催された全欧安全保障協力会議（CSCE）では，主権尊重，武力不行使，科学・人間交流の協力をうたったヘルシンキ宣言が採択された。同会議は東西陣営間の相互承認の一環であったものの，そこで合意された内容は，やがて (10)ソ連や東欧諸国の民主化を求める勢力を後押しする力ともなった。

☐ (1) 第二次世界大戦期の国際関係について，正しい説明はどれか。
  a. 1941年４月，ソ連と日本は日ソ中立条約を締結した。
  b. 1941年８月，ローズヴェルトとチェンバレンの会談で戦後構想を示す大西洋憲章が発表された。
  c. 1945年２月のヤルタ会談には，急死したローズヴェルトに代わり，トルーマンが出席した。
  d. 米・英・ソ３国首脳はポツダムで会談し，ドイツ降伏後３ヶ月以内のソ連の対日参戦などを決めた。

☐ (2) 冷戦期，独自の社会主義建設を行ったユーゴスラヴィアは，ソ連に対し自主的な態度をとった。ユーゴスラヴィアについて，誤っている説明はどれか。
  a. 1945年，連邦人民共和国の成立が宣言された。
  b. 1945年，第二次世界大戦期のパルチザンの指導者ティトーが，首相に就任した。
  c. 1948年，コミンフォルムを除名された。
  d. 1961年，ザグレブで非同盟諸国首脳会議が開催された。

□ (3)　この会談に出席した，軍人出身のアメリカ合衆国大統領を選べ。

　　　　a. アイゼンハワー　b. ケネディ　c. トルーマン　d. ニクソン

□ (4)　スターリン批判を行ったフルシチョフについて誤っている説明はどれか。

　　　　a. 西ドイツと国交を回復した。

　　　　b. 平和共存政策は中国によって「修正主義」と批判された。

　　　　c. 農業政策の失敗などを理由に失脚し，ブレジネフが第一書記となった。

　　　　d. ポーランドの反ソ暴動（ポズナニ暴動）に軍事介入した。

□ (5)　ベルリンの壁開放後の出来事について述べた次の①と②の正誤の組合せとして，正しいものはどれか。

　　　　① 1989年12月，ゴルバチョフとレーガンはマルタ島で会談し，冷戦の終結を宣言した。

　　　　② 1990年10月，東西ドイツがドイツ連邦共和国として統一された。

　　　　a. ①―正　②―正　b. ①―正　②―誤

　　　　c. ①―誤　②―正　d. ①―誤　②―誤

□ (6)　核兵器保有国の増加を防止するため1968年に調印された核拡散防止条約に加盟していないのはどれか。

　　　　a. インド　b. ソ連　c. 中国　d. フランス

□ (7)　西ドイツに関連する出来事について，古い方から時代順にならべた場合，3番目に来るのはどれか。

　　　　a. 東西ドイツ基本条約が締結された。

　　　　b. パリ協定で主権回復が認められた。

　　　　c. フランスなどとヨーロッパ石炭鉄鋼共同体を発足させた。

　　　　d. ベルリン封鎖に対し，西ドイツを占領する米，英，仏は物資を空輸して対抗した。

□ (8)　社会民主党から初の西ドイツ首相となり，東方外交を推進したのは誰か。

　　　　a. アデナウアー　b. コール　c. シュミット　d. ブラント

□ (9)　次のうち1975年以降に起こった出来事はどれか。

　　　　a. バングラデシュ独立

　　　　b. コンゴ動乱

　　　　c. アメリカ合衆国の北ベトナム爆撃（北爆）

　　　　d. ソ連のアフガニスタン侵攻

□ (10)　ソ連・東欧諸国について誤っている説明はどれか。

　　　　a. 1991年12月，独立国家共同体（CIS）の創設が宣言された。

　　　　b. 1993年，チェコスロヴァキアは平和裏にチェコとスロヴァキアに分離した。

　　　　c. 独立を回復したバルト三国は，2004年，NATO に加盟した。

　　　　d. 独立を求めるチェチェン共和国とソ連の間に武力紛争が起こった。

□ 問A　ソ連の正式名称（日本語）を記せ。

□ 問B　1968年に起きたこの運動の呼称を記せ。

□ 問C　この国境線にあたる2つの川の名を両方記せ。

2 次の文章を読んで，下記の設問に答えよ。 （成城大）

1947 年，ヨーロッパの戦後復興のためにアメリカが提唱した［ a ］を受け入れるために，翌 48 年，ヨーロッパ経済協力機構（OEEC）が設立された。52 年には，フランスの外相であったロベール＝シューマンの提唱を受けて，フランス・西ドイツ・イタリア・ベネルクス 3 国の 6 カ国が，石炭・鉄鋼を共同管理するために［ b ］（ECSC）を創設した。58 年には，経済統合の対象をすべての製品・サービスに拡大するヨーロッパ経済共同体（EEC）が創設され，原子力エネルギーの共同管理・共同開発を行うための［ c ］（EURATOM）も設立された。

1967 年，この 3 つの機関が統一され，ヨーロッパ共同体（EC）が設立された。ヨーロッパ共同体は，独仏 2 大国のイニシアチブにより，加盟国相互の関税や貿易制限の撤廃による域内貿易の自由化，共通の農業・エネルギー・運輸政策などの実施，資本や労働力の自由化などを推し進めていった。73 年には，(A)イギリス，デンマーク，アイルランドの 3 カ国の加盟が実現する（第 1 次拡大）。79 年には，通貨統合を目指すヨーロッパ通貨制度（EMS）も導入された。

1980 年代前半にも，世界的な不況により，ヨーロッパの統合は一時停滞する。しかし，87 年には，92 年末までにモノ（商品）・カネ（資本）・ヒト（労働力）・サービスの移動の完全な自由化を果たすことを目標とする［ d ］議定書が発効した。この間，81 年にギリシア，86 年にポルトガルとスペインが EC に加盟した（第 2 次及び第 3 次拡大）。

1990 年代に入ると，ヨーロッパの政治的統合も目指されるようになった。93 年，20 世紀中に［ e ］銀行の設立と単一通貨の導入を基軸とする経済通貨統合を果たすとともに，共通の外交・安全保障政策という政治的統合を目指すことを定めた［ f ］条約が発効し，ヨーロッパ連合（EU）が成立した。95 年には，スウェーデン，フィンランド，オーストリアの加盟が実現する（第 4 次拡大）。99 年には単一通貨［ g ］が導入され，2002 年から流通した。

2004 年に採択されたヨーロッパ憲法条約の挫折を受けて，09 年に発効した［ h ］条約は，ヨーロッパ連合のこれまでの基本条約を根本から改めるものであった。04 年には，ポーランド，ハンガリーなど東欧諸国を中心とする 10 カ国が，07 年には，ブルガリアとルーマニアが加盟した（第 5 次拡大）。

□ **問1** 文中の空欄［a］〜［h］を埋めるのに最も適切な語句を記せ。

□ **問2** 下線部（A）について，イギリスは，当初，ヨーロッパ統合構想とは距離を置いており，スイス・オーストリア・北欧 3 国などと，緩やかな経済統合による自由貿易の実現を目指す機構を 1960 年に結成した。この機構の名称を記せ。

3 以下の文章を読み，各設問に答えなさい。 （早稲田大）

第一次世界大戦中のイギリスは，［ a ］宣言を発してパレスチナにおけるユダヤ国家建設の支援を約束する一方で，アラブ人にはフサイン・マクマホン協定を通じて戦後の独立を約束した。第二次世界大戦後，国際連合は 1947 年に ｂパレスチナ分割案を決議（総会決議 181 号）したが，アラブ側は分割案を不当として拒絶し

た。同決議を受諾したユダヤ側は 1948 年 5 月にユダヤ国家イスラエルの建国を宣言し，近隣のアラブ諸国との間に。第一次中東戦争が勃発した。この結果，d100 万人以上のアラブ人が故郷を追われた。アラブ諸国ではイスラエルの建国の衝撃から，アラブ民族主義が高揚し，1952 年に始まったエジプト革命，1958 年の ［ e ］ 革命，1962 年の ［ f ］ 革命，1969 年の ［ g ］ 革命などによって次々と共和国が誕生した。1956 年 10 月にイスラエルがエジプトに侵攻し，h第二次中東戦争が勃発する。国際連合は，即時停戦を求める総会決議（997 号）を採択し，その後，停戦が合意されると停戦の監視等を任務とする;国際連合緊急軍が派遣された。国際連合による仲裁努力も結実しないまま，1967 年にはイスラエルの奇襲により第三次中東戦争が勃発した。国際連合はイスラエルによる占領地の返還と引き換えにアラブ側がイスラエルの生存権を認めることで和平を達成しようと試みたが，パレスチナ解放機構（PLO）はこれを拒み武力闘争を続けた。

□ **問1**　空欄 ［a］ に入る適切な用語を一つ選べ。
　　　ア．モンロー　イ．サイクス・ピコ　ウ．バルフォア　エ．カイロ

□ **問2**　下線 b におけるイェルサレム市の位置づけで正しいものを一つ選べ。
　　　ア．アラブ人国家に帰属。　　イ．ユダヤ人国家に帰属。
　　　ウ．イギリスの委任統治下。　　エ．国際連合の管理下。

□ **問3**　下線 c においてアラブ側としてイスラエルと交戦していない国名を一つ選べ。
　　　ア．エジプト　イ．シリア　ウ．レバノン　エ．イラン

□ **問4**　下線 d のような境遇の人々を救済するために設立された国際機関で，1954年と 1981 年にノーベル平和賞を受賞した組織の名称を一つ選びなさい。
　　　ア．赤十字国際委員会　イ．国際連合パレスチナ難民救済事業機関
　　　ウ．国際連合難民高等弁務官事務所　エ．国際移住機関

□ **問5**　空欄 ［e］，［f］，［g］ の国名の組合せで正しいものを一つ選べ。
　　　ア．e ＝イラク　f ＝イエメン　g ＝リビア
　　　イ．e ＝ヨルダン　f ＝シリア　g ＝イラン
　　　ウ．e ＝モロッコ　f ＝レバノン　g ＝シリア
　　　エ．e ＝サウジアラビア　f ＝イラン　g ＝イラク

□ **問6**　下線 h に関する記述で誤りを含むものを一つ選べ。
　　　ア．エジプトによるスエズ運河の国有化宣言が，戦争勃発の契機となる。
　　　イ．イギリスとフランスが，イスラエル側について参戦した。
　　　ウ．この戦争は，別名六日間戦争とも呼ばれる。
　　　エ．この戦争の後，エジプトはアラブ民族主義の指導的地位についた。

□ **問7**　下線 i に関する記述で正しいものを一つ選べ。
　　　ア．アメリカ軍が主力となった多国籍軍。
　　　イ．エジプトの受け入れ同意に基づいて設置。
　　　ウ．日本の陸上自衛隊が参加。
　　　エ．国際連合憲章第 7 章に基づく国連軍。

29 第二次世界大戦後の世界②

1 以下の問題文の空欄[1]から[10]と，中華民国に関する問1から問3に入る
最も適切な語句を語群の中から選びなさい。 (慶應大)

1949年9月，中国共産党（中共）は北平（北京）で[　1　]を開催し，翌10
月には中華人民共和国（中国）が成立した。中国が今日のように経済的に発展し，
国際社会における存在感を強めるまでには，国家建設や対外政策にさまざまな変遷
を経てきた。

1950年6月，朝鮮半島の統一をめざす朝鮮民主主義人民共和国（北朝鮮）の南
進により朝鮮戦争が始まった。同年8月に同半島南端近くまで北朝鮮軍が迫ったが，
9月の国連軍による[　2　]上陸により11月には国連軍は中朝国境近くまで戦線
を押し戻した。中国は10月に北朝鮮を支援するため参戦し，戦線は北緯38度線近
くで膠着した。1953年7月には休戦協定が締結された。

中国の朝鮮戦争介入は，その国家建設にさまざまな影響を与えたが，中共は民主
諸党派との連合体制の建前を残しつつ，一党独裁体制を強化していった。たとえば
1957年からの[　3　]によって中共への批判が封じ込められ，翌1958年からの
第2次五カ年計画では，農村の人民公社化が進められた。しかしこうした強硬な政
策などにより，毛沢東の求心力は低下した。彼にかわって国家主席に就任した劉少
奇は，急進的な社会主義化を緩和する政策を採った。

毛沢東や軍事指導者であった[　4　]らは，劉少奇や鄧小平らを資本主義の復
活を図る者と非難した。1966年に始まるプロレタリア文化大革命（文革）は，中
共内の路線対立によって引き起こされたとも言われている。そこでは，権力闘争に
動員された[　5　]が統治機構を破壊したり，都市の知識青年が下放させられた
りする局面もあり，中国にさまざまな混乱がもたらされた。1976年に毛沢東が死
去すると，実質的にこの運動を指導していた江青ら「四人組」が逮捕されることで，
文革は終結した。

文革期の中国はソ連を敵視する一方で，ソ連と対立する米国との関係改善を図り，
1972年にはニクソン大統領が訪中した。この米中接近に衝撃を受けた日本も，同
年に田中角栄首相が訪中して国交を正常化させ，1978年には日中平和友好条約が
締結された。他方で中国は，カンボジアをめぐって[　6　]と対立し，1979年に
は同国に対する懲罰を主張して攻撃を行った。

文革後，国家の近代化建設が鄧小平によって本格的に推進されることとなり，彼
は改革・開放政策を深化させた。1980年に深圳に設けられた[　7　]は対外開放
の先駆けとなった。だが改革・開放政策が成果を挙げる一方で，インフレや所得格
差，党官僚の不正腐敗，人権の抑圧などの問題により，一部の学生や知識人たちに
不満が高まった。1989年4月，中共前総書記であった胡耀邦の死去を一つのきっ
かけにして，学生らによる民主化要求運動が起きたが，人民解放軍などの武力で鎮
圧された。この事件は「[　8　]」ともいわれるが，この過程で趙紫陽中共総書記
が運動に同情的であったとして解任され，江沢民がその後任となった。

この事件は国際的に厳しい批判を招いたが，1992年，鄧小平は広東省において「[　9　]」を発表し，市場経済原理を導入してさらなる経済発展を促した。2002年，江沢民から胡錦濤への政権移譲が行われた。経済成長路線も引き継がれた結果，2010年には中国はついに国内総生産で日本を抜き，世界第二の経済大国となった。2012年に中共総書記となった習近平は，貧富の格差や環境の悪化の解決，安定成長の実現などに加え，汚職腐敗の追放をも一つの課題としている。

　対外政策において中国は，1980年代以降「独立自主の平和外交」を長く続けている。1997年にはイギリスから香港が，1999年にはポルトガルからマカオが返還されたが，この両地域では「[　10　]」によって50年間は資本主義体制が維持されることとなった。中国は国際社会においてさまざまな役割を演じており，近年では南シナ海や東シナ海で領有権を主張し資源開発を行うなど，国益の追求に積極的である。

□ **問1**　毛沢東と蔣介石との間で1945年に成立した，内戦の回避や協議の実施に関する取り決めは何か。

□ **問2**　中華民国は1945年から台湾を統治下に置いたが，外省人と内省人との対立を背景に，1947年に台北で生じた官憲に対する大規模な抗議運動を何というか。

□ **問3**　国民党の馬英九政権が掲げた中台関係に関する方針を何というか。

〔語群〕
　01.　一国二制度　02.　仁川　03.　インドネシア　04.　元山　05.　王洪文
　06.　戒厳令　07.　解放区　08.　華国鋒　09.　九・三〇事件　10.　経済特区
　11.　五・一五事件　12.　紅衛兵　13.　黄埔条約　14.　五月危機
　15.　五・三〇運動　16.　刷新　17.　三光政策　18.　三農問題
　19.　三不政策　20.　周恩来　21.　自由貿易試験区　22.　人民義勇軍
　23.　人民政治協商会議　24.　人民武装警察部隊　25.　人民民主主義
　26.　政治協商会議　27.　西部大開発　28.　全国人民代表大会　29.　走資派
　30.　双十協定　31.　租界　32.　タイ　33.　第1次国共合作　34.　第2次国共合作
　35.　大躍進運動　36.　太陽政策　37.　済州島　38.　中共全国代表大会
　39.　張春橋　40.　調整政策　41.　清津　42.　大邱　43.　南巡講話
　44.　二・二八事件　45.　二・二六事件　46.　反右派闘争　47.　フィリピン
　48.　釜山　49.　ベトナム　50.　望厦条約　51.　三つの代表　52.　門戸開放宣言
　53.　洋躍進　54.　四つの現代化　55.　ラオス　56.　李大釗　57.　林彪
　58.　六四事件

2 次の文章を読み，下記の問いに答えなさい。　　　　　　　　（慶應大）

　第二次世界大戦の終結に伴い，東南アジアでもナショナリズムが高まり，各国は国民国家の建設に一斉に動き出した。1945年，インドネシアは独立を宣言したが，再植民地をねらうオランダと戦争が続き，4年後に締結された［　1　］によって独立が認められ，主権を確立した。フィリピンは，［　2　］大統領のもと，議会で成立した「フィリピン独立法」に従い，1946年に独立を果たした。イギリス領のビルマは，1948年に［　3　］内閣との交渉によって共和国として独立したが，1962年のクーデターで［　4　］による軍事政権が成立した。マレー半島では，人口の多いマレー人・中国人・［　5　］から結成された連盟党が総選挙の勝利を背景に，1957年に［　6　］が独立した。カンボジアは，1941年に王位についた［　7　］が大戦後に独立運動を展開し，フランスやアメリカなどの国をまわって国際世論に訴えかけた結果，1953年に独立した。1955年，インドネシアの［　8　］で，アジア＝アフリカ会議が開催され，「平和十原則」が採択された。

　60年代に入って，平和を勝ち取ったアジアの国々は，経済近代化の道を歩みはじめた。日本では「所得倍増」を唱えた［　9　］内閣のもとで，高度経済成長を成し遂げ，1968年には国内総生産（GDP）がアメリカにつぐ世界第2位となった。日本の急激な経済成長は，周辺のアジア諸国に大きな影響を与えた。朝鮮戦争後の韓国では，1961年の軍事クーデターで権力をにぎっていた［　10　］のもと，1965年に「日韓基本条約」を結び，日本からの資本と技術援助をうけながら経済開発を進めるようになった。60年代半ばに独立したシンガポールは，地理的優位を発揮して，金融・自由貿易港・［　11　］などを柱として開発を推進した。(a)韓国とシンガポールに加えて，香港と台湾は，1970年代に顕著な経済成長をとげた。インドネシアでは，クーデターの鎮圧をきっかけに権力を掌握した［　12　］が，(b)開発独裁のもとで「緑の革命」を進めた。1967年，タイ・フィリピン・マレーシア・シンガポール・インドネシアの5か国は，東南アジア諸国連合（ASEAN）を形成した。

　80年代以後，これらの地域では政治的にも経済的にも大きな動きが生じた。韓国では，民主化と民族統一を求める気運が高まったが，その動きを抑えようとする政府の措置に抵抗して，1980年に発生した［　13　］は政府によって鎮圧された。しかし民主化の流れは変えることができず，1988年に大統領の直接選挙が実現した。マレーシアでは，1981年に首相に就任した［　14　］が，「アジアの先進国，日本に学べ」とする政策を展開した。(c)戦後のベトナムは，1986年から開放経済政策を積極的に実施した。1991年に［　15　］でカンボジアの内戦に関する和平協定が締結され，国連のもとで新憲法の制定やカンボジア王国の設立が実現した。(d)1980年代以後，ブルネイ・ベトナム・ミャンマー（旧ビルマ）・ラオス・カンボジアは相次いでASEANに加盟し，東南アジア全域に広がるASEAN10になった。しかし，経済発展はけっして順風満帆ではなかった。1997年，［　16　］の急落をきっかけにアジア通貨危機が発生し，経済構造の改革が求められた。

□ **問1**　文中の空欄［1］〜［16］にあてはまる最も適当な語句を下記の語群から選びなさい。

01.　アイゼンハワー　02.　アウン＝サン　03.　アトリー　04.　アラブ人
05.　池田勇人　06.　インド人　07.　ウォン　08.　観光　09.　岸信介　10.　金大中
11.　建設　12.　光州事件　13.　五月危機　14.　シハヌーク　15.　ジャカルタ
16.　ジュネーブ協定　17.　スカルノ　18.　スハルト　19.　全斗煥　20.　造船
21.　チャーチル　22.　田中角栄　23.　ドル　24.　トルーマン　25.　二・二八事件
26.　ネ＝ウィン　27.　ハーグ協定　28.　朴正煕　29.　バーツ　30.　ハノイ
31.　パリ　32.　パリ講和条約　33.　バリ島　34.　バンドン　35.　フランス人
36.　ポル＝ポト　37.　マハティール　38.　マラヤ連邦　39.　マルコス
40.　マレーシア連邦　41.　リー＝クアンユー　42.　ローズヴェルト

□ **問2**　下線部（a）に関連して，（ア）これらの国や地域を指す総称は何か。（イ）70年代に，これらの国や地域の発展における共通した特徴にあてはまらないものを次の項目から1つ選びなさい。

1.　安価な労働力
2.　成熟した民主主義社会
3.　積極的な外資導入
4.　輸出志向型産業の育成

□ **問3**　下線部（b）に関連して，（ア）「緑の革命」の目的は何か。（イ）「緑の革命」のために，アジアで最初に国際稲研究所がおかれた国はどこか。

□ **問4**　下線部（c）に関連して，この政策を何と呼ぶか。

□ **問5**　下線部（d）に関連して，ASEANの役割は，設立した当時と1990年代以降では，どんな違いがあったのか。その違いを30字以内で説明しなさい。

30 第二次世界大戦後の世界③

1 アフリカに関する(1)～(4)の文章を読み，それにつづく問1～8に答えよ。

（成蹊大）

(1)　北アフリカではまずリビアが，ついでスーダン，モロッコ，チュニジアが独立した。フランス領の［　ア　］は激しい独立戦争をへて独立した。サハラ以南のアフリカでは，1957年にイギリスから独立した新国家には［　イ　］がある。その独立を指導した［　ウ　］はアフリカの非同盟運動の中心人物となった。そして1960年には17か国が一挙に独立して「アフリカの年」とよばれるほどとなり，1963年には植民地主義とたたかうための［　エ　］が設立され，アフリカ諸国の連帯と統一がすすめられた。1960年に独立したコンゴ民主共和国では(a)コンゴ動乱がおこった。

(2)　その後サハラ以南のアフリカ諸国は，1980年代には，第2次石油危機の打撃がおよんだだけでなく，たえまない紛争と干魃に苦しんだ。とりわけモザンビークや［　オ　］，ソマリアでは，飢餓が発生し，多くの住民が犠牲になった。他方，南部アフリカ諸国では，困難な状況のなかでも植民地支配からの解放運動はつづけられ，1980年代には(b)ローデシアのうち南ローデシアが白人支配を脱し，［　カ　］として独立した。

(3)　南アフリカ共和国も，世界的な非難と経済制裁のなかで，しだいに(c)アパルトヘイト体制の変革をせまられ，1990年には，1966年の国際連合の決議を無視して不法に占拠しつづけていた［　キ　］の独立を認めた。［　キ　］は同地の解放のため長年にわたって闘争していた黒人の南西アフリカ人民機構（SWAPO）の手にゆだねられた。同じ1990年，南アフリカ共和国は，黒人解放運動の指導者マンデラを28年ぶりに釈放し，翌1991年にはアパルトヘイト体制をささえていた差別法を廃止した。1994年におこなわれた全人種選挙の結果，マンデラが大統領に選出された。

(4)　米ソ両国がそれぞれの立場から支援をおこなっていたため，アフリカや中東は，冷戦終結後，国際政治のありかたが変わった。たとえばアフリカでは，ルワンダ，コンゴ，シエラレオネで内戦が生じた。とりわけ1994年におこった犠牲者100万人以上といわれる(d)ルワンダ内戦はそのもっとも悲惨な例である。これらの地域紛争の背後には，多くの場合，経済的な利害対立がからんでいるので，その解決は容易ではない。

□ **問1**　［ア］，［イ］，［ウ］に入る言葉の適切な組み合わせを，次の①～⑧のなかからひとつ選べ。

① ア：アルジェリア　イ：ニジェール　ウ：ルムンバ
② ア：アルジェリア　イ：ガーナ　ウ：エンクルマ
③ ア：ガーナ　イ：モーリタニア　ウ：セク＝トゥーレ
④ ア：ガーナ　イ：アルジェリア　ウ：ムハンマド＝アフマド
⑤ ア：ニジェール　イ：アルジェリア　ウ：ムハンマド＝アフマド

⑥　ア：ニジェール　イ：モーリタニア　ウ：エンクルマ

⑦　ア：モーリタニア　イ：ガーナ　ウ：ルムンバ

⑧　ア：モーリタニア　イ：ニジェール　ウ：セク＝トゥーレ

□ **問2**　［エ］に入る言葉として，正しいものを次の①～④のなかからひとつ選べ。

①アフリカ経済共同体　②アフリカ連合

③アフリカ諸国首脳会議　④アフリカ統一機構

□ **問3**　下線部（a）について，正しいものを次の①～④のなかからひとつ選べ。

①　ベルギーからの独立直後のコンゴ民主共和国では，鉱物資源をめぐって紛争がおこった。

②　フランス軍が介入し，カタンガ州を分離独立させ，その支配をねらった。

③　ドイツが分離独立派を支援して介入したため，激しい内戦となった。

④　1965年の軍部クーデタで親英派が政権を握った。

□ **問4**　下線部（b）に関連し，正しいものを次の①～④のなかからひとつ選べ。

①　1965年，白人政権に支配されていた南ローデシアはフランスから一方的に独立し，のちに解放運動の武装闘争や国際世論の批判に直面して黒人多数支配を受け入れた。

②　1964年，北ローデシアはボツワナとして独立した。

③　ローデシアは3C政策を採ったイギリスのセシル＝ローズの名からつけられた。

④　ドイツによるアフリカ縦断政策とフランスの横断政策が衝突し，ローデシアでファショダ事件がおこった。

□ **問5**　下線部（c）に関連し，誤っているものを次の①～④のなかからひとつ選べ。

①　イギリス連邦に属していた南アフリカにおいて，アフリカ民族会議が創設された。

②　アパルトヘイトは有色人種差別と有色人種隔離政策のことである。

③　南アフリカ共和国のデクラーク政権はアパルトヘイトを徹底させ，アフリカ民族会議と対立した。

④　1991年，最後まで残っていた人口登録法，集団地域法，先住民土地法の3法が廃止され，アパルトヘイト体制は法的に終結した。

□ **問6**　［オ］，［カ］，［キ］に入る言葉の適切な組み合わせを次の①～⑧のなかからひとつ選べ。

①　オ：エチオピア　カ：ザンビア　キ：ウガンダ

②　オ：ザンビア　カ：ナミビア　キ：アンゴラ

③　オ：ジンバブエ　カ：ザンビア　キ：エチオピア

④　オ：アンゴラ　カ：ウガンダ　キ：カメルーン

⑤　オ：カメルーン　カ：アンゴラ　キ：ザンビア

⑥　オ：ジンバブエ　カ：ナミビア　キ：ジンバブエ

⑦　オ：エチオピア　カ：ジンバブエ　キ：ナミビア

⑧　オ：ナミビア　カ：アンゴラ　キ：エチオピア

□ **問7** 下線部（d）に関連し，誤っているものを次の①〜④のなかからひとつ選べ。

① この内戦はツチ族とフツ族の部族対立が内戦に発展した。

② この内戦では，ツチ族強硬派によるフツ族に対する大量虐殺がおこなわれた。

③ この内戦により，ルワンダには難民が発生し，難民キャンプでの伝染病が流行するなど悲惨な状況に陥った。

④ この内戦に対してNGOを中心とする国際支援活動が展開された。

□ **問8** 右に示したアフリカ大陸の図上で，ルワンダの位置として正しいものを次の①〜⑤のなかからひとつ選べ。

①A ②B ③C ④D ⑤E

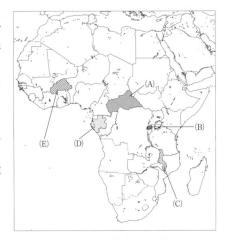

2 以下の文章を読み，各設問に答えなさい。　（早稲田大）

第二次世界大戦後，(1)イギリスの支配下にあった地域が次々と独立し，新しい国々が誕生した。南アジアでは，(2)インド独立法の制定を受けて，(3)インド連邦と(4)パキスタンが独立したが，両国の分離独立は，多くの問題を残した。独立時，ヒンドゥー教徒中心の国として独立したインドには，パキスタンの支配地域から逃れてきたヒンドゥー教徒やシク教徒が流入した。一方，イスラーム教徒中心の国として独立したパキスタンには，インドの支配地域から脱出したイスラーム教徒が流れ込んだことから，各地で衝突や暴動が発生し，大勢の人々が犠牲となった。

独立後，両国は，[5]地方の帰属をめぐって対立し，第一次，第二次インド＝パキスタン（印パ）戦争が勃発した。インドとパキスタンの分離独立がもたらしたもう一つの問題は，インドを挟んでパキスタンの国土が東西に分断されたことだった。独立後，東パキスタンでは西パキスタンに対する不満が広がり，自治を要求する動きが強まったが，これを鎮圧すべく西パキスタンが軍を投入したことから内戦に突入した。これに対してインドが東パキスタンを支援したために第三次印パ戦争が勃発したが，インドが勝利し，東パキスタンは (6)バングラデシュとして独立した。その後も印パ間の相互不信は続き，(7)インドが二回目の核実験を実施すると，これに対抗する形で，同年，パキスタンも核実験を実施した。印パの核実験は，両国間の緊張を高めただけでなく，(8)大国の核独占体制に波紋を投げかける深刻な出来事となった。

□ **問1** 下線部（1）に関連して，イギリスから独立した国を一つ選びなさい。

　　　ア．スリランカ　イ．ベトナム　ウ．インドネシア　エ．ラオス

□ **問2** 下線部（2）に関連して，この法はどこで成立したか，一つ選びなさい。

　　　ア．インド国民会議　イ．インド総督府

　　　ウ．イギリス議会　エ．全インド＝ムスリム連盟

□ **問3** 下線部（3）に関連する記述として，誤りを含むものを一つ選びなさい。

　　　ア．インド連邦成立の翌年，ガンディーは暗殺された。

　　　イ．インド連邦の初代首相ネルーは，中国の周恩来との間で「平和五原則」を確認した。

　　　ウ．インド連邦は，1950年，インド共和国憲法を発布し，インド共和国となった。

　　　エ．インド連邦の誕生を機に，インドはイギリス連邦から脱退した。

□ **問4** 下線部（4）に関連する記述として，誤りを含むものを一つ選びなさい。

　　　ア．ジンナーが，パキスタン初代総督に就任した。

　　　イ．1940年にラホールで開かれた全インド＝ムスリム連盟の大会で，イスラーム教徒による独立国家の樹立が目標として掲げられた。

　　　ウ．独立の際，パキスタンは，首都をカラチに定めた。

　　　エ．パキスタンは，バグダード条約機構に加盟した。

□ **問5** 空欄［5］に当てはまる地名を記入しなさい。

□ **問6** 下線部（6）に関連して，バングラデシュ独立の背景には，パキスタン政府の言語政策への不満があったとされているが,西パキスタン（現在のパキスタン）の国語はどの言語か。正しいものを一つ選びなさい。

　　　ア．ヒンディー語　イ．ウルドゥー語　ウ．パンジャーブ語　エ．ベンガル語

□ **問7** 下線部（7）に関連して，インドの二回目の核実験が実施された年を一つ選びなさい。

　　　ア．1978年　イ．1988年　ウ．1998年　エ．2000年

□ **問8** 下線部（8）に関連して，核兵器に関わる以下の4つの条約や協定のうち，締結年が最も古いものを一つ選びなさい。

　　　ア．核拡散防止条約　イ．核戦争防止協定

　　　ウ．部分的核実験禁止条約　エ．包括的核実験禁止条約

別冊　解答

大学入試 全レベル問題集

世界史

［世界史探究］

4 私大上位・最難関レベル

新装新版

Obunsha

別 冊 目 次

1 古代オリエント世界

問題：本冊 p.12

1 問1 [a]−17 [b]−4 [c]−5 [d]−28 [e]−13 [f]−18
　　問2 4 　問3 （Ⅰ）2 （Ⅱ）1
2 問1 ヒクソス 　　問2 ラメス（ラメセス）2世 　問3 アトン
　　問4 アマルナ美術 　問5 イスラエル王国 　　　問6 ユダ王国
　　問7 シャンポリオン

解説

1 問1 [a]−17（シュメール），[b]−4（アッカド），[c]−5（アムル）…シュメール人の都市国家**ウルク**では粘土板に刻む**楔形文字**が考案された。メソポタミアを初めて統一したアッカド王は**サルゴン1世**。アムル人のバビロン第1王朝で制定された**ハンムラビ法典**はスサで発見され，旧約聖書の「目には目を，歯には歯を」に象徴される**同害復讐法の原則**と身分による刑罰の差別化を特徴とした。

 合否を分けるチェックポイント① 　　**楔形文字の先行研究と解読**

グローテフェント（独）…**ペルセポリス碑文**を用いた楔形文字の研究
ローリンソン（英）…**ベヒストゥーン碑文**を用いて楔形文字の解読に成功

[d]−28（ヒッタイト），[e]−13（カッシート），[f]−18（新バビロニア）…ヒッタイトは**ハットゥシャ**（現ボアズキョイ）を都とし，オリエントで初めて**鉄製武器**を使用した。バビロニアを支配したカッシート人の王国は**バビロン第3王朝**とも呼ばれる。セム語系の**カルデア人**が建てた新バビロニア最盛期の王は**ネブカドネザル2世**。ユダ王国の住民をバビロンに強制移住させる「**バビロン捕囚**」（前586〜前538）を行ったが，『旧約聖書』にある「バベルの塔」の逸話は，この王がバビロンに建てた巨大なジッグラトがモデル。

問2 4…ロゼッタ＝ストーンは，**プトレマイオス朝**時代のエジプト王プトレマイオス5世の善行を称えた石碑で，同一の内容が上段に**神聖文字（ヒエログリフ）**で，中段に**民用文字（デモティック）**で，下段に**ギリシア文字**で刻まれている。18世紀末の**ナポレオンのエジプト遠征**時に発見され，その後，フランス人の**シャンポリオン**が解読した。

問3 （Ⅰ）2…（b）アッシリアは，**前722年**にイスラエル王国を滅ぼした。ユダ王国は，**前587年**に新バビロニアによって滅ぼされた。
（Ⅱ）1…（b）ダレイオス1世が建設した新都ペルセポリスは，行政ではなく**宗教儀式（新年祭）**のみを執り行う都市。帝国行政の中心は**スサやエクバタナ**に置かれた。

2 問1　ヒクソス…セム語系を中心とした混成民族。ナイル川のデルタ地帯にこのヒクソスが築いたエジプト王朝は，**第15王朝**と**第16王朝**。

問2　ラメス（ラメセス）2世…アブシンベル神殿の北壁には，**カデシュの戦い**でのラメス2世の活躍を描いた浮彫（レリーフ）がある。この戦いのときのヒッタイト王は**ムワタリ2世**。その後，現存する世界最古の国際条約が結ばれた。ラメス2世は，前13世紀にヘブライ人が行った「出エジプト」の際のエジプト王。

問3　**アトン**，問4　**アマルナ美術**…アメンホテプ4世が実施したアトンを唯一神とする一神教改革は，その後，ツタンカーメン王の時代にアモン中心の多神教に戻されたが，**ヘブライ人によるヤハウェ信仰の形成**に影響を与えた。アメンホテプ4世が**テーベ**（現ルクソール）から遷都した**テル＝エル＝アマルナ**では，一神教改革など国王の斬新な改革が美術面にも反映され，虚飾を排した写実性が特徴のアマルナ美術を発達させた。また，テル＝エル＝アマルナからは**アマルナ文書**と呼ばれる楔形文字で記された**外交文書**も出土しているが，アメンホテプ4世は国内政策を重視し，**対外拡張には消極的**であった。このことがヒッタイトなどのシリア・パレスチナ進出を拡大させ，ラメス2世時代のカデシュの戦いにつながった。

問5　**イスラエル王国**，問6　**ユダ王国**…ソロモン王の死後，**前922年**にヘブライ人の統一王国（前1000年頃に成立）は，**サマリア**を都とする北のイスラエル王国と，**イェルサレム**を都とする南のユダ王国に分裂。イスラエル王国は**前722年**にアッシリアによって，ユダ王国は**前587年**に新バビロニアによって滅ぼされた。その後，「バビロン捕囚」に苦しむヘブライ人を解放し，イェルサレムへの帰還を許したのがアケメネス朝の**キュロス2世**。

問7　**シャンポリオン**…**1** 問2の解説参照。

 合否を分けるチェックポイント②　　難関大学で出題された差のつく難解語句

［古代メソポタミア編］
- **マルドゥク**…メソポタミアで信仰された**バビロンの守護神**で天地創造の神
- **ベヒストゥーン碑文**
　…アケメネス朝のダレイオス1世の事績を**アッカド語，エラム語，ペルシア語**で記す

［古代エジプト編］
- **マスタバ**…エジプトのピラミッドの原型とされる墳墓
- **ヌビア**…新王国時代のエジプトが征服した南方の地域で，**金の産地**
- **第25王朝**
　…エジプトを支配した**クシュ人**が築いたエジプト王朝。**アッシリア**のエジプト進出でクシュ人は**メロエ**に遷都
- **恒星シリウス**…ナイル川の氾濫開始とシリウスの位置が**太陽暦**の考案に影響

1 A 問1 ハ 問2 イ 問3 ニ 問4 ロ 問5 ニ
　　B 問1 民主 問2 僭主 問3 デマゴーゴス 問4 民会
2 [1]－ト [2]－エ [3]－ア [4]－ウ [5]－ケ
　　[6]－シ [7]－ノ [8]－オ [9]－ヌ [10]－チ

解説

1 A 問1 ハ（ドラコン）…前621年のドラコンの立法によりアテネ最初の成文法が成立。平民に法内容が公開され，貴族の恣意的な法の解釈が打破された。

問2 イ（部族制の再編）…空欄 [d] の人物はクレイステネス。暴政に走ったヒッピアス（僭主ペイシストラトスの子で，自身も僭主）の追放後に登場し，オストラキスモス（陶片追放）の導入や部族制の再編（4部族から10部族制へ），民会決議の予備審議を行う五百人評議会の設置などの諸改革を実施した。

> **合否を分けるチェックポイント①** 　前6世紀のアテネ人政治家
>
> ソロン…アルコン（執政官），**負債の帳消し**（市民の債務奴隷化禁止），財産の所有額で市民を4等級に区分する**財産政治**の導入
> ペイシストラトス…中小農民の保護，商工業の奨励，**ラウレイオン銀山**の開発
> クレイステネス…**1** 問2の解説参照

問3 ニ…時系列的に並べると，ⓒマラトンの戦い（前490）→ⓓテルモピレーの戦い（前480）→ⓑサラミスの海戦（前480）→ⓐプラタイアの戦い（前479）。ⓒの戦いの際のペルシア王はダレイオス1世，ⓓⓑⓐの戦いはクセルクセス1世の時代。ギリシア側では，ⓒでアテネ将軍ミルティアデスが活躍し，ⓓの戦いでスパルタ王レオニダスが敗死し，ⓑでアテネ将軍テミストクレスがペルシア艦隊を撃破した。

問4 ロ（アレオパゴス評議会）…アルコンの経験者などが終身の議員となって構成。前6世紀初めのソロンの改革で権限が縮小され，その後，その主要な権限は民会に移行した。

問5 ニ（ペリクレス）…この軍事同盟とは**デロス同盟**。加盟国の多くが軍船ではなく軍資金の提供を選び，その金庫（財務局）はデロス島に置かれていたが，ペリクレスはこれをアテネに移し，その軍資金をアテネ再建に流用した。その後，前451年には両親ともにアテネ人の男性市民に市民権を認める**市民権法**を制定している。

B 問1 民主，問2 僭主，問3 デマゴーゴス，問4 民会…すべてアテネ民主政に関する基本事項。問3は問題文中にある「きわめて多くの政治的失策をおかすことになった」から判断。問4の民会は，ペリクレス時代に**18歳以上の成年男性市民全員**が参加して開催され，日当を支払うことで無産市民の民会参加も可能となった。また官職は，**将軍職（ストラテゴス）**と財務官を除いてすべて**抽選**で選ばれた。

合否を分けるチェックポイント②　　**ギリシア神話に関連して出題された難問**

ヘルメス…ギリシア神話の**商業の神**，オリンポスの神々の主神は**ゼウス**
デメテル…ギリシア神話の**農業女神**
アポロン…ギリシア神話の**太陽神**，デルフォイの神殿に祀られる
ヘラクレス…**アレクサンドロス大王**が自らを同一視したギリシア神話の英雄
エルギン…**パルテノン神殿**の彫刻を大量に本国に持ち帰ったイギリス外交官

2　[1]－ト（アリストテレス）…アリストテレスは，民主政を批判し哲人政治を理想としたプラトンの**アカデメイア**で学び，自らも学術機関**リュケイオン**を開設。「**人間はポリス的動物である**」の言葉を残した。

[2]－エ（カイロネイア），[3]－ア（コリントス）…マケドニア王**フィリッポス2世**は，アテネの政治家**デモステネス**の反マケドニア運動を背景に戦いを挑んだアテネ・テーベ連合軍を撃破し，**コリントス**（ヘラス）同盟を結成した（コリントスはギリシア植民市**シラクサ**を建設したポリス）。スパルタは**ヘイロータイの反乱**やマケドニアへの反発から参加しなかった。

 合否を分けるチェックポイント③　　**スパルタの社会構造**

スパルティアタイ…**完全市民**，商業活動への従事や金貨銀貨の使用は禁止
ペリオイコイ…参政権なしの**劣格市民**，貢納や従軍義務あり
ヘイロータイ…メッセニア地方の人々を中心とした**隷属農民**，圧倒的多数

[4]－ウ（イッソス），[5]－ケ（ティルス），[6]－シ（アルベラ）…フィリッポス2世の死後に即位した**アレクサンドロス大王**は，前334年にマケドニア・ギリシア連合軍を率いて現在の**ダーダネルス海峡**を渡って小アジアに侵入，**グラニコス川の戦い**（前334）でペルシア軍に勝利し，イッソスの戦い（前333）ではペルシア王**ダレイオス3世**を破った。その後，フェニキア人の都市国家ティルスを攻略するなど地中海東岸を南下してエジプトに侵入。その後，アルベラの戦い（前331）で再びダレイオス3世を敗走させ，アケメネス朝を事実上崩壊させた。

[7]－ノ（バクトリア）…アレクサンドロス大王の大帝国は，大王死後の**ディアドコイ戦争**で混乱し，**イプソスの戦い**（前301）でマケドニア・エジプト・シリアなどに分裂した。そのうちシリアを含む広大な領域を支配した**セレウコス朝**から，前3世紀中頃にギリシア系のバクトリアが独立した（イラン系の**パルティア**も独立）。**アム川流域**を支配したが，前2世紀後半にスキタイ系の**トハラ**（**大夏**）に滅ぼされた。その後，パレスチナの**ユダヤ人**もギリシアの神々を強要するセレウコス朝に反発して**マカベア戦争**（前166～前142）を起こし，**ハスモン朝**として独立した。

[8]－オ（ネブカドネザル2世），[9]－ヌ（スサ），[10]－チ（ペルセポリス）…「**古代オリエント世界**」**1** の解説（p.2）参照。

1 A 問1 イ 問2 ロ 問3 ロ 問4 ニ 問5 ハ 問6 ハ
　　 B 問1 ラティフンディア 問2 同盟市 問3 セレウコス
　　　　 問4 ガリア戦記　　　 問5 ムセイオン
2 問1 [a]－ネルウァ [b]－トラヤヌス [c]－アントニヌス＝ピウス
　　　 [d]－マルクス＝アウレリウス＝アントニヌス [e]－属州
　　　 [f]－自省録
　　 問2 元老院 問3 パクス＝ロマーナ（ローマの平和）
　　 問4 アクティウムの海戦 問5 ガール水道橋 問6 パルティア
3 問1 ハ 問2 イ 問3 ロ

解説

1　A　問1　イ（タレントゥム）…タレントゥムは，**スパルタ**が建設したギリシア人植民市で，大ギリシア（マグナ＝グラエキア）と呼ばれた南イタリアの中心都市。前272年にローマに征服された。

問2　ロ…ローマは，カンネー（カンナエ）の戦い（前216）ではなくザマの戦い（前202）でカルタゴを破った。その後，**前146年にカルタゴを滅ぼし，同年コリントスを破壊して征服したギリシアとともに属州**とした。

問3　ロ…ホルテンシウス法ではなくリキニウス・セクスティウス法。

問4　ニ…ローマの大富豪で，カエサルやポンペイウスと**第1回三頭政治**（前60〜前53）を形成した**クラッスス**の説明。クラッススは，パルティアとの**カルラエの戦い**（前53）で敗死した。

問5　ハ（ファルサロスの戦い）…**カエサル**は，前48年のこの戦いでポンペイウスを破り，凱旋将軍に与えられる**インペラトル**の称号を獲得した。

問6　ハ…イタリア全土の全自由民にローマ市民権が付与されるのは，共和政末期にローマ市民権を要求して同盟市が起こした**同盟市戦争**（前91〜前88）終結後のことで，反乱を鎮圧した閥族派の**スラ**が実施した。

B　問1　ラティフンディア…戦争捕虜として流入した奴隷を労働力に，ブドウやオリーヴ，シチリア島では小麦などが生産された。

問2　同盟市…Aの問6の解説参照。

問3　セレウコス…セレウコス朝を滅ぼしたポンペイウスは，ユダヤ人のハスモン朝を征服してパレスチナを支配した。その後，前1世紀には**属州ユダヤ**が成立し，ローマ総督の統治下に置かれた。

問4　ガリア戦記…**大移動以前のゲルマン人**を記録した重要史料。帝政期の歴史家で政治家の**タキトゥス**が著した『ゲルマニア』も同様で，質実剛健なゲルマン人の生活を描くことで，堕落した帝政期のローマ人を批判した。

問5　ムセイオン…プトレマイオス朝が開設し，前3世紀に**アリスタルコス，エウクレイデス，アルキメデス，エラトステネス**などの自然科学者が活躍した。

2 問1 ［a］－ネルウァ，［b］－トラヤヌス，［c］－アントニヌス＝ピウス，［d］－マ
ルクス＝アウレリウス＝アントニヌス…トラヤヌス帝はパルティアから**メソ
ポタミア**や**アルメニア**を奪い，さらにドナウ川北方の**ダキア**（現ルーマニア）を
属州とするなど最大領土を築いた。ハドリアヌス帝はメソポタミアなどを放棄し
て辺境防衛を強化し，**ブリタニアに城壁**を築いて帝国の北境とする一方，**ユダヤ
人の反乱（第2次ユダヤ戦争）**を平定した。マルクス＝アウレリウス＝アント
ニヌス帝は**ストア派**の哲人皇帝であり，ラテン語ではなく**ギリシア語**で『**自省
録**』を著した。

［e］－属州，［f］－自省録…すべて基本事項。『自省録』は問1の解説参照。

問2 **元老院**，問3 **パクス＝ロマーナ**，問4 **アクティウムの海戦**，問5 **ガー
ル水道橋**…すべて基本事項。パクス＝ロマーナ時代には南インドの諸王朝との**季
節風貿易**が盛んに行われ，**胡椒**や**絹織物**などの対価として**金貨**や**ガラス器**などが
輸出された。ローマ時代の建造物にはガール水道橋のほか，**コロッセウム**や**パン
テオン**（万神殿），**アッピア街道**（ローマとブルンディシウムを結ぶ）がある。

問6 **パルティア**…3世紀前半からはパルティアを滅ぼした**ササン朝ペルシア**が
ローマの東方領土を脅かした。**軍人皇帝時代**（マクシミヌスに始まる）には，
260年の**エデッサの戦い**で**ウァレリアヌス帝**が敗れて捕虜となり，これに乗じて
シリアの隊商都市**パルミラ**が反ローマ反乱を起こすなど混乱した。

3 問1 ハ（アテネ）…ローマ時代に成立した**五本山**（5つの総大司教座教会）
のうち，**ローマ教会**と**コンスタンティノープル教会**は首位権を主張して対立，
アンティオキア・イェルサレム・アレクサンドリアの3教会は7世紀に第2代
正統カリフの**ウマル**に征服され，イスラーム圏に入った。

問2 イ…64年の**ネロ帝**による最初の迫害は**ローマの大火**が原因であり，使徒の
ペテロ（第一使徒）やローマ市民権保持者の**パウロ**（異邦人伝道の使徒）が殉教
したとされる。皇帝崇拝を拒否したキリスト教徒に対する303年の**ディオクレ
ティアヌス帝**の迫害は帝国最大となったが，**コンスタンティヌス帝**（西の正帝）
は**リキニウス帝**（東の正帝）と共同で313年に**ミラノ勅令**を発布し，キリスト
教を公認して帝国統治に利用した。その後は「背教者」ユリアヌス帝の異教復
活も失敗し，392年に**テオドシウス帝**によってキリスト教は**国教**とされた。

問3 ロ…スラヴ民族ではなくゲルマン民族。ローマ時代のキリスト教の公会議に
ついては以下を参照。また，この時期に活躍した教父や聖職者には，**エウセビ
オス**（神寵帝理念の提唱），**アウグスティヌス**（『告白録』『神の国』の執筆），
ヒエロニムス（聖書のラテン語訳）がいる。

合否を分けるチェックポイント ▶ ローマ時代のキリスト教公会議

ニケーア公会議（325）…アタナシウス派が正統，**アリウス派**が異端となる
コンスタンティノープル公会議（381）…第2回公会議，**ニケーア信条**の確認
エフェソス公会議（431）…**ネストリウス派**が異端，マリアは「神の母」
カルケドン公会議（451）…**単性論派**が異端，エジプトで**コプト教会**を設立

1 ① a ② b ③ d ④ d ⑤ c

2 問1 ①-銅鼓 ②-サーフィン ③-扶南 ④-チャンパー
⑤-ドヴァーラヴァティー

問2 （ア）ドンソン文化 （イ）港市国家 （ウ）パレンバン
（エ）プランバナン寺院群

解説

1 ① a…モエンジョ＝ダーロ（シンド地方）やハラッパー（パンジャーブ地方）
など煉瓦造りの建造物で知られる都市遺跡からは，**大規模な宮殿や陵墓は発見
されていない**。その他の遺跡には，インド西部のグジャラート地方で発見された
ロータルや**ドーラヴィーラー**がある。

② b…ヴェーダ時代とは，インド最古の聖典『ヴェーダ』に記された初期アーリ
ヤ人の活躍した時代で，前1500年頃から前600年頃までの期間を指す。この時
代には鉄器の使用やヴァルナ（身分制度）の形成に加え，自然神を崇拝するバラ
モン教が成立した。仏教が誕生するのはその後の都市国家興亡の時代であり，仏
舎利（釈迦の遺骨）を納めるストゥーパ（仏塔）もまだ建立されていない。

③ d…菩薩信仰を中心思想とする**大乗仏教**が成立するのは紀元前後で，マウリ
ヤ朝（前317頃～前180頃）滅亡後のこと。サータヴァーハナ朝の仏教学者ナー
ガールジュナ（竜樹）が著書『中論』の中で理論化し，クシャーナ朝のカニシ
カ王の時代に各地に広まった。マウリヤ朝時代には**上座部仏教**が発展し，ア
ショーカ王（中国名は阿育王）の時代にはスリランカに伝えられ，その後に成立
したアーリヤ系のシンハラ王国は上座部仏教の中心地として繁栄した。

> ⚠ **合否を分けるチェックポイント①** ▶ 南インドの諸王朝
>
> ・**チョーラ朝**…南インドの**ドラヴィダ系**王朝，**シュリーヴィジャヤ**に遠征
> ・**パーンディヤ朝**…インド最南端の**ドラヴィダ系**王朝，**マウリヤ朝**に対抗
> ・**チャールキヤ朝**…デカン高原の**ドラヴィダ系**王朝，**グプタ文化**を導入

④ d…バクティ運動は，クシャーナ朝（1～3世紀）滅亡後の7世紀に南インド
から広まった宗教運動。シヴァ神やヴィシュヌ神などヒンドゥー教最高神への**絶
対的帰依**を通じて魂の救済（解脱）をめざした。ヘレニズム彫刻の造形思想の影
響を受けた仏教美術であるガンダーラ美術とほぼ同時期に，マトゥラーでは**イン
ド的な仏像**の制作が始まっていた。

⑤ c…ナーランダー僧院は，グプタ朝のクマーラグプタ1世の時代に創建された
仏教寺院。仏教教学の中心となり，唐僧の**玄奘**や**義浄**が学んだ。

合否を分けるチェックポイント② ▶ インドの代表的な石窟寺院

- **アジャンター石窟寺院**…**グプタ美術**（純インド的仏教美術）の壁画で有名
- **エローラ石窟寺院**…**仏教・ヒンドゥー教・ジャイナ教**の壁画や彫刻で有名

2 問1 ①－**銅鼓**，②－**サーフィン**…銅鼓は**ドンソン文化**を象徴する遺物で，上部や側面に船や人物などさまざまな文様が刻まれた青銅製の祭器。ドンソン文化は**青銅器・鉄器文化**で，これと同時期に**ベトナム中南部の海岸地帯**では漁労民を中心に**サーフィン文化**が発達した。

③－**扶南**…1世紀頃に**クメール人かマレー人**がメコン川下流域のデルタ地帯に建設した港市国家。**熱帯モンスーン（季節風）**を利用した貿易で繁栄した外港**オケオ**からは，五賢帝時代の**ローマ金貨**などが出土している。その後，メコン川流域には扶南から独立した**真臘**（6～15世紀）が勢力を拡大し，9世紀には**アンコール朝**（～15世紀）が成立した。

 合否を分けるチェックポイント③ ▶ 東南アジアで問われる国王

スールヤヴァルマン2世…アンコール朝の王，**アンコール＝ワット**を造営
ジャヤヴァルマン7世…アンコール朝の王，**アンコール＝トム**を造営
ラームカムヘーン…スコータイ朝の王，**タイ文字**の創始，**上座部仏教**の国教化

④－**チャンパー**…2世紀末に**後漢**から独立した**チャム人**がベトナム中部に建設した王国。中国では「**林邑**（後漢～唐初）」「**環王**（8世紀頃）」「**占城**（唐末～明）」などの名で呼ばれた。

⑤－**ドヴァーラヴァティー**…モン人が6世紀にチャオプラヤ（メナム）川下流域に建設した国家。11世紀にカンボジアの**アンコール朝**に滅ぼされ，その後は中国雲南地方から南下した**タイ人**によって13世紀以降，**スコータイ朝**（13～15世紀），**アユタヤ朝**（14～18世紀），**ラタナコーシン朝**（18世紀～現在）が建てられた。

問2 （ア）**ドンソン文化**…問1①の解説参照。

（イ）**港市国家**…中継港や物産の集散地として海岸や河川の交易ルート沿いに発達した国家で，中核となる都市を中心に港市国家群を形成した。インドシナ半島東南部の**扶南**（1～7世紀）や**チャンパー**（2～17世紀），スマトラ島の**シュリーヴィジャヤ王国**（7～14世紀），タイの**アユタヤ朝**，マレー半島の**マラッカ王国**（14～16世紀）などがその代表。

（ウ）**パレンバン**…「7世紀にスマトラ島東南部を中心に建てられた国」とは，マレー人の**シュリーヴィジャヤ王国**。パレンバンはその中心都市であったが，11世紀にチョーラ朝の攻撃を受けて衰退すると，中心は北方のジャンビに移った。

（エ）**プランバナン寺院群**…**古マタラム国（マタラム朝）**がジャワ島中部に建設したヒンドゥー教寺院群。「大乗仏教を保護するこの王朝」とは**シャイレンドラ朝**（8～9世紀）のことで，ジャワ島中部に石造仏塔の**ボロブドゥール**を造営した。

1 問1 ⑦　問2 ④　問3 ⑦　問4 ⑦　問5 ④
2 問1 イ　問2 ロ　問3 ニ　問4 宦官　問5 ロ　問6 曹丕

解説

1 問1　⑦…周口店からは現生人類（新人）である周口店上洞人のほか，北京原人の化石も発掘されている。④・⑦・エ－乾燥地帯である黄河流域では，アワやキビなどの雑穀が栽培され，その中流域（河南省付近）に彩陶を用いた仰韶文化が，下流域（山東省付近）には黒陶を用いた竜山文化が成立。稲（コメ）を中心とした農耕が始まったのは長江流域で，その下流域（浙江省付近）には良渚文化が，上流域（四川省付近）では目の突出した独特な青銅仮面で知られる三星堆文化が発達した。

⚠ 合否を分けるチェックポイント①　黄河文明や長江文明の遺跡

半坡…陝西省にある**仰韶文化**の代表的な遺跡
姜寨…陝西省にある**仰韶文化**の代表的な遺跡
河姆渡…浙江省にある長江文明の代表的な遺跡
三星堆…四川省にある長江文明（**三星堆文化**）の代表的な遺跡

問2　④…a－漢字の原型とされる甲骨文字は，占いの記録に用いたことから卜辞とも呼ばれる。20世紀初めに王国維らの研究によって解読が進んだ。また殷や周の時代に青銅器に記された文字は金文と呼ばれる。b－鉄製農具が普及するのは春秋時代末期から戦国時代。中国の鉄は鍛鉄ではなく鋳鉄のためもろく，武器には適さなかった。

問3　⑦…周の封建制は血縁に基づく主従関係を基礎とし，宗法によって宗族（父系の親族集団）の維持が図られた。血縁関係はそれ自体で絶対的な上下関係を規定することから，西欧の封建制に見られる「契約」の観念は存在しない。ア－殷の紂王（「酒池肉林」の逸話で有名）を倒した周の武王による政権交代は，禅譲ではなく放伐。イ－鎬京は現在の西安（旧長安）付近にあった都。エ－郡国制は，前漢の高祖が導入した郡県制（直轄地）と封建制（直轄地以外）を併用する制度。

⚠ 合否を分けるチェックポイント②　易姓革命の関連用語

天子…天命を受けて天に代わって民を治める有徳者（**周代**に生まれた呼称）
禅譲…平和的な政権移譲
放伐…武力を用いた政権交代

問4 ㋕…すべて正文。春秋の五覇には諸説あるが，斉の桓公，晋の文公，楚の荘王，呉の闔閭（または子の夫差），越の勾践が有名。前403年に晋が韓・魏・趙に分裂した出来事をもって戦国時代の始まりとする時代区分は，司馬光（北宋）の『資治通鑑』による。戦国時代には青銅貨幣が鋳造され，戦国の七雄のうち，燕・斉では刀銭が，韓・魏・趙では布銭（農具の形）が，楚では蟻鼻銭（子安貝の形）が，最も西方にあった秦では円銭（環銭）が流通し，斉の臨淄や趙の邯鄲などの都市が発達。臨淄には諸子百家が集い，経済・文化の中心地として繁栄した。

2 問1 イ…郡県制は，戦国時代に秦王の孝公が法家の商鞅を登用して実施した変法において導入され，秦の強国化と中国統一に道を開いた。秦の始皇帝によって中国全土に施行されて以後は歴代王朝に採用され，隋・唐代には州県制として継承された。

問2 ロ…武帝は，李広利を大宛（フェルガナ）に遠征させ，名馬として知られる汗血馬を獲得した。武帝は，シル川西方でアラル海に注ぐアム川上流域にあった大月氏や，天山山脈北方のイリ地方を支配する烏孫にも張騫を派遣して対匈奴戦に備え，匈奴の討伐後は中国本土と西域を結ぶ河西回廊に敦煌郡（最西端の郡）など河西4郡を配置した。武帝が置いた郡のうち，最南端に置かれたのは南海9郡の一つでベトナム中部のフエ付近にあった日南郡。ベトナム北部のハノイ付近に置かれた交趾郡では，後漢の光武帝時代に徴姉妹の反乱（40〜43）が起こった。

◆ 合否を分けるチェックポイント③ ▶ 漢と匈奴

平城の戦い（前200）…高祖が冒頓単于（匈奴の全盛期）に敗北
武帝の討伐（前2世紀）…衛青と霍去病を匈奴討伐に派遣，河西4郡を設置
匈奴の東西分裂（前1世紀）
• 東匈奴（呼韓邪単于が前漢に服属，王昭君が単于に嫁ぐ），西匈奴（滅亡）
東匈奴の南北分裂（後1世紀）
• 南匈奴（後漢に服属），北匈奴（西方に移動，フン人の起源とされる）

問3 ニ（限田法）…限田法は，前1世紀末に前漢の哀帝が制定した大土地私有を制限する法。地方豪族などの反対で実施されずに終わった。武帝の経済政策のうち，均輸法は特産物を税として強制納入させ不足地に転売する物価調整策，平準法は物価低落時に物産を大量に購入し高騰時に売却する物価安定策である。

問4 宦官…後宮に仕える去勢された男子のこと。後漢で起こった党錮の禁（166・169）は宦官が外戚と結んで官僚を弾圧した事件として有名。有名な宦官には，製紙法を改良した後漢の蔡倫，明代の鄭和（永楽帝に仕えた宦官）や魏忠賢（万暦帝の時代に非東林党と結んで東林党を弾圧）などがいる。

問5 ロ…朱全忠ではなく，同じく塩の密売商人であった王仙芝に呼応して黄巣が反乱を起こした。

問6 曹丕…曹操の子，後漢の献帝からの禅譲を受けて220年に魏を創始。

問題：本冊 p.24

1 (1) b (2) c (3) a (4) d (5) d (6) b
(7) d (8) a (9) a
2 (1) ウ (2) イ (3) ア (4) エ (5) ア
(6) ウ (7) ウ (8) ア (9) イ

解説

1 (1) b…呉は 280 年に魏ではなく西晋に滅ぼされた。
(2) c…土断法は東晋で創始され南朝に継承された制度。五胡十六国の混乱を逃れて来た**華北からの移住者**を戸籍に登録し，**江南開発の労働力**として徴用した。
(3) a（**永嘉の乱**）… 匈奴の **劉聡** が西晋を滅ぼした兵乱（311～316）。劉聡は西晋の皇族が起こした**八王の乱**に乗じて漢を建国した **劉淵** の子で，洛陽を占領して懐帝を捕虜とし，316 年には長安に逃れた愍帝を降して西晋を滅ぼした。
(4) d（**山西省大同市**）…北魏の都であった**平城**郊外に**文成帝**によって開削されたのが，石仏で名高い**雲崗石窟寺院**。遼 が 936 年に後晋から奪った**燕雲十六州**に含まれる**雲州**もこの地域に相当する（燕州は北京付近）。北魏は**孝文帝**の時代に都を洛陽に移し，その郊外に **竜門石窟寺院** を開削した。
(5) d…**北周**が隋に代わる前，すでに北周は北斉を併合していた。
(6) b（**玄奘**）…**法相宗**とは，玄奘がインドから伝えた唯識説（宇宙間に存在するすべてのものは純粋な精神作用に他ならないとする説）を弟子が継承して大成した中国仏教の一つ。玄奘は長安に**大雁塔**を建立して仏典の保存につとめ，唐の太宗への報告書として『**大唐西域記**』を残した。智顗は陳末隋初に活躍した仏僧で，**天台宗**を開いた。

> ⚑ **合否を分けるチェックポイント①** ▶ **五胡十六国で活躍した西域僧**
>
> **仏図澄**（**?～348**）…**亀茲**出身。**洛陽**に入り，後趙で重用。仏寺を多数建立
> **鳩摩羅什**（**344～413**）…**亀茲**出身。後秦の**長安**に迎えられ，**仏典漢訳**に貢献

(7) d（**竜門**）…(4) の解説参照。莫高窟は**敦煌**にある石窟寺院。礫岩に緻密な仏像や説話図などが見られることから「**砂漠の大画廊**」と呼ばれる。
(8) a（**王重陽**）…**全真教**は，道教に儒教や仏教を取り入れ，三教の調和を図った道教の一派。禅宗的性格などが特色で，金統治下の**華北**で流行した。一方の**江南**では，五斗米道の後身で張陵の子孫が創始した**正一教**が流行し，江西省の**竜虎山**を本拠とした。
(9) a（**王羲之**）…王羲之は東晋の書家。代表作は「**蘭亭序**」で，これを愛好した**唐の太宗**が没後に一緒に埋葬させた。呉道元（画家）と顔真卿（書家）は唐の玄宗の時代に活躍。顧愷之は画聖と称された東晋の画家。

合否を分けるチェックポイント②　　道教の源流となった民間信仰

太平道…後漢末に **張 角** が創始。**黄巾の乱**の中心
五斗米道…後漢末に張陵が創始。**天師道**とも呼ばれる

2 (1) ウ…太宗の治世は「貞 観の治」，玄宗の治世前期が「開元の治」である。
玄宗時代には，遣唐使として入唐，中国で **朝 衡** の名で呼ばれた **阿倍仲麻呂** が
活躍。

(2) イ（陳）…陳は陳覇先（梁の武将）が建てた南朝最後の王朝。

(3) ア…**開皇律 令** を制定（581）して律令国家体制を整備した隋の楊堅（文帝）は，
598 年に **九 品 中 正** を廃止し，**能力主義（学科試験）に基づく男子限定の官吏登
用法である科挙**を創始した。これを継承した唐代には科目も整備され，詩賦を重
視する **進士科** などが置かれた。「殿試の導入」は北宋の太祖。「里甲制の実施」は
明の洪武帝。「市舶司の設置」はその最初が唐の玄宗で，**広州** に置かれた。

(4) エ（府兵制）…均田農民から徴兵する兵制で，**兵役中は租 調 庸を免除**された。
唐では各地の **折 衝 府** で徴兵と訓練が行われ，農民を衛士（都に配置）や防人（辺
境に配置）とした。均田制は北魏で創始された土地制度で，北魏では丁男だけで
なく妻・奴婢・耕牛にも給田されるなど，**豪族に有利**であった。屯田制は魏（三
国時代）で，占田・課田法は西晋で始まった土地制度。

(5) ア（門下省）…**詔 勅** の草案をあらかじめ審議できることから，**門閥貴族の
牙城**となった。詔勅は，**中書省**（詔勅の草案起草）→**門下省**（詔勅の審議）→
尚 書 省（詔勅の施行）の順で送られ，尚書省付属の**六部**（吏部など）で実施さ
れた。また官吏の監察機関として**御史台**が置かれた。

(6) ウ…a －『五 経 大全』ではなく『五 経 正 義』。唐の太宗の勅命を受けた**孔穎達**が，
五経の誤字・脱落を修正した**顔師古**（孔穎達の師）の定本を基礎に編纂した注釈
書。『五経大全』は，明の永楽帝の勅命で編纂された朱子学的解釈に基づく注釈書。
b －古文とは格調高い**漢代の文章**を指し，六朝の**四六駢儷体**を批判した **柳 宗元**
は，儒教を尊び仏教や道教を排撃したことで知られる**韓愈**とともにその復興を唱
えた。韓愈と柳宗元は**唐宋八大家**（ほかに欧陽 脩，蘇軾〔「赤壁の賦」を残す〕，
蘇轍，曾鞏，蘇洵，王安石）に数えられる。

(7) ウ（高句麗）…渤海の都の**上 京 竜 泉 府**は，唐の長安にならい**都 城 制**によっ
て建設された。この渤海の繁栄ぶりは「海東の盛国」と呼ばれた。

(8) ア…玄宗の即位（712 年）─安史の乱の勃発（755 年）─両税法の採用（780 年）。
安史の乱を起こした**安禄山**は，洛陽を占領して**大燕皇帝**と称した。徳宗の宰相で
あった**楊炎**が導入した両税法は，現住地で所有する土地などの資産に応じて夏秋
二回で徴税する累進的課税制度。**夏に麦を秋に米を収穫する二毛作**が普及したこ
とが夏と秋での徴税を可能にした。

(9) イ（塩）…**黄巣の乱**は，山東から始まって四川以外の中国全土に広がったが，
華中・華南に反乱が及んだ結果，**唐の国家財政の中心である江南地方が荒廃**し，
唐の滅亡は決定的となった。

1 (1) c　(2) a　(3) a　(4) d　(5) b　(6) c
　問A　史思明　　問B　黄巣　　問C　靖康
2 問1　エ　　問2　ア　　問3　ア　　問4　エ　　問5　ウ

解説

1 (1) c…五代（後梁→後唐→後晋→後漢→後周）のうち，洛陽に都を置いたのは**後唐**で，ほかはすべて**汴州**（開封）。**大運河**の結節点にあたる開封は北宋の都として発展し，**張択端**はその繁栄ぶりを「**清明上河図**」に描いた。また後唐・後晋・後漢の3王朝は**漢族ではなく突厥系**の王朝。

(2) a…北宋は節度使を廃止し，中央（都周辺）に皇帝直属の**禁軍**を配置して皇帝への兵権集中を図った。地方には農民からなる**廂軍**が置かれた。北宋では，科挙は**州試（解試）→省試→殿試**の三段階選抜となった。五代の周辺に成立した**十国**のうち，北漢以外に重要なものとして，金陵（南京）を都に一時江南の大半を支配した**南唐**や，杭州周辺を支配して平安時代の日本と通交した**呉越**がある。

(3) a（形勢戸）…形勢戸は，**佃戸**（小作人）を使役して荘園を経営する新興地主層。科挙受験者の母体となり，合格して官僚を出した家は**官戸**と呼ばれ，**官僚一代に限り免役特権**が与えられた。**客家**は華北から華中・華南（広東，広西，江西，福建など）の山間部などに移り住んだ人々の集団。部曲は地方豪族の私有民。

(4) d…広州湾を清から**租借**したのは，イギリスではなくフランス。

(5) b…宋（北宋）は燕雲十六州の奪回に失敗した結果，1004年に遼との間で**澶淵の盟**を結んだ。この時の宋の皇帝は**真宗**，遼は**聖宗**である。宋を兄，遼を弟とする**兄弟関係**に基づく和議であり，宋は毎年銀（10万両）と絹（20万匹）を歳賜として遼に贈った。遼は，燕雲十六州に居住する農耕民に対しては**南面官**を置いて**州県制**で統治し，契丹人を含む遊牧民に対しては**北面官**を置いて**部族制**で統治した。1044年に西夏との間で結ばれた**慶暦の和約**では，宋を主君，西夏を臣下とする**君臣関係**が結ばれ，宋は毎年銀と絹に加えて**茶**を西夏に贈った。

> 💡 **合否を分けるチェックポイント①** ▶ 契丹文字・西夏文字・女真文字
>
> **契丹文字**…**漢字**を母体に大字を，**ウイグル文字**を母体に小字を作成
> **西夏文字**…**漢字**を母体とした表意文字。西域では仏典の翻訳に多用される
> **女真文字**…**漢字**を母体に大字を，**契丹文字**を母体に小字を作成

(6) c…サーマーン朝ではなくカラハン朝。サーマーン朝はイラン系。

問A　**史思明**…安禄山と史思明はともに**ソグド系**の軍人。安禄山を殺した安慶緒（安禄山の子）を排除して大燕皇帝を称したが，子の**史朝義**に殺された。

問B　**黄巣**…「**中国史②**」の解説参照。

問C　**靖康**…靖康の変を免れた**高宗**（徽宗の子）が，現在の杭州にあたる**臨安**を

都に宋（南宋）を再建し，華北を支配した金（都は燕京〔中都〕）と対峙した。1142 年の金との和議では秦嶺山脈と淮河を国境としたが，**金を主君，宋を臣下**とする屈辱的なものとなり，毎年銀（25 万両），絹（25 万匹）を歳貢として贈った。

2 問1　エ…モンケ＝ハンはチンギス＝ハンの末子トゥルイの子。また西夏はチンギス＝ハンの遠征軍の攻撃で 1227 年に滅んだ。モンゴル帝国の系図は，チンギス＝ハンから孫の代までが頻出。子・兄弟・従兄弟・甥などの続柄に注意。

問2　ア（ウルス）…モンゴル語で「独立の統治者の下に終結した人間集団」を指し，「国家」の意味で使用。中国を征服した元は**大元ウルス**と呼ばれる。元の統治下ではモンゴル人・色目人・漢人・南人の区別があるが，最下層の**南人にも科挙復活後に受験枠が設けられる**など，その差別は徹底したものではなかった。なお**客家**はその居住地から南人に分類された。

問3　ア…イブン＝バットゥータが元の都である**大都（カンバリク）**を訪れたとされるのは 14 世紀前半で，フビライ＝ハン（位 1260 〜 94）が死去したのちのこと。パスパ文字はモンゴルの支配領域にあるすべての言語を表記する共通文字として考案され，**チベット文字**を母体に 1269 年に制定された。公文書に用いられたが普及せず，一般には**モンゴル文字**や**ウイグル文字**が使用された。

問4　エ…オゴタイ＝ハンではなくモンケ＝ハン。

 合否を分けるチェックポイント②　　モンゴルを訪れた歴史上の人々

プラノ＝カルピニ※…教皇**インノケンティウス 4 世**の使節。陸路を利用
ルブルック※…フランス王**ルイ 9 世**が十字軍との共闘を探るために派遣
マルコ＝ポーロ…**泉州**から船で出発し，**ホルムズ**から上陸して陸路帰国
モンテ＝コルヴィノ※…中国最初のカトリック布教者で，大都の大司教
イブン＝バットゥータ…モロッコの**タンジール**出身。『**三大陸周遊記**』を残す
マリニョーリ※…教皇使節として 1342 年に大都に到着。体験記を残す

※は**フランチェスコ派修道士**

問5　ウ（泉州）…マルコ＝ポーロの『東方見聞録（世界の記述）』の中で「**世界第一の貿易港**」と記されている。**杭州**も「キンザイ」の名で紹介され，「**世界第一の都市**」と評された。元の統治下では，**済州河**などの**新運河**が開削され，長江下流域から山東半島を回って大都に至る**海運**も発達した。また大都を中心に各地を結ぶ**ジャムチ**も整備され，陸路・海路ともに交易が盛んとなった。

合否を分けるチェックポイント③　　モンゴル帝国を構成する諸ハン国

チャガタイ＝ハン国…中央アジア（都は**アルマリク**）。ハイドゥの乱を起こす
キプチャク＝ハン国…南ロシア（都は**サライ**）。ハイドゥの乱を起こす
イル＝ハン国…イラン地方（都は**タブリーズ**）。フビライ＝ハンを支持

問題：本冊 p.28

1 A　［イ］-白蓮　　［ロ］-中書省　　［ハ］-丞相　　［ニ］-里甲制
　　　　［ホ］-倭寇　　　［ヘ］-公所　　　［ト］-正統　　　［チ］-八旗
　　　　［リ］-チャハル　［ヌ］-張居正　　［ル］-緑営
　　B　問1　a　　問2　d　　問3　賦役黄冊　　問4　六諭
　　　　問5　靖難の役　　問6　海禁　　問7　c　　問8　郷紳　　問9　a
　　　　問10　c　　問11　軍機処　　問12　a　　問13　文字の獄

解説

1 A　［イ］-白蓮…紅巾の乱の首謀者は**韓林児**。白蓮教が説く弥勒仏による貧
　民救済（**弥勒下生信仰**）は歴代王朝に危険視され，邪教として禁圧されていた。
［ロ］-中書省，［ハ］-丞相…**洪武帝**は 1380 年に中書省と丞相を廃止して**六部**
　を皇帝直属とし，さらに**五軍都督府**（軍事：5 つの管轄領域の長は「**都督**」）や
　都察院（監察）も皇帝直属とした。皇帝中心の独裁体制は地方にも及び，皇帝の
　直轄下に**布政使**（行政）・**都指揮使**（軍事）・**按察使**（監察）が置かれた。
［ニ］-里甲制…洪武帝は農民を**民戸**（税負担）や**軍戸**（兵役負担）などに分けたが，
　里甲制は民戸 110 戸を 1 里とし，毎年交代で選ばれる**里長**（1 名）と甲首（10 名）
　に**賦役黄冊**の作成や徴税・治安維持を担当させる村落制度。軍戸には**衛所制**（全
　国に 300 カ所以上ある衛所で軍隊を編成）が導入された。
［ホ］-倭寇…元末明初の倭寇は**前期倭寇**と呼ばれ，日本人の海賊を中心とした。永
　楽帝は倭寇対策を条件に日本の**室町幕府**との間で**勘合貿易**を許し，15 世紀初め
　に明は**足利義満**を「日本国王」に冊封した。16 世紀の後期倭寇（南倭の倭寇）
　は中国人を主体とし，**王直**（日本の五島列島が拠点）や**鄭芝竜**（鄭成功の父）
　が活躍した。
［ヘ］-公所…明代には安徽出身の**徽州（新安）商人**や山西出身の**山西商人**などの
　客商が活躍。大都市に同業や同郷の者の互助施設として**会館**や**公所**を置いた。
［ト］-正統…北虜の背景には**朝貢体制への不満**があり，1550 年には韃靼（タタール）
　の**アルタン＝ハン**が北京を包囲する**庚戌の変**も起こった。
［チ］-八旗，［リ］-チャハル…ヌルハチは**満州八旗**を，太宗ホンタイジは**蒙古八
　旗**と**漢軍八旗**を編制した。順治帝の時代には旧明軍を再編制した**緑営**が創設さ
　れ，治安維持にあたった。太宗ホンタイジは，**チャハル**を征服した際に元の印璽
　を手に入れ大ハンの位を継承したことから，「満」「蒙」「漢」の支配者として皇
　帝に即位し，1636 年に国号を清と改めた。
［ヌ］-張居正…張居正が実施した中央政府による厳しい統制は**顧憲成**など地方出
　身官僚の反発をまねいた。この顧憲成が官職を辞して故郷の**無錫**に再興したの
　が**東林書院**で，これを基盤に**東林党**が形成された。
［ル］-緑営…［チ］の解説参照。
B　問1　a（**応天府**）…洪武帝は明の建国時に**金陵**と呼ばれていた現在の南京

を都とし，応天府と改称。永楽帝による北京遷都後に**南京**と改称された。

問2 d（**両税法**）…明代以降の税制の流れは，両税法→一条鞭法→地丁銀の順。

問3 賦役黄冊…里甲制の下で 10 年ごとに改定された。魚鱗図冊は土地台帳。

問4 六諭…「**孝順父母**」や「**尊敬長上**」など 6 つの儒教道徳の総称。19 世紀末に制定された日本の教育勅語に影響を与えた。

問5 靖難の役…燕王**朱棣**は，建文帝に仕えた方孝孺らの実施した諸王勢力の抑圧策に反発して 1399 年に反乱を起こし，1402 年に帝位を奪って**永楽帝**として即位した。永楽帝は宦官の**鄭和**に命じて南海諸国遠征を行わせたが，その目的は**朝貢の促進と南海物産（東南アジアの香料など）の獲得**にあった。

問6 海禁…明は後期倭寇をほぼ鎮圧すると，1567 年に**海禁**を緩和した。15 世紀初めに**中山王**の**尚巴志**が統一した**琉球王国**（都は**首里**）は，明に最多の朝貢回数を誇り，外港の**那覇**を基点に中国物産を東アジア各地に運ぶ中継貿易で繁栄したが，明の海禁緩和とともにその優位は失われ，1609 年には**薩摩藩**の島津氏に征服されて**両属体制**となった。その後，清の康熙帝は反清復明を唱える鄭氏台湾を孤立させるため，1661 年の**遷界令**で海禁を強化し，台湾平定後の 1684 年に解除したが，乾隆帝は貿易統制を強化し，1757 年にヨーロッパとの貿易を**広州一港**に制限した。

問7 c（**ベトナム**）…ベトナムは**陳朝**滅亡後の 15 世紀初めに明の永楽帝の進出と支配を受けたが，永楽帝の死後**黎利**が自立し，ハノイを都に**黎朝**を再興した。

問8 郷紳…地主や大商人の出身者が多く，地方社会で政治的影響力を有した。

問9 a（**斉民要術**）…北魏の賈思勰が華北の乾地農法を体系的に論じた現存する中国最古の農業書。酈道元の『**水経注**』（地理書）が著されたのも北魏の時代。

合否を分けるチェックポイント ▶ 明代の実学書

『**天工開物**』…**宋応星**が著した産業技術の図解説明書
『**農政全書**』…**徐光啓**が著した農政・農業関係の総合書
『**本草綱目**』…**李時珍**が著した薬物に関する総合書
『**崇禎暦書**』…**徐光啓**と**アダム＝シャール**が著した西洋暦法に基づく暦法書

問10 c（**ネルチンスク条約**）…モンゴル系の**ジュンガル**とロシアの接近を阻止するために結ばれた，ロシア皇帝ピョートル 1 世との国境条約。**イエズス会士**が仲介を務め，**アルグン川**と**外興安嶺（スタノヴォイ山脈）**で国境を定めた。

問11 軍機処…ジュンガル遠征時の軍事機密保護のために設置。1911 年の**責任内閣制**導入まで事実上の最高機関（内閣）として機能した。

問12 a（**四庫全書**）…乾隆帝の時代に編纂された一大叢書。古今の書物を集めて分類したもので，その実は反清思想につながる書籍の摘発にあった。先代の雍正帝の時代には，中国最大の百科事典（類書）である『**古今図書集成**』が完成し，清（満州人）の中国支配を正統化した『**大義覚迷録**』も著された。

問13 文字の獄…禁書と同じく，反満・反清思想を弾圧する**清の威圧策**の一つ。

1 　[1] − ネ　[2] − サ　[3] − ソ　[4] − ク　[5] − カ
　　[6] − ニ　[7] − ノ　[8] − ヒ

2 　[1] − 03　[2] − 05　[3] − 14　[4] − 16

3 　① d　　② a　　③ c

解説

1 　[1] − ネ（**武帝**），[2] − サ（**楽浪**）…前漢の
　　武帝が設けた**朝鮮4郡**の中心は，**平壌**付近
　に置かれた楽浪郡。後漢末には**公孫氏**（遼東
　半島の豪族）が楽浪郡の南方を割いて**帯方郡**を
　設置したが，ともに313年に**高句麗**によって滅
　ぼされた。

[3] − ソ（**高句麗**），[4] − ク（**広開土王〔好太王〕碑**）
　…高句麗は前1世紀に中国東北地方にツングー
　ス系の**貊族**が建てた国で，初期の都は鴨緑江
　中流域の北岸に位置する**丸都城（国内城）**。現
　在の**中国吉林省**集安にあたり，**長寿王**が父王
　の**広開土王（好太王）**の業績を称えて建立した
　広開土王碑の所在地でもある。高句麗の最盛期は4世紀から5世紀の広開土王と
　長寿王の時代で，長寿王は都を丸都城から**平壌**に遷都した。三国時代に入っても
　高句麗の強勢は続き，**百済**や**新羅**に対抗しつつ，7世紀前半には隋の**煬帝**や唐
　の**太宗**の遠征軍を撃退した。

[5] − カ（**百済**），[6] − ニ（**三国時代**），[7] − ノ（**唐**）…4世紀には朝鮮半島南西
　部の馬韓を統合して**百済**が，南東部の辰韓を統合して**新羅**がそれぞれ成立。馬韓
　と辰韓の中間にあった弁韓は，その後も**加羅**などと呼ばれて分裂が続いたが，そ
　のうちの**任那**には日本の朝鮮進出の拠点となる**日本府**が置かれた。新羅は6世紀
　後半に加羅を征服すると，7世紀後半には唐（**高宗**の時代）と連合して**660年**に
　百済を滅ぼし，**663年**には**白村江の戦い**で百済復興を支援する日本水軍を破った。
　さらに**668年**には高句麗を滅ぼして三国時代を終わらせたが，その後は**安東都
　護府**を平壌から遼陽に移転させるなど唐の勢力排除につとめ，**676年**に朝鮮半
　島をほぼ統一することに成功した。

[8] − ヒ（**開城**）…新羅の武将であった**王建**が918年に建国した高麗の都。高麗は
　新羅末期の混乱（新羅・高麗・後百済の三国時代）を平定し，936年に朝鮮半島
　の統一を達成した。高麗では**高麗版大蔵経**が**木版印刷**で刊行されるなど仏教信
　仰が盛んで，**世界最古の金属活字印刷**が始まり，**高麗青磁**も生産された。

2 　[1] − 03（**燕**）…問題文中の「前2世紀の朝鮮半島」に成立した国家とは，**衛**

氏朝鮮のこと。燕の武将であった衛満は，前2世紀初めに殷の王族が創始したとされる箕子朝鮮を滅ぼして衛氏朝鮮を建国した。

[2]-05（丸都城）…**1**[3][4]の解説参照。

[3]-14（石窟庵）…新羅の都の慶州郊外に8世紀半ばに開削された石窟寺院。同時期に建立された仏国寺とともに新羅の仏教文化を象徴する建造物である。次の高麗でも仏教は保護されたが，1392年に李成桂によって建国された朝鮮国（李朝）では，明の諸制度にならって朱子学を官学化したことから仏教は抑圧され，太宗や世宗の時代には仏教寺院の数が削減された。

> **合否を分けるチェックポイント①**　　骨品制と両班
>
> **骨品制**…**新羅**で採用された特権的身分制度，出身氏族で身分を5段階に区分
> **両班**　…**高麗**で生まれ**朝鮮国**で完成した文武からなる特権的官僚階級

[4]-16（測雨計）…難問。問題文中の第四代国王とは世宗のことで，その治世では世界初の測雨計がつくられたほか，北方の鴨緑江方面にも領土を拡大し，1446年には音標文字である訓民正音（ハングル）が制定された。訓民正音は当初は知識人には普及せず，中国王朝との関係から公文書には漢字が使用され，1485年に世祖が制定した基本法典『経国大典』も漢文で編纂された。

> **合否を分けるチェックポイント②**　　朝鮮史で差がつく諸事件
>
> **三別抄の乱**（1270～73）…**モンゴル**に対する**高麗軍**の反乱（**済州島**が拠点）
> **壬辰・丁酉の倭乱**（1592～93，97～98）
> 　…豊臣秀吉の朝鮮出兵（日本での呼称は**文禄・慶長の役**）

3　① 　d…吐谷渾に滅ぼされたのではなく，吐谷渾が吐蕃に討たれて滅亡に追い込まれた。吐谷渾は鮮卑系の集団が先住のチベット系民族を支配して青海付近に建てたとされる王国。ラサを都に吐蕃を建てたソンツェン＝ガンポは，インドのグプタ文字を原型にチベット文字を作成させる一方，唐の太宗との和議を通じてソンツェン＝ガンポに降嫁した文成公主を介し，唐の文物を導入した。

② 　a…西突厥ではなく東突厥。西突厥は唐の攻撃を受けて7世紀後半に滅亡した。ウイグルは，東突厥を滅ぼして8世紀から9世紀のモンゴル高原を支配したトルコ系遊牧民。イラン系のソグド人を介してマニ教を受容し，ウイグル文字（ソグド文字が母体，契丹文字やモンゴル文字に影響）を考案した。9世紀に同じトルコ系のキルギスに滅ぼされたのち，ウイグルの一部は中央アジアのタリム盆地に移動。サーマーン朝との接触を通じてイスラーム教を受容し，10世紀に史上初のトルコ系イスラーム王朝であるカラハン朝を成立させたといわれる。

③ 　c…エセン＝ハンではなくアルタン＝ハン。14世紀にツォンカパが開いたチベット仏教の黄帽派（ゲルク派）の指導者に対して，アルタン＝ハンは「ダライ＝ラマ」（「大きな海」の意味）の称号を与えた。

10 イスラーム世界の成立と発展

問題：本冊 p.32

1 問1 d　　問2 c　　問3 b　　問4 a　　問5 c
　　問6 a　　問7 b　　問8 c　　問9 b　　問10 c
　　問11 c　　問12 a　　問13 b　　問14 d　　問15 a
　　問16 b　　問17 c　　問18 a　　問19 c

解説 **1** 問1　d…『エリュトゥラー海案内記』は1世紀にエジプト在住のギリシア人が著した文献。季節風貿易の記録であり，ギリシア語のコイネーで記された。

問2　c（1453年）…ビザンツ帝国（395～1453）の滅亡と同じ1453年，西ヨーロッパでは**英仏百年戦争**（1339～1453）が終結した。

問3　b（651年）…**ウマル**（第2代正統カリフ）は，642年の**ニハーヴァンドの戦い**に勝利してササン朝を事実上崩壊させ，**ウスマーン**（第3代正統カリフ）の時代の651年にイランを征服した。ウマルはアラブ大征服を始めたカリフで，ビザンツ帝国からは**シリアとエジプト**を奪った。

問4　a（ウズベキスタン）…ブハラはアラル海に注ぐアム川とシル川の間にある中央アジアの主要都市で，**サマルカンド**の西方に位置する。**サーマーン朝**の都であり，『医学典範』で知られる**イブン＝シーナー**の出身地として有名。

⚠ **合否を分けるチェックポイント①** ▶▶ **イスラーム文化人と諸王朝**

フワーリズミー…数学者・天文学者，**アッバース朝**で活躍
フィルドゥシー…詩人，**ガズナ朝**で活躍
ウマル＝ハイヤーム…詩人・天文学者，**セルジューク朝**で活躍
ガザーリー…神学者（神秘主義者），**セルジューク朝**で活躍
イブン＝ルシュド…コルドバ出身の医学者・哲学者，**ムワッヒド朝**で活躍
イブン＝ハルドゥーン…チュニス出身の歴史学者，**マムルーク朝**で活躍

問5　c（アラビア半島西部）…ヒジャーズ地方には第一聖都メッカと第二聖都メディナ（旧名ヤスリブ）が含まれる。アデンで陸揚げされた物産はヒジャーズ地方を経由してシリアに運ばれた。イスラーム世界では取引に**ディナール金貨**などが使用された。

問6　a（ヨルダン）…第一次世界大戦後にイギリスの委任統治領となった中東地域では，ムハンマドの子孫でハーシム家の**フセイン**（ヒジャーズ王国の建設）の第2子アブドゥッラーがヨルダンの国王となり，1946年に正式に独立した。同じくイラクもフセインの第3子ファイサルを国王に迎え，1932年に独立した。

問7　b…イスラーム教の教えでは，イエスは神ではなく預言者であり，ムハンマドは最大にして最後の預言者とされる。

問8　c…ア（663年），イ（630年），ウ（出発は671年），エ（630）。630年は**唐**では**太宗**の治世にあたる。

問9　b…聖モスク（マスジド＝ハラーム）は**カーバ神殿を囲むように**つくられた礼拝堂。カーバ神殿は聖モスクの隣に位置するのではなく，その中心にある。

問10　c（ウスマーン），問11　c（聖人），問12　a（ジハード）…『**コーラン（クルアーン）**』は大天使ガブリエルを介してムハンマドに下された神の啓示をまとめたもので，全114章からなり，ウスマーンの時代に現在の形に編纂された。ムスリムに課された**六信五行**のうち，六信とは**アッラー・天使・啓示**〔コーラン〕・**預言者・来世・天命**を信じること。五行とは**信仰告白・礼拝・断食**〔サウム〕・**喜捨**〔ザカート〕・**巡礼**〔ハッジ〕を行うことで，ジハード（聖戦）は含まれない。

問13　b（622年）…第2代正統カリフのウマルは，**ヒジュラ（聖遷）**の行われた西暦（ユリウス暦）622年7月16日を紀元元年1月1日とする**ヒジュラ暦（1年354日の太陰暦）**を制定した。

問14　d…サーマーン朝（<u>875</u>～999）−ファーティマ朝（<u>909</u>～1171）−ブワイフ朝（<u>932</u>～1062）の順。ファーティマ朝の名は，ムハンマドの娘でアリーの妻であったファーティマに由来。

📍 合否を分けるチェックポイント② ▶ シーア派の諸王朝

イドリース朝（789～985）…アリーの子孫がモロッコに創始したシーア派王朝
ファーティマ朝（909～1171）…**イスマーイール派**（シーア派の過激派）
ブワイフ朝（932～1062）…**十二イマーム派**（シーア派の穏健派）
サファヴィー朝（1501～1736）…**十二イマーム派**（シーア派の穏健派）

問15　a（ミスル）…代表的なミスルには，イラクの**クーファ**と**バスラ**，エジプトの**フスタート**（カイロの原型），チュニジアの**カイラワーン**がある。

問16　b（マフディーヤ）…消去法で解答可能。ダマスクスは**ウマイヤ朝**，バグダードは**アッバース朝**，コルドバは**後ウマイヤ朝**の都である。ダマスクスにはウマイヤ朝のワリード1世が建てた**ウマイヤ＝モスク**（現存する最古のモスク）があり，8世紀に建立された**コルドバの大モスク**はレコンキスタによっても完全には破壊されず，一部改修されてキリスト教の教会として使用された。

問17　c…シーア派ではなくスンナ派。サラディン（サラーフ＝アッディーン）は，セルジューク朝の流れをくむ**ザンギー朝**の出身。セルジューク朝の分派にはほかに，コンヤを都に小アジアを支配した**ルーム＝セルジューク朝**がある。

問18　a（ミナレット）…このミナレット（光塔）から日に5回の礼拝の時を教える**アザーン**が告げられた。ミフラーブはモスク内部の壁面につくられたくぼみ状の装飾壁で，キブラ（メッカの方向）を示すもの。

問19　c…アズハル学院は，**ファーティマ朝**がカイロに造営した**イスラーム世界最古のマドラサ**で，シーア派神学・法学の研究機関となり，シーア派官僚を各地に輩出した。これに対抗して**セルジューク朝**がバグダードなど各地に建設したのが**スンナ派神学・法学の研究機関**である**ニザーミーヤ学院**である。その後，アイユーブ朝がエジプトを支配すると，アズハル学院もスンナ派の研究機関に代わった。

1　問1 3　　問2 1　　問3 4　　問4 1　　問5 5
　　問6 4　　問7 2　　問8 5　　問9 4

解説

1　**問1**　3…建国者ティムールは，1402年のアンカラの戦いでオスマン帝国第4代スルタンのバヤジット1世を捕虜としたが，殺害はしていない。ティムールは明（永楽帝の時代）への遠征の途上，オトラルで病死した。ティムール朝は第3代君主シャー＝ルフの時代にサマルカンド（ウズベキスタン）からヘラート（アフガニスタン）に遷都して学芸を奨励する一方，明やオスマン帝国と親善関係を維持し，第4代君主ウルグ＝ベクの時代にはサマルカンドに天文台が建設されたが，ウルグ＝ベク暗殺後の内乱によってサマルカンド政権とヘラート政権に分裂し，16世紀初めまでにウズベク人によって滅ぼされた。

問2　1…イル＝ハン国に関する正誤判定問題。チンギス＝ハンの孫フラグ（モンケ＝ハン，フビライ＝ハンの弟）は1258年にアッバース朝を滅ぼしてイル＝ハン国を建てたが，イスラーム教を国教化したのは第7代君主ガザン＝ハン。フラグの死後に起こったハイドゥの乱では，元朝を支持し，キプチャク＝ハン国やチャガタイ＝ハン国と対立した。ガザン＝ハンの時代にはブワイフ朝で創始され西アジアに普及したイクター制を整備し，内政の安定を図ったほか，イラン人の宰相ラシード＝アッディーンが活躍し，モンゴル史を中心とした世界史である『集史』をペルシア語で著した。

問3　4…オスマン帝国第10代君主のスレイマン1世は，フランス王フランソワ1世の支援要請を受けてバルカン半島を北上し，1529年に第1次ウィーン包囲を行ったが，約1カ月後に自ら包囲を解いて撤退した。西欧諸国連合軍の反撃を受けて撤退したのは1683年の第2次ウィーン包囲。その他の説明文に該当する君主（スルタン）は，1（ムラト1世），2（バヤジット1世），3（メフメト2世）で，5はスレイマン1世時代のプレヴェザの海戦（1538）の説明。この戦いの勝利により，地中海全域の4分の3に及ぶ東部を支配した。

問4　1…スレイマン1世ではなくセリム1世の説明。セリム1世は1517年にエジプトのマムルーク朝を滅ぼし，ヒジャーズ地方を征服して聖都メッカ・メディナの支配権を手に入れた。その他，1514年には火砲に優れるイェニチェリ（スルタン直属の歩兵軍団）を率いてサファヴィー朝のキジルバシュ（トルコ系騎馬軍団）をチャルディラーンの戦いで破った。説明文2は1526年のモハーチの戦いに関する説明。

問5　5…ティマールは分与地の所有権ではなく徴税権のことで，イクター制と類似した制度。当初は騎士（シパーヒー）が軍事力の主力であったが，16世紀以降，イェニチェリを中心とする軍制に移行した。

問6　4…サファヴィー朝の国教はシーア派穏健派の十二イマーム派。シーア派過

激派のイスマーイール派を国教とした**ファーティマ朝**は，アフリカ東部ではなくアフリカ西部（「**マグリブ（日の没する地方）**」と呼ばれる地域）で建国された。説明文２の「ムハンマドの言行・慣行」に従う者とは**スンナ派**のことで，元来はシーア派に同調しない多数派の人々がウマイヤ朝・アッバース朝期に「スンナ」と自称するようになったことに由来。

問7　２…サファヴィー朝の最盛期を築いた**アッバース1世**は，**イギリス東インド会社**の支援を得て，1622年にスペインではなく**ポルトガル**からペルシア湾口にある交易上の重要拠点**ホルムズ島**を奪回した。アッバース1世は1597年に**イスファハーン**（「世界の半分」と称される）に遷都し，さらに火砲を装備した王直属の軍隊（銃兵隊や砲兵隊）を新設してオスマン帝国から**アゼルバイジャン**とイラクの主要都市を奪回した。

問8　５…第６代皇帝**アウラングゼーブ**は厳格なスンナ派教徒。**ジズヤ復活**など第３代皇帝**アクバル**以来の宗教融和政策を覆し，各地でヒンドゥー教徒を中心とした反ムガル反乱を招いた。その他の説明文に該当する皇帝は，１（バーブル），２・３（アクバル），４（シャー＝ジャハーン）。アクバルが導入した**マンサブダール制**では，位階ごとに維持すべき騎兵の数とそれに応じた給与が定められた。

◆ 合否を分けるチェックポイント①　≫≫　ムガル帝国から事実上独立した国々

マラーター王国…	17世紀半ばに**シヴァージー**が**デカン高原**に建国
ベンガル太守…	18世紀初めにムガル皇帝から自立し，**ベンガル地方**を支配
ニザーム王国…	1724年に**デカン高原**で独立（都ハイデラバード）
アワド王国　…	1754年に**ガンジス川中流域**で独立，**シーア派**の王国
シク王国　　…	18世紀末に**シク教徒**が**パンジャーブ地方**に建国

問9　４…初代皇帝バーブルは**トルコ語散文の傑作**とされる回想録『**バーブル＝ナーマ**』を著したが，第３代皇帝アクバルの統治の記録である**ペルシア語**（ムガル帝国の公用語）の文献『**アクバル＝ナーマ**』の著者はアブル＝ファズル。

◆ 合否を分けるチェックポイント②　≫≫　イスラーム教関連の差がつく用語

ディーワーン…	イスラーム国家において**行政事務**を取り扱う役所
シャリーア　…	『コーラン』に基づく**イスラーム法**
カーヌーン　…	君主が定める**行政法**あるいは**世俗法**
ハディース　…	ムハンマドの**言行（スンナ）**に関する**伝承**
ワジール　　…	イスラーム国家における**宰相職**の名称
カーディー　…	イスラーム世界の**裁判官**，オスマン帝国では地方行政を担当
ズィンミー　…	ジズヤの支払いで信仰の維持を約束された**異教徒**の庇護民
アター　　　…	軍人や官僚などに支払われる現金での**俸給**
イクター　　…	俸給の代わりに軍人などに与えられた**徴税権付きの分与地**

問題：本冊 p.38

1 問1 ⑥ 問2 ⑧ 問3 ③ 問4 ② 問5 ⑨ 問6 ⑤
問7 ① 問8 ④ 問9 ② 問10 ④ 問11 ④ 問12 ④
2 問1 ア 問2 ウ 問3 エ 問4 イ
3 ［イ］- b ［ロ］- a
① c ② d ③ b ④ a ⑤ d ⑥ d ⑦ c

解説

1 問1 ⑥（フランク人）…ライン川東岸からガリア北部を支配。481年に**クローヴィス**がメロヴィング朝を創始し，**496年にアタナシウス派**に改宗した。その後，宮宰職を独占したカロリング家が台頭し，宮宰**カール＝マルテル**はウマイヤ朝の遠征軍を732年の**トゥール＝ポワティエ間の戦い**で撃破した。

問2 ⑧（ブルグンド人）…ライン川上流域から移動して443年にガリア東南部に建国。「ブルゴーニュ」の地名の由来。534年にフランク王国の攻撃で滅亡。

問3 ③（東ゴート人）…原住地は黒海北岸。フン人の支配を脱してイタリアに移動。**テオドリック王**がオドアケル（476年に西ローマ最後の皇帝アウグストゥルスを廃位）を倒して493年に建国した。都は**ラヴェンナ**。

問4 ②（西ゴート人）…原住地はドナウ川下流域。フン人の圧迫を受けてドナウ川を渡河し，376年にローマ領に侵入した。

合否を分けるチェックポイント ▷▷ 西ゴート王国の歴史

- **アドリアノープルの戦い**（378）…ウァレンス帝のローマ軍を撃破
- 西ゴート王**アラリック**のローマ市略奪（410）
- ガリア南部に移動して**西ゴート王国**を建国（418）
- フランク王**クローヴィス**の侵攻を受けてイベリア半島に移動（都は**トレド**）
- ビザンツ皇帝**ユスティニアヌス大帝**の攻撃（551）→南部領土を失う
- セビリャ大司教**イシドルス**の活躍（6C〜）…『語源』を著す
- **ウマイヤ朝**の侵攻によって滅亡（711）

問5 ⑨（ヴァンダル人）…原住地はドナウ川中流域（パンノニア）。イベリア半島を経由して429年に北アフリカに建国。初代国王は**ガイセリック**。その後，455年には**ローマ市を一時占領**するなど西ローマ帝国を圧迫した。

問6 ⑤（フン人）…**北匈奴**を含むトルコ系・モンゴル系の遊牧民。最盛期はパンノニアに一大勢力を築いた**アッティラ**の時代で，451年の**カタラウヌムの戦い**で西ローマ帝国・ゲルマン連合軍に敗れたのちもしばらく強勢を維持した。

問7 ①（エグバート）…アングロ＝サクソン七王国の一つ**ウェセックス王国**の王。829年に6国を服属させ，**イングランド王国**の基礎を築いた。

問8 ④（トゥール＝ポワティエ間の戦い）…**問1**の解説参照。

問9　②（テオドリック）…**問3**の解説参照。

問10　④…この「皇帝」とは，ビザンツ帝国最盛期のユスティニアヌス大帝。

問11　④（ミラノ）…D民族とは**ランゴバルド（ロンバルド）人**のこと。ミラノはイタリア北部の**ロンバルディア地方**の中心都市で，古名は**メディオラヌム**。

問12　④（アヴァール人）…アルタイ系の遊牧民。フランク王国の**カール大帝**に敗れたのち，マジャール人やスラヴ人と混血・同化した。

2　問1　ア（トレド）…**1**　**問4**の解説参照。11世紀末以降は**カスティリャ王国**の首都となり，アラビア語文献のラテン語への**翻訳活動**の中心となった。

問2　ウ…王位に就いたのはカール＝マルテルの子の**ピピン3世**。教皇ザカリアスの後援を得てフランク王となり，751年に**カロリング朝**を創始した。

問3　エ…コルドバではなく**ピレネー地方**。カール大帝は**アーヘン宮廷**学校にイングランドの学僧**アルクイン**を招いて**ラテン語教育**に力を注いだ。その後継者アインハルトの『**カール大帝伝**』はカール大帝の事績を記録した重要史料。

問4　イ…両シチリア王国の成立は12世紀前半で，11世紀後半の神聖ローマ皇帝**ハインリヒ4世**と教皇**グレゴリウス7世**との叙任権闘争とは無関係。両者の対立は皇帝が教皇に謝罪する1077年の**カノッサの屈辱**に発展し，その後，1122年の**ヴォルムス協約**で最終的に決着した。

3　[イ]－b（リューベック），[ロ]－a（アウクスブルク）…リューベックは**バルト海**に臨む都市。北海に注ぐ**エルベ川河口**にはハンザ同盟都市の**ハンブルク**がある。アウクスブルクは銀や銅を産出するドイツ南部の主要都市。

①　c…荘園の農民には職業選択の自由や移動の自由はなかったが，**小さな家屋や農具，土地の所有**は認められていた。aは**賦役**，dは**不輸不入権**の説明。

②　d…「大開墾運動」の主体は**修道院**。11世紀末にフランスのブルゴーニュに創設された**シトー修道会**は積極的な開墾運動で知られ，**三圃制**や**重量有輪犂**などを使った新農法の普及に貢献した。

③　b…ダンツィヒはハンザ同盟都市の一つで，バルト海に面する港湾都市（現在のポーランド領**グダンスク**）。北欧商業圏で活躍した。南ドイツの銀は主に**東方（レヴァント）貿易**の対価としてイスラーム世界に輸出された。

④　a（ウルバヌス2世）…1095年の**クレルモン宗教会議**の開催中に十字軍が提唱され，**フランス諸侯**を中心とした第1回十字軍が編制された。

⑤　d…「都市の空気は自由にする」は，**都市に逃れた農民が1年と1日後に領主の支配から解放**されたことに由来するドイツの言葉。中世都市では**商人ギルド**などを中心とした**都市参事会**の下，独自の都市法が施行された。

⑥　d（リガ）…ハンザ同盟の4大在外商館は，**ロンドン（羊毛の集散地），ブリュージュ（毛織物生産の中心），ベルゲン（海産物の集散地），ノヴゴロド（毛皮の集散地）**。リガはバルト海に臨む港湾都市で，現ラトヴィアの首都。

⑦　c…職人は親方の下で修業して技術を習得すると，数年間は別の都市を遍歴して修業を積むことで親方になる資格を得ることができた。

1 [1] - 13 [2] - 67 [3] - 60 [4] - 47 [5] - 61 [6] - 07
(ア) 15 (イ) 65 (ウ) 43 (エ) 08 (オ) 14 (カ) 35
2 (1) ⑦ (2) ① (3) ⑦ (4) ① (5) ⑦ (6) ⑦ (7) ⑦

解説

1 [1] - 13（ウマイヤ），[2] - 67（レオン〔レオ〕3世）…ともに問題文中の時期「674年から718年」から解答可能。ウマイヤ朝（661～750），レオン3世（位717～741）である。レオン3世については，**聖像禁止令の発布された726年**を想起。なお聖像禁止令はビザンツ帝国でも**843年に解除**された。

[3] - 60（マケドニア）…9世紀後半にバシレイオス1世が創始し，1018年には**バシレイオス2世が第1次ブルガリア帝国を征服**して領土を拡大した。この対ブルガリア戦争に協力したキエフ公国の**ウラディミル1世**がバシレイオス2世の妹と結婚しギリシア正教に改宗したことで，**ロシアのキリスト教化**が始まった。

> **合否を分けるチェックポイント①** ▶▶ **中世東ヨーロッパの君主**
>
> ・**シメオン1世**（位893～927）…**第1次ブルガリア帝国**の最盛期の皇帝
> ・**カジミェシュ大王**（位1333～70）…ポーランド王，**クラクフ大学**創設

[4] - 47（ノミスマ）…4世紀前半にローマ皇帝**コンスタンティヌス1世**が鋳造させた**ソリドゥス金貨**のビザンツ帝国での通称。国際通貨として使用された。

[5] - 61（マラーズギルド），[6] - 07（アレクシオス1世）…1071年にセルジューク朝第2代アルプ＝アルスラーンがマラーズギルド（マンジケルト）の戦いでビザンツ帝国を破った。その後，**コンヤ**を都に**ルーム＝セルジューク朝**（1077～1308）が成立し，**小アジアのトルコ化**が始まった。ビザンツ皇帝アレクシオス1世は，ルーム＝セルジューク朝に対抗するため，教皇ウルバヌス2世に傭兵提供を要請したが，この要請が十字軍派遣の契機となった。

> **合否を分けるチェックポイント②** ▶▶ **キリスト教徒の三大巡礼地**
>
> ・**イェルサレム**…イエス殉教の地（キリスト教の**聖地**），十字軍の目的地
> ・**ローマ**　　　…サン＝ピエトロ大聖堂の所在地（**カトリックの本山**）
> ・**サンチャゴ＝デ＝コンポステラ**…聖ヤコブの墓の所在地（イベリア半島）

（ア）15（エウセビオス）…キリスト教最初の教父。エウセビオスの**神寵帝理念**はビザンツ帝国の**皇帝理念**や絶対王政期の**王権神授説**に影響を与えた。

（イ）65（ラヴェンナ）…末期の西ローマ帝国，**東ゴート王国**の都となり，東ゴート滅亡後はビザンツ帝国の**総督府**が置かれた。

（ウ）43（トレド）…ユスティニアヌス大帝は，534年に**ヴァンダル王国**を，555

年に**東ゴート王国**を滅ぼし，その間の 551 年には**西ゴート王国**から領土を奪うなど旧ローマ帝国領の回復につとめた。

（エ）08（アンティオキア），（オ）14（ウマル）…ビザンツ帝国領にある総主教座の置かれた都市は，**コンスタンティノープル・アンティオキア・イェルサレム・アレクサンドリア**の 4 つ。そのうちコンスタンティノープル以外は，7 世紀前半の**ウマル**（第 2 代正統カリフ）によるシリア・エジプト征服の際に失われた。

（カ）35（シパーヒー）…シパーヒーは**トルコ人騎士**。「**イスラーム専制帝国の繁栄**」
1 問 5 の解説参照。

2（1）㋑… 1215 年の**大憲章**（だいけんしょう）（マグナ＝カルタ）では**国王の課税に対する貴族の同意**などが確認され，国王も法に従うという「**法の支配**」が打ち立てられた。
（2）㋓…ワット＝タイラーの乱が起こったのは 1381 年で**英仏百年戦争**中のこと。ジョン王はイギリス最高の聖職者である**カンタベリ大司教**の選任問題をめぐって**教皇インノケンティウス 3 世**と争い，破門された。またフランス王**フィリップ 2 世**との**ブービーヌの戦い**（1214）に敗北したことで，**ギエンヌ地方**（ボルドーを中心とした**ブドウ酒の産地**）を除く大陸領土を失った。

> **合否を分けるチェックポイント③** ≫≫ **教皇インノケンティウス 3 世の事績**
>
> ・神聖ローマ皇帝**オットー 4 世**を破門→新皇帝**フリードリヒ 2 世**を擁立
> ・**第 4 回ラテラノ公会議**（1215）…中世最大の公会議，**ユダヤ人差別決議**
> ・**アルビジョワ派**（**カタリ派**の一派で南仏の**トゥールーズ**が拠点）の討伐

（3）㋐（ヘンリ 3 世）…**シモン＝ド＝モンフォール**は 1258 年にヘンリ 3 世に対して反乱を起こし，フランス王**ルイ 9 世**の仲裁を経て，1265 年に諮問会議の開催を承認させた。この会議が**イギリス議会の起源**となった。イギリス以外の身分制議会としては，フランスの**三部会**，スペインの**コルテス**などが重要。
（4）㋑…a－州代表として議会に進出した**騎士**は早期に地主化し，**ジェントリ**（郷紳）（きょうしん）となって**下院の有力勢力**となった。b－新たな課税については，上院下院それぞれが承認権を有した。
（5）㋐…㋑・㋒・㋓は**ルイ 9 世**に関する説明。**フィリップ 4 世**は聖職者課税問題で教皇**ボニファティウス 8 世**と対立すると，ローマ近郊で**アナーニ事件**（1303）を起こし，教皇**クレメンス 5 世**の即位時にはフランス南東部の**アヴィニョン**に教皇庁を移す「**教皇のバビロン捕囚**」（ほしゅう）（1309 〜 77）を強行するなど，フランス国内の教会組織における教皇権を制限した**ガリカニスム**の基礎をつくった。
（6）㋒（ボニファティウス 8 世）…（5）の解説参照。
（7）㋒…出来事の順は，カノッサの屈辱（1077）―ヴォルムス協約（1122）―アナーニ事件（1303）。ヴォルムス協約では，教皇が**聖職者の叙任権**を，神聖ローマ皇帝が**ドイツ領内の教会・修道院の領地承認権**を持つことで妥協が成立した。

14 ルネサンス・大航海時代・宗教改革 <small>問題：本冊 p.44</small>

---

1 問1　a－ウェルギリウス　b－神曲　c－ペトラルカ　d－デカメロン
　　　　e－サンタ＝マリア　f－ボッティチェリ
　　　　g－レオナルド＝ダ＝ヴィンチ　h－ミケランジェロ　i－ラファエロ
　　問2　(1) エラスムス　(2) モンテーニュ
　　問3　火薬・羅針盤・活版印刷

2 A　問1　ロ　　問2　イ　　問3　ニ　　問4　ハ
　　B　問1　セビリャ　　問2　インディオの保護とキリスト教化
　　　問3　アシエンダ　問4　ラス＝カサス

3 ［イ］－a　［ロ］－c　［ハ］－d
　　① b　　② a　　③ c　　④ a　　⑤ d　　⑥ d

解説

1 問1　a－ウェルギリウス，b－神曲（しんきょく）…ウェルギリウスは地獄・煉獄（れんごく）・天上界
をめぐる案内役としてダンテの『神曲』（トスカナ語の大叙事詩）に登場。ダ
ンテが活躍したフィレンツェは，15世紀のコジモ＝デ＝メディチによるアカデ
ミー創設を機にビザンツ帝国から亡命した古典学者も招き入れ，文芸の一大中心
地となった。

c－ペトラルカ…古代ローマを賞賛し，古典の収集や復興に尽力。

d－デカメロン…14世紀中頃のペスト流行期にボッカチオが著した風刺的短編小
説。ボッカチオはギリシア古典を研究し，**ホメロス作品のラテン語訳**を行った。

e－サンタ＝マリア…ブルネレスキは遠近法（えんきんほう）を導入したことでも有名。

f－ボッティチェリ…メディチ家の追放後，ドミニコ派修道士サヴォナローラによ
る「虚栄の焼却」（ルネサンス芸術の弾圧）に自ら協力した。

g－レオナルド＝ダ＝ヴィンチ，h－ミケランジェロ，i－ラファエロ…レオナルド
＝ダ＝ヴィンチはフランス王**フランソワ1世**に招聘され，晩年をフランスで過
ごした。ミケランジェロは教皇ユリウス2世（サン＝ピエトロ大聖堂改築を最
初に命じた教皇）の命で「天地創造」を描いた。ラファエロ作「アテネの学堂」
の中央にはプラトンとアリストテレスの姿が描かれている。

問2　(1) エラスムス…16世紀最大の人文主義者。宗教改革に影響を与えたが，人
間の自由意志を否定する**ルター**とは対立した。

(2) モンテーニュ…**ユグノー戦争期**（1562～98）に宗教的寛容を説いた。ユグノー
戦争期の執筆にはほかに，国家主権を唱えた**ボーダン**の『国家論』がある。

問3　火薬・羅針盤（らしんばん）・活版（かっぱん）印刷…火薬（大砲・小銃）の登場は騎士の没落に，羅針
盤（14世紀にイタリアで改良）は大航海時代の到来に，活版印刷（15世紀にマ
インツのグーテンベルクが開発）は聖書の普及と宗教改革に影響を与えた。

2 A　問1　ロ…④（1497・98年）→①（1500年）→②（1513年）→③（1519年）
→⑤（1521年）。③のマゼランは周航の途上フィリピンのマクタン島で戦死した。

問2　イ…マニラはスペインの拠点。ポルトガルは1505年に**モンバサ**（アフリカ東岸），1510年に**ゴア**（インド西岸），1515年に**ホルムズ**（ペルシア湾口）を占領したが，**アデン占領に失敗したこと**で**オスマン帝国**による紅海からインド洋への進出を阻止できず，香辛料貿易を独占できなかった。

問3　ニ…ポルトガルではなく**イギリス**。**イギリスのインド進出**本格化の契機。

問4　ハ…スペイン女王イサベルの治世は1479年から1504年。イは1488年，**ロ**は1494年，ハは1510年，ニは1492年である。

B　問1　セビリャ…**マゼラン一行**が世界周航に向けて出港した都市としても重要。コロンブスの出港地は**パロス**。

問2　副王（国王代理）が派遣されながらも諸条件は守られず，過酷な労働や**天然痘**などヨーロッパ人がもたらした病気で多くのインディオが命を落とした。

問3　アシエンダ…黒人奴隷や債務奴隷を労働力とする**大農園制度**。

問4　ラス＝カサス…ドミニコ派修道士で，『インディアスの破壊についての簡潔な報告』はスペイン王**カルロス1世**に上奏した報告書。インディオの奴隷化阻止に立ち上がり，**アリストテレス**の著作に論拠を求める奴隷肯定派と激しく論争した。

3　［イ］-a（レオ10世）…メディチ家最盛期の**ロレンツォ＝デ＝メディチ**の子。アウクスブルクの大富豪フッガー家に贖宥状の販売を許可した。

［ロ］-c（シュマルカルデン同盟）…その後に起こった皇帝側との**シュマルカルデン戦争**（1546～47）がヨーロッパ最初の宗教戦争となった。

［ハ］-d（『キリスト教綱要』）…スイスの**バーゼル**で刊行。ジュネーヴに招かれた**カルヴァン**は，神の絶対主権の下で厳格な禁欲主義に基づく**神権政治**を行った。マックス＝ヴェーバーの『**プロテスタンティズムの倫理と資本主義の精神**』には，カルヴァンの**予定説**と西欧資本主義の発展との関連性が記されている。

① b…トリエント公会議ではカトリックの教義や制度を公認した。これを招集した教皇**パウルス3世**はイエズス会を認可したことでも知られる。**長老制**（信徒の代表〔長老〕と牧師による教会運営）は**司教制を否定したカルヴァン派**の制度。

② a…アンリ4世ではなく**フランソワ1世**。神聖ローマ帝国の**皇帝選挙**での対立に始まり，**イタリア戦争**（1494～1559）で激しく衝突した。

③ c…ツヴィングリではなく**ミュンツァー**。ツヴィングリは**チューリヒ**で活躍したスイスの宗教改革者。ルターは教皇の権威や聖職者の特権を否定する**万人祭司主義**を説く一方，**現世での封建的身分秩序を神の意志として肯定**したため，農奴制撤廃などを訴えて急進化する農民側を厳しく批判した。このことは**ルターの宗教改革が民衆ではなく諸侯を主体に進められていく契機**となった。

④ a…領邦議会ではなく**帝国議会**。消去法で解答可能。

⑤ d…首長法の制定（1534年）→エドワード6世即位（1547年）→統一法の制定（1559年）。**スコットランドでも聖職者ノックスが独自の宗教改革を展開**した。

⑥ d…宰相リシュリューではなく旧教諸侯の**ギーズ公によるユグノー弾圧**が戦争の発端となった。

15 ▶ 近世ヨーロッパ世界①

問題：本冊 p.48

1 A 問1 イ 問2 ニ 問3 ハ 問4 ロ 問5 ロ
問6 イ 問7 ニ
B 問1 中間 問2 治安判事
問3 アカデミー＝フランセーズ（フランス学士院）
問4 『反マキァヴェリ論』 問5 宗教寛容令 問6 啓蒙専制

解説

1 A 問1 イ…アヴァール人ではなく**マジャール人**。マジャール人は敗戦後に
パンノニアで**ハンガリー王国**を建設した。アヴァール人を破ったのはフランク
王国のカール大帝。1356年の「**金印勅書**」で選帝侯としての特権を認められた
聖俗諸侯は，**ブランデンブルク辺境伯・ザクセン公・ファルツ伯・ベーメン王**と，
マインツ・ケルン・トリールの大司教の計7名。1806年に退位した神聖ローマ帝
国最後の皇帝フランツ2世は，オーストリア皇帝**フランツ1世**となった。
問2 ニ（シチリア）…ハプスブルク家はシチリアのほか，ミラノ・ナポリ・サル
デーニャなどの地域を獲得した。1559年の**カトー＝カンブレジ条約**の締結にあ
たってはフランス王**アンリ2世**，イギリス王**エリザベス1世**，スペイン王フェ
リペ2世（ハプスブルク家）が中心となり，フランスはイタリア支配を断念し
たが，イギリスから奪った**カレー**の領有は承認された。
問3 ハ…ユトレヒト同盟ではなくアラス同盟。スペイン王フェリペ2世の自治
権剥奪やカトリック強要などの対抗宗教改革に反発し，ネーデルラント17州が
独立運動を展開したが，1579年にスペインの懐柔策で旧教系の**南部10州**が離脱。
残った新教系の**北部7州**は**ユトレヒト同盟**を結成し，戦争を継続した。
問4 ロ…長期議会ではなく短期議会。1628年の『**権利の請願**』に反発した国王
チャールズ1世は，翌年から議会を招集せず無議会政治を続けたが，**スコット
ランド反乱**を機に11年ぶりに開かれると，議会は新税に反対して国王の暴政を
非難したため，3週間で解散させられた。その後，チャールズ1世が反乱鎮圧に
失敗し，賠償金捻出のために招集された議会（長期議会）で**ピューリタン革命**
（1640～60）が勃発した。1645年の**ネーズビーの戦い**では，**クロムウェル**の
「**鉄騎隊**」をモデルに創設された**新型軍**が王党派の軍隊を破り，1647年にはチャー
ルズ1世を捕らえたが，国王の処遇と新体制をめぐり議会派は分裂した。

▶ 合否を分けるチェックポイント① ▶▶ 議会派の分裂

- **長老派**…**立憲君主政**を主張（国王には妥協的）
- **独立派**…議会主権に基づく**共和政**を主張（**クロムウェル**の指導）
- **水平派**…人民主権に基づく**共和政**を主張（**リルバーン**の指導）
- **真正水平派**…徹底した公平と社会主義的思想に基づく土地の共有を主張

問5　ロ（全国三部会）…1614年の招集を最後に，翌年から**1789年**まで全国三部会は開かれなかった。**高等法院**は王令審査権をもつ司法機関。三部会停会後のブルボン王家にとっての最大の障害であり，その権限縮小を図ったことが**フロンドの乱**につながった。

問6　イ…②（1648～53年）→③（1659年）→①（1661年）→④（1685年）。ピレネー条約はルイ14世の宰相**マザラン**がスペインと結んだ平和条約。ピレネー山脈を両国の自然国境とし，スペイン王フェリペ4世（**ベラスケス**が宮廷画家として活躍）の娘マリ＝テレーズがルイ14世の王妃に迎えられた。ルイ14世のスペイン王位継承権は否定されたが，その後の**スペイン継承戦争**（1701～13）の背景となった。

問7　ニ…ポーランド分割で**ワルシャワ**を含むポーランド領を獲得したのは**プロイセン**。難問に見えるが，1807年の**ティルジット**条約で失ったプロイセン領に**ワルシャワ大公国**が建設されたことが判断の基準となる。エカチェリーナ2世はオスマン帝国との戦争に勝利し，**黒海**に進出した。

> 📍**合否を分けるチェックポイント②**　▶　エカチェリーナ2世とオスマン帝国
>
> ・**キュチュク＝カイナルジ条約（1774）**
> 　…ロシアが**黒海の自由航行権**と，ギリシア正教徒の保護権を獲得
> 　…オスマン帝国は**クリム＝ハン国**の宗主権を放棄
> ・**クリム＝ハン国征服（1783）**…ロシアが**クリミア半島**を併合

B　問1　中間…絶対王政期における政治支配の基本単位とされる**中間団体（社団）**には，**ギルド**などの職能団体や都市・村などの地縁共同体が含まれる。絶対君主は人民を直接統治せず，これら中間団体を介して間接的に支配した。

問2　治安判事…官僚制が未整備のイギリス絶対王政期において国王の地方統治を助けた無給の名誉職。おもに**ジェントリ（郷紳）**が任命された。

問3　アカデミー＝フランセーズ（フランス学士院）…リシュリューが創設したフランス語の研究機関。一方，**コルベール**は準公的機関の**フランス科学アカデミー**を創設し，産業技術の振興を図った。

問4　『**反マキァヴェリ論**』…**啓蒙専制君主**の典型とされるプロイセン王**フリードリヒ2世**の著書。「獅子の勇猛と狐の狡智」に象徴される権謀術数を君主の資質に求めた**マキァヴェリ**の『**君主論**』を批判した。

問5　宗教寛容令…**ユダヤ教**や**プロテスタント**など非カトリックの信仰を容認した勅令。その背景には宗教的・文化的影響力を使って政治介入を強める**イエズス会**への対抗があった。農民保護に関する勅令である1781年の**農奴解放令**はハンガリー貴族の反発もあって進まず，**ヨーゼフ2世**の死とともに中断した。

問6　啓蒙専制…東欧の啓蒙専制君主と交流のあったフランス啓蒙思想家には**ヴォルテール**や，エカチェリーナ2世の宮殿に招かれた**ディドロ**がいる。

問題：本冊 p.50

1 問1 ア 問2 イ 問3 ウ 問4 アゾフ海 問5 シュレジエン
問6 エカチェリーナ2世 問7 ウクライナ

2 A ［イ］－スペイン ［ロ］－アンボイナ ［ハ］－マドラス
［ニ］－ベンガル ［ホ］－コルベール ［ヘ］－シャンデルナゴル
［ト］－デュプレクス ［チ］－プラッシー

B （あ）－a （い）－c （う）－b （え）－c （お）－c

C 問1 ［解答例］ユグノーの商工業者の多くが国外に亡命し，国内産
業の発展が阻害された。（34字） 問2 ジョージ王戦争

解説

1 問1 ア…ロシア皇帝ピョートル1世が1712年にモスクワから遷都した都市
は，ネヴァ川河口にあるペテルブルク。ピョートル1世はデンマークやポーラ
ンドと同盟を結んでスウェーデン王カール12世と北方戦争（1700～21）を戦い，
ニスタット条約（1721）でバルト海沿岸の地域を獲得した。

問2 イ…オーストリア継承戦争では，オーストリア（ハプスブルク家）側にイギ
リスが，プロイセン側にフランスとスペイン（どちらもブルボン家）が参戦した。
一方，七年戦争では，オーストリア・フランス間に同盟関係が成立した結果（外
交革命），フランスと植民地戦争を抱えるイギリスはプロイセン側を支援した。

問3 ウ…ポーランド分割の背景には，1572年のヤゲウォ（ヤゲロー）朝断絶後
に導入された選挙王制におけるシュラフタ（貴族身分の領主層）の抗争と政治混
乱があった。なお1772年の第1回ポーランド分割当時のオーストリアは，マリ
ア＝テレジアとヨーゼフ2世の共同統治期（1765～80）にあたる。

問4 アゾフ海…ロシア皇帝ピョートル1世がオスマン帝国との抗争の末，1696
年にアゾフ海を占領した。その戦争での苦戦が翌年からの西欧使節団派遣（1697
～98）の契機となった。

問5 シュレジエン…鉱工業が盛んな現在はポーランド領の地域。プロイセンの
シュレジエン領有が最終的に確定するのは，七年戦争後に結ばれたフベルトゥス
ブルク条約（1763）でのこと。

問6 エカチェリーナ2世…フランス革命に忙殺されるオーストリアを除いた第2
回ポーランド分割（1793）では，ポーランドの愛国的貴族コシューシコ（コシチュー
シコ）の反乱を鎮圧した。

問7 ウクライナ…キエフはドニエプル川中流域にある交通の要衝。黒海とバルト
海を結ぶ中継交易で繁栄した。このキエフの北方には，1986年に史上最悪の放
射能漏れ事故を起こしたチェルノブイリ原子力発電所がある。

2 A ［イ］－スペイン… 1580年にスペイン王フェリペ2世がポルトガル王位を
継承して以来，1640年までポルトガルはスペインの同君連合下に置かれた。

[ロ]－**アンボイナ**…武装したオランダ人がイギリス商館員を捕らえて全員を虐殺した事件。これを機にイギリスは東南アジアから一時撤退し，**インド進出**に重点を移した。

[ハ]－**マドラス**，[ニ]－**ベンガル**…マドラスやその南方の**ポンディシェリ**を含む地域は**カーナティック地方**と呼ばれ，ヨーロッパでの**オーストリア継承戦争**に連動する形で英仏植民地戦争の**カーナティック戦争**（1744 ～ 63）が起こった。第1次（1744 ～ 48）と第2次（1750 ～ 54）はフランス総督**デュプレクス**がイギリス勢力を圧倒したが，デュプレクスの本国召還後の第3次（1758 ～ 63）では，1757年にベンガル地方で起こった**プラッシーの戦い**で**クライヴ**（イギリス東インド会社書記）が指揮するイギリス軍がフランス・ベンガル太守連合軍を破った勢いもあり，イギリスが優位に立って最終的に勝利した。

合否を分けるチェックポイント ≫ イギリスのベンガル支配

- **ブクサールの戦い**（1764）…ムガル皇帝・ベンガル太守連合軍に圧勝
- **ベンガル・ビハール**の支配（1765）…ムガル皇帝から**徴税権**（ちょうぜいけん）を獲得
- **ベンガル総督府**（1773）…**カルカッタ**に設置（総督**ヘースティングズ**）

[ホ]－**コルベール**…**ルイ 14 世**の財務総監として活躍したフランスの政治家。産業保護主義に基づく重商（じゅうしょう）主義政策を推進し，コブラン織などの**王立マニュファクチュア**の創設や**東インド会社再建**（1664）を実施して財政の充実を図った。

[ヘ]－**シャンデルナゴル**… 1674年に建設された，カルカッタの北方に位置する**フランス**の拠点。1954年にインドに返還されるまでフランスの統治下に置かれた。

[ト]－**デュプレクス**，[チ]－**プラッシー**… [ハ] の解説参照。

B　(あ)－a（株式），(い)－c（1602）…**オランダ東インド会社**は，**アムステルダム**に設立されていた6つの貿易会社を統合して1602年に設立された。航海ごとに会社を設立して出資者を募るイギリス東インド会社とは異なり，**恒常的な会社形態と株式発行による莫大な資本力**（イギリスの10倍）を武器に貿易活動を展開した。

(う)－b（重商），(え)－c（1664）… [ホ] の解説参照。

(お)－c（1858）…インド人傭兵**シパーヒー**の起こした反乱（1857 ～ 59）の責任を問われ，**イギリス東インド会社は 1858 年に解散**し，インドはイギリス政府の直接統治下に置かれた。

C　**問1**… 1685年のナントの王令（おうれい）廃止は，**カトリック**の国家宗教化を明確に打ち出したことで商工業者に多いユグノーを**イギリス・オランダ・プロイセン**などの新教国に亡命させ，フランス国内産業の発展を阻害した。ルイ 14 世はこれに先立つ 1682年に，『世界史論』の著者で王権神授説（おうけんしんじゅせつ）を完成させた神学者**ボシュエ**に**ガリカニスム 4 カ条**を起草させ，フランス王権の教皇権からの独立を宣言した。

問2　**ジョージ王戦争**…当時のイギリス王**ジョージ 2 世**の名に由来。一方のフランス王は**ルイ 15 世**。

1	(1) ［a］－5 ［b］－2 ［c］－6 (2) ［a］4 ［c］3
2	問1 4 問2 1 問3 フレンチ＝インディアン 問4 2 問5 4
	問6 代表 問7 ボストン茶会事件 問8 2 問9 フィラデルフィア
	問10 トマス＝ジェファソン 問11 1 問12 4
	問13 人権 問14 1 問15 憲法制定会議 問16 三権分立

解説

1 (1) ［a］－5（ハーグリーヴズ）…ハーグリーヴズが1764年頃に発明したジェニー紡績機の綿糸は細いが弱く，**アークライト**が1768年に開発した**水力紡績機**の綿糸は強いが太かった。この両機械の長所を採用し，**細くて強い綿糸**の生産を可能にしたのが，1779年に**クロンプトン**が考案した**ミュール紡績機**である。

［b］－2（カートライト）…綿糸の大量生産を背景に1785年にカートライトによって開発された**力織機**には，ワットが改良した**蒸気機関**が搭載された。

［c］－6（ワット）…**スコットランド**の機械工。アダム＝スミスが学長を務めた**グラスゴー大学**にある蒸気機関の修理を依頼されたことからその大改良に成功し，すべての機械に搭載可能な蒸気機関を開発した。

> ▶ **合否を分けるチェックポイント①** ▶▶▶ **産業革命期の交通機関の発達年表**
>
> | 1804年 | **トレヴィシック（英）**…蒸気機関車の発明 |
> |---|---|
> | 1807年 | **フルトン（米）**…蒸気船の発明（クラーモント号の建造） |
> | 1814年 | **スティーヴンソン（英）**…蒸気機関車の実用化 |
> | 1825年 | **ストックトン・ダーリントン間**の鉄道開通 |
> | 1830年 | **マンチェスター・リヴァプール間**の鉄道開通（世界初の営業鉄道） |

(2) ［a］－4，［c］－3…ジェニー紡績機の別名は**多軸紡績機**。図2と図4を比較して糸が通る軸の多さから判断可能。ワットの蒸気機関は，問題文中にある「ピストンの上下運動を回転運動に変換する」が手がかりとなる。図1からは上下運動，図3からは回転運動の特徴を見て取ることができる。

2 問1 4（フロリダ），問2 1（ヴァージニア）…アメリカ合衆国がフロリダを領有するのは1819年で，**スペイン**から買収した。ヴァージニアはイギリスの北米最初の植民地。1607年に建設され，1619年に最初となる**植民地議会**を設置。同年**タバコ栽培**の労働力として最初の**黒人奴隷輸入**も行っている。

問3 フレンチ＝インディアン…この戦争に勝利したイギリスは1763年に**パリ条約**を結び，北米やインドにおける覇権を確立した。

問4 2…イギリス本国の**重商主義**政策の具体例としては，**砂糖法**（1764），**印紙法**（1765），**タウンゼント諸法**（1767），**茶法**（1773）などがある。

問5　4（印紙法），問6　代表…課税承認は本国議会で行われるため，代表を送れず議会で課税の是非を問えない植民地側には課税要求に従う義務はないとした。**本国商品の不買運動**が植民地で広がったことを受け，1766年に印紙法は廃止された。

問7　**ボストン茶会事件**…**東インド会社**の植民地における茶の販売独占を可能にする1773年の茶法に反発し，植民地人急進派が起こした事件。本国政府は現場となった**マサチューセッツの自治権を剥奪**し，**ボストン港を封鎖**した。

問8　2…**マサチューセッツ植民地**で起こった戦闘。そのほか，**サラトガの戦い**（1777）は**ニューヨーク植民地**で，**ヨークタウンの戦い**（1781）は**ヴァージニア植民地**で起こっている。

問9　**フィラデルフィア**，問10　**トマス＝ジェファソン**…フィラデルフィアは**クウェーカー教徒**のウィリアム＝ペンらが建設した**ペンシルヴェニア植民地**の中心都市で，1790年から1800年まで**アメリカ合衆国の首都**とされた。この都市で開催中の**第2回大陸会議**で採択されたアメリカ独立宣言は，ジョン＝ロックの思想的影響の下にトマス＝ジェファソンらによって起草され，第一部で**抵抗権の行使**を謳い，第二部でイギリス王ジョージ3世の暴政を列挙し，第三部で**13植民地の独立**を宣言している。

合否を分けるチェックポイント② ▶ アメリカ独立宣言の抜粋

> われわれはつぎのことが自明の真理であると信じる。すべての人は**平等**につくられ，**神（創造主）**によって，一定のゆずることのできない権利を与えられていること。そのなかには**生命**，**自由**，そして**幸福の追求**が含まれていること。これらの権利を確保するために，人類のあいだに政府がつくられ，その正当な権力は被支配者の同意に基づかなければならないこと。……

問11　1…2-ジョン＝アダムスではなくワシントン。3-「イタリア」という国はまだ存在しておらず，武装中立同盟にも参加していない。4-イギリス軍が敗北した。5-奴隷解放宣言の発表は南北戦争中の1863年のこと。

問13　**人権**…フランス人権宣言は，ワシントンの副官をつとめ，**ヨークタウンの戦い**で活躍したフランスの自由主義貴族**ラ＝ファイエット**が起草した。

問14　1（パリ条約）…アメリカ合衆国はイギリスから**ミシシッピ川以東のルイジアナ**を割譲された。イギリスは，アメリカ側に参戦したフランス・スペインと**ヴェルサイユ条約**を結び，フランスに**西インド諸島の一部**と西アフリカの**セネガル**を，スペインに**フロリダ**と地中海の**ミノルカ島**を割譲した。これらの地域はイギリスがユトレヒト条約（1713）やパリ条約（1763）で両国から奪ったもの。

問15　**憲法制定会議**，問16　**三権分立**…アメリカ合衆国憲法は，独立戦争中の1777年の**アメリカ連合規約**を改正し，連邦政府に**徴税権**や**通商規制権**を与え，中央集権的国家体制を強化することを目的に1787年に制定された。その特色は連邦主義・人民主権・三権分立にあるが，**インディアンや黒人の権利は無視**された。

18 フランス革命とナポレオン戦争

問題：本冊 p.55

1 空欄 a ① b ② c ③ d ④ c ⑤ c ⑥ d

2 問1 ①－ピウス7世 ②－ダヴィド ③－ネルソン ④－ライプツィヒ ⑤－ワーテルロー

問2 （ア）アミアン （イ）マリ＝ルイーズ （ウ）ワルシャワ大公国 （エ）ゴヤ （オ）エルバ島

解説

1 [空欄] a（テルミドール）… 1794年7月（革命暦の**熱月**〔テルミドール〕）に発生した反ロベスピエール派のクーデタ。ロベスピエールは処刑され，その後，穏健共和派の主導で **1795年憲法（共和国第3年憲法）** が成立し，総裁政府に移行した。

① b…**聖職者**が**第一身分**（人口の0.5%），貴族は**第二身分**（人口の1.5%）である。両身分合わせて人口の2%に過ぎない彼らが，免税特権を与えられた特権身分であり，フランスの国土と富の約40%を支配していた。**人口の約80%は農民が占めていたが**，農民を含めた人口の98%が**第三身分**であり，政治的に無権利な状態に置かれていた。アメリカ独立戦争への参戦による財政難に加え，1786年の**イーデン条約（英仏通商条約）** による安価なイギリス製品の流入がフランス経済に打撃を与えるなか，1789年にヴェルサイユで開催された**三部会**には，第一・第二身分の代表がそれぞれ約300名，第三身分の代表が約600名の計**1200名**ほどが招集された。

② c…教会に対する**十分の一税**は廃止されたが，土地取得は有償とされ，20年分以上の年貢一括払いが必要なことから，**自営農の成立は困難**であった。農民の土地取得が一気に実現するのは**国民公会時代**の1793年に実施された**封建地代の無償廃止**のとき。しかし，自営農の大量発生は農村の分解による工場労働力の創出を遅らせ，フランス資本主義の発達を緩慢にした。

③ d…例外なき無条件の不可侵ではなく，第17条には「適法に確認された公の必要が明白にそれを要求する場合で，かつ事前の正当な補償の条件の下」であれば，所有権の不可侵が制限されることが明記されている。

④ c…a－ユリウス暦ではなくグレゴリウス暦。b－十二進法ではなく十進法。d－国民公会で制定され，第一共和政期の総裁政府が正式に採用した。

⑤ c…a－1791年憲法の制定は国民議会時代。b－フイヤン派ではなくジロンド派。フイヤン派は立憲君主主義者の党派。d－第1回対仏大同盟が組織されたのは，国民公会時代の**ルイ16世処刑**が契機。これに危機感を抱いたイギリス首相**小ピット（トーリ党）** がフランス国民軍のベルギー地方侵入を受けて提唱した。

⑥ d（**星室庁裁判所**）…星室庁裁判所はイギリスの**テューダー朝期**に設置された国王直属の裁判所。**公安委員会**は政治・軍事を指導する最高機関，**保安委員会**は治安・警察を担当し，**革命裁判所**は政治犯の審理を行った。

36

2 問1　①－ピウス7世…ナポレオンの戴冠式（たいかんしき）（1804）にも立ち会った教皇。
1801年の**宗教協約（コンコルダート）**では，キリスト教がフランス国民の大
多数の宗教であることをナポレオン政府が認める一方，教皇には革命期における
教会財産取得者の所有権を承認させた。なお，ナポレオンが1804年に制定した
フランス民法典（みんぽうてん）は**家父長権の重視**をその特徴の一つとしている。

②－ダヴィド…ナポレオンの首席宮廷画家。**新古典主義**の代表的な画家としてフラ
ンス革命やナポレオンに関連した絵画を多く残した。

③－ネルソン…ナポレオンのエジプト遠征時に**アブキール湾の戦い**（1798）でフラ
ンス艦隊を破り，ナポレオンをエジプトで一時孤立させた。1805年の**トラファ
ルガーの海戦**を勝利に導くが，この海戦でネルソン自身は戦死した。この敗戦が
ナポレオン1世による1806年の**ベルリン勅令（大陸封鎖令）**につながった。

④－ライプツィヒ…ライプツィヒの戦いは**諸国民戦争**とも呼ばれ，解放戦争の開始
を告げる戦い。**イギリス軍を除き大陸諸国のみ**でナポレオン1世を破った意義は
大きく，ライン川を渡った連合軍は1814年にパリを占領してナポレオン1世を
退位させ，イタリア半島西方に位置する**エルバ島**に配流した。

⑤－ワーテルロー… 1815年のワーテルローの戦いでは，イギリス将軍ウェリント
ンが活躍。ナポレオンの復位は**百日天下**（ふくい）に終わり，アフリカ西方の南大西洋上の
イギリス領**セントヘレナ島**に配流され，1821年この地で病没した。

問2　（ア）アミアン…フランス革命政府に強硬姿勢を貫くイギリス首相**小ピット**
が，**アイルランドへの自治権付与**をめぐって国王の支持を失い，1801年に辞任
した。アミアンの和約（わやく）はその翌年に結ばれたが，イギリスは1803年にこれを破
棄し，1805年には首相に復帰していた小ピットが**第3回対仏大同盟**の結成を提
唱した。

（イ）マリ＝ルイーズ…オーストリア皇帝**フランツ1世**の娘。ナポレオンは家格を
上げるため，ジョゼフィーヌと離婚し，ハプスブルク家と婚姻関係を結んだ。

（ウ）ワルシャワ大公国…旧**プロイセン領ポーランド**に建設され，**ザクセン王**が大
公を兼任した。**ティルジット条約**で国土の半分を失い，国家予算の3倍もの賠
償金（しょうきん）を課せられた屈辱が，ドイツ統一の布石となる**プロイセン改革**（農奴制廃止（のうど），
商業の自由，教育改革，都市自治制の樹立など）を刺激したが，独立自営農民の
育成は進まず，大規模農業経営を促進して**ユンカー勢力**の台頭をもたらした。

> ⚠️ **合否を分けるチェックポイント** ▶▶ **ティルジット条約のその他の重要事項**
>
> ・**ウェストファリア王国**の建設…エルベ川左岸，1813年の解放戦争で消滅
> ・**ダンツィヒ**（バルト海に面する貿易港）の自由都市化

（エ）ゴヤ…ロココ調を備え，幻想的で風刺的な作風で知られる**スペイン**の画家。
ダヴィドとともにナポレオン関連の絵画では頻出。

（オ）エルバ島…**問1**④の解説参照。

> **1** 問1　ロ　問2　ハ　問3　アルジェリア　問4　ティエール
> 　　 問5　イ　問6　ニ
> **2** 問1　［あ］-パクス＝ブリタニカ　　［い］-審査
> 　　　　 ［う］-チャーティスト　　　　　［え］-ヴィクトリア
> 　　 問2　(a)-5　(b)-23　(c)-17　(d)-1　(e)-6
> 　　 問3　（ア）1　（イ）2　（ウ）2　（エ）3

解説

1 問1　ロ…イ-ピルニッツ宣言を出したのはオーストリア皇帝**レオポルト2世**とプロイセン王**フリードリヒ＝ヴィルヘルム2世**。ハ-アウステルリッツの会戦でナポレオン1世が破ったのはロシア（**アレクサンドル1世**）とオーストリア（神聖ローマ皇帝**フランツ2世**）。ニ-ドイツではなくベルギー。

問2　ハ…イ-イギリスとロシアは5大国（英露仏墺普）の**勢力均衡主義**を主張した。ロ-神聖同盟にはイスラーム教のオスマン帝国をはじめ，**イギリス王と教皇**も参加しなかった。ニ-オランダは連邦共和国から王国となった。

問3　アルジェリア…**オスマン帝国**領のアルジェリアは事実上自立した状態にあり，鉄鉱石資源への期待もあってフランス王**シャルル10世**が出兵を強行。七月王政期には**アブドゥル＝カーディル**の反乱が続いたが，1847年に鎮圧された。

問4　ティエール…プロイセン＝フランス（普仏）戦争の敗北後，**ボルドー**に樹立された臨時政府の首班として**プロイセン（ドイツ帝国）**との講和を主導。これに反対した**パリ＝コミューン**を「血の週間」と呼ばれる内戦の末に鎮圧した。

問5　イ…ロ-国立作業場の設立は七月革命ではなく，第二共和政を宣言した二月革命後の臨時政府のとき。ハ-古典主義ではなくロマン主義。ニ-スタンダールではなくバルザック。

問6　ニ…コシュートが中心となったハンガリー独立運動（1848〜49）は，二月革命期の「**諸国民の春**」で起こった出来事。オーストリアの要請を受けた**ロシア軍**の介入により革命運動は崩壊した。

2 問1　［あ］-パクス＝ブリタニカ…19世紀前半の自由党の政治家パーマストンの言葉。イギリスは**1825年に機械類の輸出禁止を一部解除**（1843年に全面解除）し，ヨーロッパ大陸諸国の**産業革命**を刺激して**自由貿易**を推進した。

［い］-審査…この法の廃止で公職就任が可能になったのは**カトリックを除く非国教徒**。カトリックの公職就任は，アイルランド人の政治家**オコンネル**らの活躍で翌年制定された**カトリック教徒解放法**による。

［う］-チャーティスト…世界初の労働者による組織的な政治運動（1837〜58）。1839年，1842年，1848年に大規模な議会請願やデモを行ったが，運動の期間中は**人民憲章**に掲げられた6カ条のいずれも実現されなかった。

［え］-ヴィクトリア…パクス＝ブリタニカを象徴するイギリス女王（位1837〜

1901)。「ヨーロッパの祖母」と称され，ドイツ皇帝**ヴィルヘルム2世**はヴィクトリア女王の孫にあたる。

問2 (a)-5（オコンネル）…**問1**［い］の解説参照。

(b)-23（1851）…ロンドン万国博覧会では鉄とガラスの巨大建造物である**水晶宮（クリスタルパレス）**が建設されたほか，禁酒運動家としても知られる**トーマス=クック**が団体旅行の企画に成功するなど**近代的旅行業**も始まった。

(c)-17（1801）…革命期のフランスと敵対関係にあったイギリスの首相**小ピット**は，ケルト系でカトリックの**アイルランド人**に対するフランスの反英運動支援を阻止するため，1800年に**合同法**を制定し，翌1801年アイルランドを併合した。

(d)-1（アメリカ）…大飢饉に苦しむアイルランド人の救済とアイルランドでの穀物生産減少に対処するため，**保守党ピール内閣は1846年に穀物法を廃止し**，外国産穀物の輸入を自由化したが，このことはアイルランド人から穀物市場を奪う結果となり，その後もアメリカへの移民が続いた。

(e)-6（ケルト）…(c)の解説参照。

問3 （ア）1…第1回選挙法改正の実施はホイッグ党の**グレイ内閣**のとき。グレイ内閣ではこのほかに，奴隷制を廃止する**奴隷解放法**（1833）や，**工場監督官制度**を設けて長時間労働から18歳以下の労働者を保護する**一般工場法**（1833）が制定された。

（イ）2…b-小作人ではなく地主の利益をまもるための法。産業資本家は穀物価格の高止まりは労働者への高賃金支払いにつながり，コスト高から国際価格競争で不利になると考え，穀物法に反対した。

（ウ）2…b-サン=シモンではなくロバート=オーウェン。スコットランドの**ニューラナーク**に労働者の待遇改善を実践した紡績工場を設立し，**全国労働組合大連合**の設立に尽力した。**サン=シモン**は明確な経営方針の下で生産活動を行い，賃金と福利厚生によって労働者の生活を支える「会社」としての国家を理想とした。この**サン=シモン主義**はフランス皇帝ナポレオン3世に影響を与えた。

（エ）3…a-イギリス初の女性参政権の導入は，1918年に**ロイド=ジョージ挙国一致内閣**が実施した**第4回選挙法改正**のとき。

⚠️ 合否を分けるチェックポイント 》	「19世紀イギリス」の差がつく重要事項年表

1807年	**奴隷貿易廃止法**の制定…**ウィルバーフォース**の活躍
1824年	**団結禁止法廃止**…労働組合の結成を公認
1848年	**公衆衛生法**の制定…**チャドウィック**（初代衛生局長）の活躍
1851年	**ドーヴァー海峡**に海底電信ケーブル敷設
1866年	**大西洋間**に海底電信ケーブル敷設
1870年	**イギリス・インド間**に海底電信ケーブル敷設

1 問1　ラ＝ファイエット　問2　イ　問3　エ　問4　ウ
　　問5　ア　問6　サライェヴォ
2 問1　1-d　　2-b　　3-a　　4-b　　5-b　　6-b　　7-c　　8-d
　　問2　1　（ア）-a　（イ）-d　2-d　　3-c　　4-a　　5-c　　6-b

解説

1 問1　ラ＝ファイエット…フランス七月革命（1830）でも民衆側に立ち，パ
　　リの市街戦（「栄光の三日間」）で活躍した。

問2　イ（ポーランド）…ロシア皇帝が王位を兼ねるポーランド王国では七月革命
期にワルシャワ蜂起（ほうき）が起こったが失敗し，ロシアに併合（へいごう）された。ポーランド出身
のロマン派作曲家ショパンは祖国消滅の報に触れ，「革命」を作曲した。

問3　エ…メキシコのフアレス政権による対外債務支払い停止を受け，債権国フラ
ンスのナポレオン3世はイギリス・スペインと共同でメキシコに出兵したが，メ
キシコ皇帝に就任したのはハプスブルク家のマクシミリアン（オーストリア皇帝
フランツ＝ヨーゼフ1世の弟）。ナポレオン3世の国内政策にはパリ万国博覧会（ばんこくはくらんかい）
の開催（1855, 1867），英仏通商条約（1860），セーヌ県知事オスマンのパリ市改
造，サン＝シモン主義に基づく政府主導の経済政策などがある。

問4　ウ（ローマ）…サルデーニャ（イタリア）王国がイタリア統一の過程で獲得
した都市の順は，ミラノ（ロンバルディア併合時の1859年）→ナポリ（ガリバ
ルディによるナポリ・シチリア占領時の1860年）→ヴェネツィア（プロイセン
＝オーストリア戦争時の1866年）→ローマ（教皇領占領時の1870年）となる。
イタリア王国は1871年にフィレンツェからローマに遷都した。

問5　ア…大ドイツ主義ではなく小ドイツ主義。ドイツ帝国はプロイセン＝オース
トリア戦争後にマイン川以北の北ドイツ諸邦（22君主国）が結成した北ドイツ
連邦を原型とし，プロイセン＝フランス戦争後にバイエルンなどの南ドイツ諸邦（しょほう）
を加えて成立した。ドイツ帝国憲法を制定し，議会は二院制をとるが，実質は皇
帝の専制政治であった（外見的立憲主義）。

> **合否を分けるチェックポイント**　　ドイツ帝国の二院制議会
>
> ・**連邦参議院**…ドイツ帝国を構成する**領邦代表**で構成（帝国議会に優越）
> ・**帝国議会**　…**男性普通選挙**で選ばれた**国民代表**で構成（予算審議権あり）

問6　サライェヴォ…ボスニアの州都。皇位継承者フランツ＝フェルディナント
が夫人ともども**セルビア人**の民族主義者に暗殺され，第一次世界大戦が勃発した。

2 問1　1-d（半島），2-b（ギリシア正教徒）…クリミア半島を併合したロシ
ア皇帝はエカチェリーナ2世。その前提となるキュチュク＝カイナルジ条約

（1774）で**黒海の自由航行権**，オスマン帝国内の**ギリシア正教徒保護権**をロシアが獲得した。クリミア戦争の直接的な原因は，オスマン帝国が**聖地イェルサレムの管理権**をロシアからフランスに移したこと。

3 - a（**イギリス**），4 - b（**フランス**）…イギリスとフランスが 1854 年に，イタリア統一事業を念頭に国際的地位の向上をめざす**サルデーニャ**（首相**カヴール**）が 1855 年に，それぞれオスマン帝国側に立って参戦した。ロシアは二月革命期にオーストリアで起こった**ハンガリー民族運動**を鎮圧したことを理由に，オーストリアに援軍派遣を要請したが，自国領でのパン＝スラヴ主義の台頭を警戒するオーストリアはこれを拒否し，ウィーン体制以来のオーストリア・ロシアの協調関係が崩れた。このことは**イタリアやドイツの統一運動**に大きな影響を与えた。

5 - b（**パリ**）… 1856 年のパリ条約では，オスマン帝国からの**モルダヴィア・ワラキア連合公国**（のちの**ルーマニア**）の事実上の独立も達成された。

6 - b（**アレクサンドル 2 世**）… 1861 年の**農奴解放令**は農奴制を廃止し，農民に身分的自由を保障したが，ミール（**農村共同体**）に一括して分与地が払い下げられたため，農民全員で「買い取り金」を返済する必要が生じた。ミールでの農民生活に大きな変動はなかったが，それでも土地から切り離された農民の一部が工場労働力として吸収されたことで**ロシアの工業化・資本主義発達の契機**となった。ロシアの作家**トゥルゲーネフ**の代表作『**猟人日記**』は農奴の姿を写実的に描き出し，アレクサンドル 2 世の農奴制廃止決定に重大な影響を与えた。

7 - c（**ナポレオン 3 世**）… **1** 問 3 の解説参照。

8 - d（**デュナン**）… 1863 年にスイスのジュネーヴに置かれた**国際赤十字社**の設立に尽力し，1901 年には世界初の**ノーベル平和賞**を受賞した。

問 2 **1** （ア）- a，（イ）- d … 19 世紀前半のサルデーニャ王国はイタリア北部の**ピエモンテ地方**（中心都市**トリノ**）と**サルデーニャ島**を国土とした。クリミア戦争最大の激戦地となった**セヴァストーポリ要塞**ではロシアの作家**トルストイ**がロシア軍の砲兵将校として従軍し，その記録『**セヴァストーポリ物語**』を著した。

2 - d（**カヴール**）…サルデーニャ王国のイタリア統一を指導した首相。**問 1 - 3** の解説参照。

3 - c …**問 1 - 5** の解説参照。**ダーダネルス・ボスフォラス海峡**の軍艦通過の自由は，第 1 次エジプト＝トルコ戦争（1831 〜 33）後に結ばれた**ウンキャル＝スケレッシ条約**でロシアがオスマン帝国から獲得していたが，第 2 次エジプト＝トルコ戦争（1839 〜 40）後の**ロンドン会議**で破棄され，両海峡の**中立化**が決定した。

4 - a（**農奴解放令**）…**問 1 - 6** の解説参照。

5 - c（**エジプト遠征**）…総裁政府期にナポレオンが行った遠征（1798 〜 99）。

6 - b（**ソルフェリーノ**）…**イタリア統一戦争**（1859）における最大の激戦地。この戦いに勝利したサルデーニャ王国は**ロンバルディア地方**を占領したが，サルデーニャの強大化を恐れた**ナポレオン 3 世**がオーストリアと**ヴィラフランカ条約**を結んで単独で講和したため，統一戦争も終結した。

1	問1 3	問2 3	問3 民主	問4 ホイッグ	問5 先住民強制移住

1 問6 3 問7 5 問8 共和 問9 4 問10 5 問11 2 問12 4
問13 2 問14 4 問15 2 問16 シェアクロッパー
問17 クー・クラックス・クラン（KKK）

解説 **1** 問1 3 …②（1819年）→①（1848年）→③（1867年）の順。カリフォルニアはアメリカ＝メキシコ戦争（1846～48）に勝利してアメリカ合衆国が獲得した。

▼ **合否を分けるチェックポイント** ▶ アメリカ合衆国の領土拡大

1803年	フランスから**ミシシッピ川以西のルイジアナ（A）**を買収
1818年	イギリスから**ノースダコタ（B）**を獲得
1819年	スペインから**フロリダ（C）**を買収
1845年	メキシコから独立の**テキサス（D）**を併合
1846年	イギリスとの協議で**オレゴン（E）**を獲得
1848年	メキシコから**カリフォルニア（F）**を獲得
1853年	メキシコから**ガズデン（G）**を買収
1867年	ロシアから**アラスカ**を買収

カナダ（イギリス領）

ミシシッピ川以東のルイジアナ

13州

メキシコ

問2 3（ジャクソン），問3 民主，問4 ホイッグ…ジャクソンは**アメリカ＝イギリス（米英）戦争**（1812～14）で活躍した英雄として大統領選に勝利し，1829年に西部出身（独立13州以外）の最初の大統領となった。その任期中には**男性普通選挙の普及**など民主主義が拡大し，前政権から在職中の官僚を解雇して自党の支持者を任命する**スポイルズ＝システム（猟官制度）**を確立した。1832年には東部の特権階級が支配する**第二合衆国銀行**（1816年に設立された公債と統一通貨の発行を担う全国的銀行）の更新に拒否権を発動し，西部の農民や新興企業家の利害を代弁した。ジャクソンが指導する民主党に対抗し，1834年に反ジャクソン派が結成したホイッグ党は奴隷制をめぐる内部対立で分裂し，1854年にその反対派が中心となって**共和党**を結成した。

問5 先住民強制移住…ジャクソンが1830年に制定。先住民（インディアン）を**ミシシッピ川以西**に設けられた**保留地**に追放するもので，移動を強いられた**チェロキー族**の多くはその途上飢えと寒さで命を落し，その行程は「**涙の道（旅路）**」と呼ばれた。先住民の組織的抵抗は，アパッチ族の酋長**ジェロニモ**の降伏やアメリカ第7騎兵隊のスー族住民に対する**ウーンデッドニーの虐殺**（1890）を機に終

息し，1887年のドーズ（一般土地割当）法によって部族共有地の解体も進んだ。

問6　3…**北部**は商業が発達し産業革命による工業化が進んだ地域で，政治面では**連邦主義**（中央集権による国内市場統一を期待）を，経済面では**保護関税貿易**（輸入制限による北部工業保護を期待）を主張し，人道的見地や自由な労働力確保の必要から**奴隷制に反対**した。一方，黒人奴隷の労働に基づく大農場制度の下で大量の綿花を栽培・輸出していた**南部**は，**州権主義**（地方分権主義）と**自由貿易**を要求し，**奴隷制に賛成**した。

問7　5（**カンザス・ネブラスカ法**）…1820年の**ミズーリ協定**では北緯36度30分を南北の**境界線**とし，これ以後，**その以北には奴隷州をつくらないことが決め**られたが，**住民投票**に委ねられたカンザスとネブラスカはともに北緯36度30分以北にあり，南北の対立が再燃した。その後，1857年には**ドレッド＝スコット判決**（所有者の財産である奴隷は合衆国憲法で認める基本的人権の適用外にあるとした最高裁判決）が出され，1859年には奴隷制反対派の白人たちが**ヴァージニア州のハーパーズフェリーを襲撃するジョン＝ブラウンの反乱**が起こった。

問8　共和…問4の解説参照。

問9　4（アメリカ連合国），問10　5（ヴァージニア）…南部15州のうち，**サウスカロライナの分離宣言を機に11州が結集し，アメリカ連合国が結成**された。大統領には**ジェファソン＝デヴィス**が就任，首都はヴァージニア州の**リッチモンド**に置かれた。アメリカ合衆国に残留した4つの奴隷州は，**ミズーリ・ケンタッキー・メリーランド・デラウェア**の4州。またヴァージニアから**ウェストヴァージニア**が分離してアメリカ合衆国に加わった。

問11　2（**グラント**）…北軍を代表する将軍（のち大統領に就任）。南軍では**リー将軍**（南北戦争後にワシントン大学の学長に就任）が活躍した。

問12　4…第1回**万国博覧会**がロンドンで開催されたのは1851年。1－1866年，2－1861年，3－1864年，5－1869年。

問13　2…**世界産業労働者同盟（IWW）**は未熟練な移民労働者を中心に1905年に結成された労働団体。**サンディカリズム**（労働組合主義）をかかげ，1886年に**サミュエル＝ゴンパーズ**の指導で熟練労働者を中心に結成されていた**アメリカ労働総同盟（AFL）**に対抗した。

問14　4…ダービー父子がコークス製鉄法を発明したのは18世紀前半。

問15　2（13）…奴隷解放宣言は1865年の**憲法修正第13条**で明文化され，その後，**憲法修正第14条**（1868）では白人と同等の**市民権**が，**憲法修正第15条**（1870）では**参政権**が黒人に保障された。しかし，これらの諸権利は北軍撤退後の南部諸州で制定された**黒人取締法**や**ジム＝クロウ法**（南部の公共・交通機関で黒人専用の部屋や座席を設けることを定めた諸法）によって形骸化された。

問16　シェアクロッパー…おもに奴隷解放後の黒人がつとめた**分益小作人**のこと。一部に南部の貧困白人（プアホワイト）も含まれ，**地主に収穫物の半分を納める**など経済的自立は困難を極めた。

問17　クー・クラックス・クラン（KKK）…1866年に**テネシー州**で結成された白人優位主義の秘密組織。

1 [1] - 39 [2] - 37 [3] - 22 [4] - 13 [5] - 02
　　 [6] - 04 [7] - 32 [8] - 35 [9] - 46 [10] - 03
2 A [イ] - 東清 [ロ] - 九竜 [ハ] - ドイツ
　　 B 問1 中体西用 問2 仇教運動 問3 b
3 ① c ② a ③ d ④ b ⑤ b ⑥ d ⑦ a ⑧ c

解説

1 [1] - 39（ブクサール），[2] - 37（ビハール）…ブクサールは現インドのビハール州にある都市。ムガル皇帝から獲得した徴税権はディーワーニーと呼ばれる。

[3] - 22（道光帝）…アヘン戦争期の清朝皇帝（位 1820 ～ 50）。イギリスに敗れ，1842 年に南京条約を結んだ。

[4] - 13（シヴァージー）… 1674 年にマラーター王国を創始した。諸侯連合であるマラーター同盟への移行後はデカン高原西部を中心に勢力を拡大したが，18世紀から 19 世紀にかけてイギリスとのマラーター戦争（3 回）に敗れて崩壊した。

[5] - 02（アムリットサール）…シク教は，ナーナクがバクティー信仰とイスラーム神秘主義を融合して 16 世紀に創始した宗教。儀礼や偶像を禁止してカースト制を否定する宗教改革者カビールの影響下に成立した。

[6] - 04（ウルドゥー）…ムガル帝国期にムスリムが用いた言語。アラビア語やペルシア語起源の語彙を多く含み，アラビア文字で表記された。

[7] - 32（熱河）…現在の河北省・遼寧省・内モンゴル自治区の 3 つが交差する地域。熱河の離宮は康熙帝が避暑用として建設した山荘に始まり，乾隆帝の時代に大規模な増築が行われた。

[8] - 35（パーマストン）…イギリス自由党最初の首相。外相や首相などの要職を歴任し，勢力均衡と自由貿易拡大をかかげてナポレオン戦争，エジプト＝トルコ戦争，アヘン戦争，クリミア戦争，アロー戦争などの対外戦争を戦い，インドではシパーヒーの反乱を鎮圧した。

[9] - 46（雷孝思）…レジスとともに『皇輿全覧図』を完成させたブーヴェ（中国名は白進）は，『康熙帝伝』を著してフランス王ルイ 14 世に献上した。

[10] - 03…アロー戦争期の天津条約（1858）と北京条約（1860）では南京など 11港が開港されたが，そのうちの一つ天津は北京条約で新たに追加された開港場。

2 A [イ] - 東清，[ロ] - 九竜，[ハ] - ドイツ…東清鉄道の南満州支線（長春～旅順）は日露戦争後のポーツマス条約（1905）で日本に譲渡された。イギリスは 1898 年に九竜半島南部を除く全域を清朝から租借し，香港島などと合わせて新界と呼ばれる地域を形成した。ドイツが膠州湾に建設した青島は，極東におけるドイツの拠点。

B　問1　中体西用⋯中国の伝統的な道徳倫理(儒教)に基づく**皇帝専制**を堅持し，**軍事など技術面を西洋化**するという洋務運動の基本思想。**変法運動**は日本の明治維新を模範とした**立憲君主制の樹立**をめざす**変法自強**を基本思想とした。

問2　**仇教運動**⋯義和団のかかげた「**扶清滅洋**」「**除教安民**」のうち，後者はキリスト教の排斥を訴えるスローガン。

> 🚩 **合否を分けるチェックポイント** ≫≫ 清朝皇帝とキリスト教
>
> **康熙帝**⋯典礼問題を機に**イエズス会士以外の布教を禁止**（18世紀初め）
> **雍正帝**⋯キリスト教布教の**全面禁止**（1724）
> **咸豊帝**⋯北京条約でキリスト教布教を**公認**（1860）

問3　b（平等互恵）⋯アメリカ国務長官ジョン＝ヘイは1899年に「**門戸開放**」「**機会均等**」を，翌年「**領土保全**」を加えて対中国外交の基本原則とした。

3 ①　c⋯**コンゴ**はベルギー・ポルトガルと，ドイツではなくフランスの3カ国に分割領有された。**ビスマルク**が主催した**ベルリン会議**（1884〜85）では，アフリカ植民地化の原則として**先占権**および**実効支配**が確認された。

②　a⋯ベニン王国ではなく**アクスム王国**。ベニン王国は現在のナイジェリア西部に位置し奴隷貿易で繁栄したが，1897年に**イギリス**によって征服された。

③　d（スタンリー）⋯イギリス生まれのアメリカ人探検家。行方不明の**リヴィングストン**を救出後，ベルギー王**レオポルド2世**の後援でコンゴ探検を行った。中央アジア探検ではイギリス人探検家**スタイン**（敦煌の調査），スウェーデン人探検家**ヘディン**（楼蘭遺跡の発見）が有名。極地探検ではイギリス人探検家**スコット**（南極点到達後に遭難死）のほか，アメリカ人探検家**ピアリ**（北極点の初到達），ノルウェー人探検家**アムンゼン**（南極点の初到達）が活躍した。

④　b（ダホメ王国）⋯現在のベナンにあった黒人王国。現在のギニアにあった**サモリ帝国**とともに1890年代に**フランス**が併合した。ダホメ王国の隣国であった**アシャンティ王国**（現在のガーナ）は20世紀初めに**イギリス**が併合した。

⑤　b⋯アフリカーナーはブール人自身が用いた自称。「ブール人」とはオランダ人の子孫に対してイギリス側が用いた蔑称。

⑥　d（アンゴラ）⋯サラザールの長期独裁政権が終わり，1974年にポルトガル民主化が実現すると，政府は植民地の放棄を宣言し，アフリカではアンゴラと**モザンビーク**が，東南アジアでは**東ティモール**がポルトガルから独立した。

⑦　a⋯**南西アフリカ植民地**を建設したのは**ドイツ**。ケープ植民地首相**セシル＝ローズ**はロスチャイルド家の支援を得て**ローデシア植民地**などを建設した。

⑧　c⋯a－イタリアは**アドワの戦い**（1896）でエチオピアに大敗した。b－ソマリランドはフランス・イギリスと，ドイツではなくイタリアの3カ国に分割された。d－北端のスペイン領を除くモロッコ全域はフランスが支配した。

23 ▶ 19・20 世紀のアジア・アフリカ②

問題：本冊 p.72

1 A ［イ］－統一と進歩　［ロ］－イタリア
　　　［ハ］－スルタン　　［ニ］－ローザンヌ条約
　　B 問1　c　　問2　第1次モロッコ（タンジール）事件
　　　問3　i－c　ii－c　問4　イズミル

2 問1　［a］－16　［b］－11　［c］－5　［d］－9　［e］－26
　　　［f］－34　［g］－31　［h］－36　［i］－7　［j］－4
　　　［k］－2　［l］－15　［m］－14

　　問2　3　　問3　①－2　②－2　　問4　3
　　問5　1－南アフリカ連邦　2－ローラット法　3－インド国民会議　4－塩の行進

解説

1 A　［イ］－統一と進歩…1908年の**青年トルコ革命**の指導者は**エンヴェル＝パシャ**。アブデュルハミト2世を廃位させ，新スルタンが即位した。

 合否を分けるチェックポイント① ▶　オスマン帝国関連史

> **セリム3世**　…西欧式軍隊（**ニザーム＝ジェディット**）の創設
> **マフムト2世**…**イェニチェリ廃止**（1826）
> **アブデュルメジト1世**…**ギュルハネ勅令**（1839）で**タンジマート開始**
> **アブデュルハミト2世**…**ミドハト憲法停止**（1878）

［ロ］－イタリア……第2次モロッコ事件（1911～12）に乗じてイタリアがオスマン帝国と戦い，**トリポリ・キレナイカ**を奪って**リビア**と改称した。

［ハ］－スルタン…オスマン帝国最後のスルタンは**メフメト6世**。

［ニ］－ローザンヌ条約…**イズミル**や東トラキアなどの領土を回復し，**軍備制限**や**治外法権（カピチュレーション）**などを撤廃することに成功した。

B　問1　c（フランス）…フランスはシリアから分離した**レバノン**も委任統治領（いにんとうち）とした。イギリスの委任統治領はイラク・トランスヨルダン・パレスチナ。

問2　第1次モロッコ（タンジール）事件…ドイツ皇帝ヴィルヘルム2世がタンジールに現れ，フランスのモロッコ支配を痛烈に批判した。タンジールは**スペイン領モロッコ**にある都市。アメリカ大統領**セオドア＝ローズヴェルト**が議長をつとめた国際会議の開催地**アルヘシラス**は，スペイン南部アンダルシア州の都市。

問3　i－c　ii－c…i－③フセイン・マクマホン協定（1915）→①サイクス・ピコ協定（1916）→②バルフォア宣言（1917）の順。ii－aはフセイン・マクマホン協定，bはバルフォア宣言の説明。バルフォア宣言はユダヤ系金融資本の**ロスチャイルド家**への書簡として出されたもの。

問4　イズミル…小アジア西岸の都市（良港）。A－［ニ］の解説参照。

2 問1 ［a］－16（プラッシーの戦い）…「近世ヨーロッパ世界②」の解説参照。

　　　［b］－11（タイ）…ラタナコーシン朝のラーマ4世（ボーリング条約）やラー
　　マ5世（チャクリ改革）の活躍で，タイの独立維持と近代化が図られた。

　　［c］－5（イギリス）…**ナポレオン戦争期**にオランダ領の**ジャワ島**を一時占領したが，
　　イギリス＝オランダ協定（1824）でマラッカ海峡以北のマラッカ・シンガポー
　　ルの領有を確定し，オランダのスマトラ島・ジャワ島領有を承認した。

　　［d］－9（スペイン），［e］－26（銀）…メキシコの**アカプルコ**とフィリピンの**マニ
　　ラ**を結ぶ太平洋横断ルートをスペインが開拓し，**ガレオン船**が往来した。

　　［f］－34（劉永福），［g］－31（天津）…劉永福は清末から中華民国初期に活躍した
　　広東省出身の軍人。ベトナム（**阮朝越南国**）に亡命して**黒旗軍**を組織してフラン
　　スに抵抗した。

　　［h］－36（1857年）…「大反乱」とは**シパーヒーの反乱**（1857～59）のこと。ロ
　　ンドンに設立された世界初の通信社**ロイター**によっていち早く伝えられた。

📍 **合否を分けるチェックポイント②** ▶▶ 19世紀後半のインド史・差がつく難問

> **ラクシュミー＝バーイ**…インド大反乱で活躍した北インドの小国の王妃
> **ラーム＝モーハン＝ローイ**…**サティー**（寡婦殉死）の廃止に活躍
> **バネルジー**…全インド国民協議会（1883年設立）の指導者
> **ナオロジー**…インド国民会議創設（1885）に参加，議長に就任

　　［i］－7（サレカット＝イスラーム）…**イスラーム同盟**とも呼ばれ，1911年にジャ
　　ワ商人が華僑に対抗する組織として結成した。

　　［j］－4（アメリカ合衆国），［k］－2（アギナルド）…**ホセ＝リサール**の反スペイン
　　運動後，武装組織**カティプーナン**がフィリピン革命を起こすと，アギナルドはア
　　メリカ＝スペイン戦争（1898）を利用して**フィリピン（マロロス）共和国**の独立
　　を宣言したが，フィリピン＝アメリカ戦争（1899～1902）に敗れて失敗した。

　　［l］－15（ファン＝ボイ＝チャウ），［m］－14（ドンズー〔東遊〕運動）…日本が**日
　　仏協約**（1907）に基づいてベトナム人留学生を追放したことで運動は挫折。ファ
　　ン＝ボイ＝チャウは1912年に**広東省（広州）**で**ベトナム光復会**を結成した。

問2　3…a－1813年ではなく1765年。

問3　①－2　②－2…①・b－フランス勢力ではなくイギリス勢力。②・b－その
　　ような事実はない。

問4　3…インド総督カーゾンの**ベンガル分割令**（1905）→**カルカッタ大会**での反
　　英4綱領（1906）→**ベンガル分割令撤回とデリー遷都**（1911）となる。

問5　1－南アフリカ連邦，2－ローラット法，3－インド国民会議，4－塩の行進…
　　ガンディーは1915年に南アフリカ連邦から帰国。インド国民会議派の指導者と
　　なり，**サティヤーグラハ（真理の把握）**をスローガンに**非暴力・不服従**の運動を
　　展開した。ガンディーはヨーロッパ近代文明を批判し，その特質でもある物質的・
　　肉体的欲望を自制するところにインドの自立があると説いた。

問題：本冊 p.76

1 [A]-サライェヴォ　[B]-ウィッテ　[C]-日英　[D]-ベルリン
[E]-コミンテルン　[F]-モロッコ　[G]-ドレフュス
[H]-グラッドストン
問1　(ア)-ヴィクトリア女王　(イ)-ヴィルヘルム2世
(ウ)-ニコライ2世　問2　(ア)-8　(イ)-6　(ウ)-2　　問3　3
2 問1　[1]-05　[2]-12　[3]-06　[4]-10
問2　科学的社会主義　　問3　疾病保険，失業保険
問4　シャーマン反トラスト法

解説　**1**　[A]-サライェヴォ…短文1は**サライェヴォ事件**(1914)の説明。オーストリアは1878年の**ベルリン条約**でスラヴ人地域である**ボスニア＝ヘルツェゴヴィナ**の統治権をオスマン帝国から獲得，1908年の**青年トルコ革命**に乗じて正式に併合した。このことで**セルビアとの対立**が深まっていた。

[B]-ウィッテ…短文2は**第1次ロシア革命**(1905)の説明。蔵相として19世紀末の**シベリア鉄道建設**(1891～)による工業化を推進し，日露戦争の**ポーツマス講和会議**(1905)にも出席した。帰国後に**十月宣言**を発布して革命収束を図ったが，その後罷免され，新首相**ストルイピン**が反動政治を強化した。

[C]-日英…短文3は日英同盟(1902)の説明。**日英の一方が戦争状態に入った場合は他方は好意的中立を守り，第3国が敵側に加勢した場合に参戦する**とした。

[D]-ベルリン…短文4はベルリン会議(1878)の説明。**サン＝ステファノ条約**は**ロシア＝トルコ（露土）戦争**(1877～78)で結ばれた条約。これがベルリン会議で破棄され，**ベルリン条約**が結ばれた。

[E]-コミンテルン…短文5はコミンテルン(1919～43)の説明。1919年に**モスクワ**で設立され，世界各地の社会主義運動や民族運動を支援した。

[F]-モロッコ…短文6は**第2次モロッコ事件**(1911～12)の説明。**アガディール**で反フランス反乱が発生すると，ドイツ皇帝ヴィルヘルム2世は軍艦**パンター号**を派遣してフランス軍と対峙し，一触即発の緊張が高まった。しかし，**独仏協定**の結果，ドイツは**フランス領コンゴの一部**を獲得することでフランスのモロッコ支配を承認し，フランスは1912年の**フェス条約**でモロッコを保護国化した。

[G]-ドレフュス…短文7は**ドレフュス事件**(1894～99)の説明。エミール＝ゾラは『**居酒屋**』などの作品で知られるフランス自然主義の作家。「**私は弾劾する**」の論陣を張って軍部を痛烈に批判した。ドレフュス事件の背後にあった**反ユダヤ主義**に対し，ユダヤ系オーストリア人の**ヘルツル**が中心となってスイスのバーゼルで**第1回シオニスト会議**(1897)を開催。ここで**パレスチナにユダヤ人の民族国家建設**をめざすバーゼル綱領が採択され，**シオニズム運動**が本格化した。

[H]-グラッドストン…短文8は第3回選挙法改正(1884)の説明。19世紀後半を代表するイギリス**自由党**の党首。第3回選挙法改正のほか，公立学校を増設する**教育法**(1870／初等義務教育の導入は1880年の教育法)や**労働組合法**(1871)，

アイルランド土地法（1870・1880）の制定に尽力した。

問1　（ア）－ヴィクトリア女王，（イ）－ヴィルヘルム2世…「**ウィーン体制とヨーロッパの再編①」2**の解説参照。ドイツ皇帝ヴィルヘルム2世は**世界政策**を推進し，海軍提督ティルピッツの艦隊建造計画に基づいて**海軍の大拡張**を行った。
（ウ）－ニコライ2世…ロマノフ朝最後の皇帝。第一次世界大戦前夜，**ハーグ国際平和会議**（1899・1907）を主導し，戦時国際法に関する条約の締結に尽力した。

問2　（ア）－8　（イ）－6　（ウ）－2 …在位期間はヴィクトリア女王（1837～1901），ヴィルヘルム2世（1888～1918），ニコライ2世（1894～1917）となる。

問3　3…短文1～8の出来事の順は，4→8→7→3→2→6→1→5。

2 **問1**　[1]－05（**社会主義者鎮圧法**）…宰相ビスマルクは政教分離の近代化に反対する**カトリック勢力**（中央党）との間に**文化闘争**を展開したが，1875年にラサール派（ラサールの指導）と**アイゼナハ派**（マルクスの弟子ベーベルが指導）が結集して**ドイツ社会主義労働者党**が結成されると，カトリック勢力とは妥協し，社会主義者鎮圧法（1878）を制定して社会主義労働者党を弾圧した。一方，**疾病保険・災害保険・養老保険**の導入など社会政策を実施して労働者を懐柔した。

[2]－12（**第2インターナショナル**）… 1889年にパリで結成された**国際社会主義者大会**の通称で，**ドイツ社会民主党**が主導した。日露戦争期のアムステルダム大会における片山潜の反戦演説に始まり，シュトゥットガルト大会やバーゼル臨時大会で**反戦運動**を呼びかけたが，第一次世界大戦の勃発を理由に解散した。

[3]－06（**自由党**）…イギリス首相**アスキス**は1911年の**国民保険法**で**失業保険**や疾病保険を導入。同年に議会法も制定し，民選議員からなる下院の上院（国王任命の議員で構成）に対する優位を確立した。またフランスでは**政教分離法**（1905）が制定され，宗教への国家援助が一切禁止された。

	イギリス	アメリカ	ドイツ	フランス	ロシア	その他
1870年	31.8(%)	23.3	13.2	10.3	3.7	17.7
1881～1885	26.6	28.6	13.9	8.6	3.4	18.9
1886～1900	19.5	30.1	16.6	7.1	5.0	21.7
1906～1910	14.7	35.3	15.9	6.4	5.0	22.7
1913	14.0	35.8	15.7	6.4	5.5	22.6

▲世界の工業生産に占める各国の割合
（出典：2013年 成蹊大学 経済学部 入試問題 大問5）

[4]－10（**石油**）…アメリカ合衆国やドイツが牽引した**第2次産業革命**（**重化学工業**中心）において**電力**と並ぶ主要なエネルギー資源。イギリス主導の第1次産業革命（軽工業中心）で使用された**石炭・蒸気力**に代わって産業構造の高度化に貢献した。「**世界の工業生産に占める各国の割合**」は上のグラフを参照。

問2　**科学的社会主義**…人道主義的見地から労働者の待遇改善を図る従来までの社会主義思想は，**空想的（ユートピア）社会主義**と呼ばれた。

問3　疾病保険，失業保険…問1[3]の解説参照。

問4　**シャーマン反トラスト法**… 1890年にハリスン大統領（共和党）が制定。**セオドア＝ローズヴェルト大統領**（共和党）がロックフェラーの**スタンダード石油**を解体するために初めて発動した。1914年の**ウィルソン大統領**（民主党）の政権下では，同法を強化した**クレイトン反トラスト法**が制定された。

1 問1　A　問2　C　問3　D　問4　C　問5　A　問6　D
2 問1　[1]-e　[2]-c　[3]-c　[4]-b　[5]-c
　　　　[6]-b　[7]-d　[8]-c
　　問2　e　　問3　d　　問4　a　　問5　a　　問6　d
3 (1)-②　(2)-④　(3)-②　(4)-③　(5)-①
　　(6)-④　(7)-②　(8)-②　(9)-④　(10)-②

解説

1 問1　A…(あ)-1917年4月,(い)-1918年,(う)-1917年2月,(え)-1914年。ドイツによる無制限潜水艦作戦開始がアメリカ合衆国の参戦理由とされた。

問2　C（無併合・無賠償）…ソヴィエト政権の「平和に関する布告」に明示される原則。無併合・無賠償・民族自決に基づく即時停戦を訴えた。

問3　D…オスマン帝国と連合国との講和条約はセーヴル条約（1920）。

問4　C（ハーディング）…「平常（常態）への復帰」を唱えた共和党大統領。外交面では孤立主義に回帰したが，ワシントン会議を主導して日本の膨張主義などを牽制した。

問5　A…ロカルノ条約（1925）の発効条件がドイツの国際連盟加盟であり，ドイツは常任理事国となった。B-アイルランドのイギリス連邦脱退は1949年。C-赤シャツ隊ではなく黒シャツ隊。D-ザール地方はヴェルサイユ条約で15年間の国際連盟管理地域となり，事実上フランスが支配したが，併合はされていない。

問6　D…民主党ではなく共和党。ハーディング（任1921～），クーリッジ（任1923～），フーヴァー（任1929～33）と共和党大統領が三期連続した。クーリッジは経済面では自由放任主義をとり，アジア系移民，とくに日系移民を事実上禁止し，東欧・南欧からの移民も制限する移民法（1924）を制定した。フーヴァーは就任当初「永遠の繁栄」を謳ったが，その政権下で世界恐慌が発生した。

合否を分けるチェックポイント　アメリカ合衆国の現代大衆文化

ラジオの普及…1920年から商業放送を開始
ハリウッド映画…世界の映画配給の85%を占める黄金時代を現出
ジャズの流行…黒人音楽（ニューオリンズが発祥）から国民音楽へ
スポーツ観戦…野球（ホームラン王ベーブ＝ルースの活躍），ボクシングなど

2 問1　[1]-e（立憲民主党）…臨時政府の首班は立憲民主党のリヴォフ。
[2]-c（スイス），[3]-c（ボリシェヴィキ），[4]-b（四月テーゼ）…三月革命後，レーニンはドイツが提供した列車（封印列車）でロシアに帰国。ブルジョワジー中心の臨時政府と戦争継続に反対し，ソヴィエト政権の樹立を訴えた。
[5]-c（ケレンスキー）…社会革命党右派の指導者。農業問題の処理をめぐって混

乱した臨時政府は，**メンシェヴィキ**や**ナロードニキ**の流れをくむ**社会革命党**など
ソヴィエト主流派を入閣させ，態勢の立て直しを図った。

[6]－b（**ブレスト＝リトフスク**）…外務人民委員**トロツキー**が交渉にあたり，フィ
ンランドと**バルト3国**に**ポーランド**の一部を加えた広大な領土を失った。

[7]－d（**非常委員会〔チェカ〕**）… 1922年に**国家保安部（GPU）**に改組。

[8]－c（**戦時共産主義**）…この政策が極度の生産力低下を招くと，1921年からは
過度な国有化を改め，農民に自由な経営を一部認める**新経済政策（ネップ）**に移
行。1928年からは**重工業の建設**と**農業の集団化**をめざす**五カ年計画**を開始した。

問2　e（ナロードニキ）…問1 [5] の解説参照。

問3　d…憲法制定議会選挙で**社会革命党**が第1党となり，ボリシェヴィキ政権を
否定したことでレーニンが強行した。

問4　a（サイクス・ピコ協定）…イギリス・フランス・ロシアの**オスマン帝国領
分割**を決定し，**パレスチナ**は国際管理とした。

問5　a（日本），問6　d（チェコ軍団の反乱）…日本がシベリアから撤兵するの
は**1922年**。オーストリア軍に編入されていたチェコ軍団は，ロシア側に降伏後，
戦後の独立を期待して**連合国側での参戦**を打診していた。

3　(1)－②（**十四カ条**），(2)－④（**パリ**）…パリ講和会議を主導したのは**ウィル
ソン**（米），**ロイド＝ジョージ**（英），**クレマンソー**（仏）の三巨頭。ウィルソ
ンの十四カ条は指導原則として採用されたが，英仏の反発で形骸化された。

(3)－②（**ホーエンツォレルン**）…元来は**プロイセン王国**の王家。

(4)－③（**ラインラント**）…**ヴェルサイユ条約**（1919）の内容。ライン川右岸幅50
kmを非武装とし，左岸は連合国（フランス）が15年間の保障占領下に置いた。

(5)－①（**ジュネーヴ**）…国際連盟の設立当初の常任理事国は**イギリス・フランス・
イタリア・日本**の4カ国。1926年に**ドイツ**が加わったが，1933年に日本とドイ
ツが脱退。1934年に**ソ連**が常任理事国として加盟したが，1937年にイタリアが
脱退し，1939年にはソ連が除名された。

(6)－④（**ロイド＝ジョージ**）…イギリス**自由党**の政治家。挙国一致内閣の首相と
して勝利に貢献。大戦中に**第4回選挙法改正**（1918）を実施し，**普通選挙**およ
び**女性参政権**の導入を図った。

(7)－②（**ポワンカレ**），(8)－②（**ルール**）…ポワンカレは**ルール占領**（1923～
25）の失敗で引責辞職したが，続く**エリオの左派連合内閣**（1924～26）の退陣
後に首相に復帰し，挙国一致内閣を組織して経済再建に着手した。

(9)－④（**シュトレーゼマン**）…**ドイツ人民党**の指導者。国有地などの土地財産を
担保とした**レンテンマルク**を発行して約1兆倍のインフレを奇跡的に改善し，
ドーズ案（1924）を受け入れて**アメリカ合衆国からの民間資本**の導入を図った。
対外的には**協調外交**を展開し，**ロカルノ条約**（1925）の締結に尽力した。

(10)－②（**ケロッグ・ブリアン条約**）…**不戦条約**（パリで調印）の名で知られるが，
自衛の戦争は否定しなかった。**ケロッグ**は米国務長官，**ブリアン**は仏外相。

1 [A] – 新文化　[B] – 国民党　[C] – 中華革命党　[D] – カラハン
　　[E] – 中国国民党一全大会　[F] – 国民　[G] – 張学良
　　[H] – 中華ソヴィエト共和国臨時政府　〔1〕モンゴル人民共和国　〔2〕紅軍

2 問1　イ　　問2　ア

3 [A] – 1910　[B] – 併合　[C] – 大韓帝国　[D] – 土地調査
　　[E] – 高宗　[F] – 広東軍　〔1〕武断政治　〔2〕東学　〔3〕文化政治

解説

1 [A] – 新文化…陳独秀による雑誌『新青年』の発刊に始まり，胡適が論文「文学改良芻議」を投稿して口語（白話）による文学を提唱，魯迅が 1918 年の『狂人日記』や 1921 年の『阿Q正伝』でこれを実践した。運動の中心となった北京大学の学長には蔡元培が就任し，マルクス主義研究者の李大釗も活躍した。

[B] – 国民党，[C] – 中華革命党…国民党は袁世凱の独裁に対抗して結成された政治政党。実質的な指導者の宋教仁は湖南省を基盤とする華興会の出身であった。袁世凱の国民党弾圧（宋教仁暗殺）を受けた第二革命（1913）の失敗後，孫文は 1914 年に革命的な秘密結社である中華革命党を日本の東京で結成した。

[D] – カラハン…ソヴィエト政権の外務人民委員代理。1919 年に出された最初の文書で帝政ロシア時代の不平等条約撤廃と中国民族運動の支援を表明したが，翌年の文書では旧ロシア権益（東清鉄道など）の返還に関する内容が後退した。

[E] – 中国国民党一全大会，[F] – 国民… 1924 年に広州で開催。前年のソ連外交官ヨッフェとの会談内容を踏まえて「連ソ・容共・扶助工農」を決議し，国民革命をめざす第一次国共合作（1924 〜 27）が成立した。

[G] – 張学良… 1928 年の奉天事件（張作霖爆殺事件）後，張作霖の後を継ぎ，中国東北部（奉天・吉林・黒竜江の３省）を支配した奉天軍閥の首領。中国国民党の東北支配を受け入れる「東北易幟」を行い，蒋介石に帰順した。

[H] – 中華ソヴィエト共和国臨時政府…毛沢東が率いる紅軍が井崗山に築いた革命根拠地から発展。江西省の瑞金に置かれた。

〔1〕モンゴル人民共和国…辛亥革命期に外モンゴル（内モンゴルは中華民国に残

合否を分けるチェックポイント① 「1920〜30 年代の中国」差がつく重要事項

済南事件（1928）…北伐軍と日本軍（**山東出兵**）との衝突事件

九・一八事変（1931）…**満州事変**の中国での呼び名

日本軍の熱河占領（1933）…熱河は満州国と河北省の間にある軍事上の拠点

塘沽停戦協定（1933）…蒋介石と日本軍との停戦協定，**満州国**の事実上承認

冀東防共自治政府（1935）…**華北分離工作**の拠点となった日本の傀儡政権

幣制改革（1935）…国民政府による**銀貨禁止**とポンドと連動した**法幣**の発行

七・七事変（1937）…**盧溝橋**事件の中国での呼び名

留）が独立を宣言。1920年に**チョイバルサン**らが**人民革命党**を結成し，ソ連（赤軍）の支援を得て，**1924年に世界で2番目の社会主義国**となった。

〔2〕　**紅軍**…**上海**（シャンハイ）**クーデタ**（1927）後に創設された中国共産党の軍隊。**朱徳**が指導し，第二次世界大戦後の国共内戦期には**人民解放軍**に再編制された。

2　**問1**　**イ**…パンジャーブ州ではなくベンガル州。ベンガル分割令に反発した国民会議派の**カルカッタ大会**（1906）では，**英貨排斥**（はいせき）（ボイコット）・**スワデー**シ（国産品愛用）・**スワラージ**（自治獲得）・**民族教育**の4綱領（こうりょう）が決議された。

問2　**ア**…1885年ではなく1906年。「1885年」はボンベイで**インド国民会議**が結成された年。カリフを擁護する**ヒラーファト運動**を展開していた全インド＝ムスリム連盟（**ジンナー**の指導）は，1916年に国民会議派と**ラクナウ協定**を結び，反英運動での協力を約束したが，最後は対英協調へと復帰した。

> ▶ **合否を分けるチェックポイント②**　　「戦間期のアジア・アフリカ」差がつく人名
>
> **デュボイス**…**パン＝アフリカニズム**を指導したアメリカ人の黒人解放運動家
> **ファイサル**…アラブ人の指導者**フセイン**の息子，**イラク**の国王に即位
> **段祺瑞**（だんきずい）…袁世凱の死後に国務総理として**北京政府**を支配した**安徽派**（あんきは）の首領
> **アンベードカル**…反カーストの社会運動家（独立後の**インド憲法草案委員長**）
> **タゴール**…アジア人初の**ノーベル賞受賞者**となったインド人の文学者
> **サヤ＝サン**…1930年代に農民蜂起を起こした**ビルマ民族運動**の指導者

3　〔A〕-**1910**，〔B〕-**併合**…1909年に**伊藤博文**（いとうひろぶみ）が**安重根**（あんじゅうこん）に**ハルビン**で暗殺された翌年に結ばれた条約。**京城**（現ソウル）に駐在する朝鮮総督は陸海軍の大将がつとめ，初代は**寺内正毅**（てらうちまさたけ）（陸軍大将）が就任。**憲兵警察制度**を導入して武断政治を展開し，**土地調査事業**（1910〜18）を実施して所有権の不明な土地を朝鮮人から没収した。

〔C〕-**大韓帝国**（だいかん）…帝政に移行することで独立国家であることを訴えるとともに，**光武改革**と呼ばれる一連の近代的諸改革を実施した。**高宗**は朝鮮国第26代の国王。

〔D〕-**土地調査**，〔E〕-**高宗**（こうそう）…〔A〕および〔C〕の解説参照。

〔F〕-**広東軍**…広東軍政府は北京政府の軍閥政権に対抗して広州に樹立された軍事政権（1917〜24）。**孫文**が大元帥をつとめたが，軍閥諸派との内部対立が絶えず，革命理念に裏づけられた**国民革命軍**の必要を孫文に痛感させた。

〔1〕　**武断政治**…〔B〕の解説参照。
〔2〕　**東学**（とうがく）…19世紀後半に**崔済愚**（さいせいぐ）が民間信仰に**儒教**や**仏教**の要素を融合（ゆうごう）して創始した新興宗教。**西学**（キリスト教）に対抗して命名され，排外色が強く，**全琫準**（ぜんほうじゅん）が全羅道で起こした**甲午農民戦争**（こうご）（1894）の主体となった。
〔3〕　**文化政治**…三・一独立運動の鎮圧後，日本は言論や結社の自由を一部認める文化政治に転換したが，**李承晩**（イスンマン）や**金九**（キムグ）らの民族独立運動家は1919年に中国の**上海**に結集して**大韓民国臨時政府**を樹立し，独立運動を継続した。

1 問1　ア　　問2　エ　　問3　エ　　問4　武器貸与
2 [1] - 19　[2] - 38　（ア）40　（イ）29　（ウ）26　（エ）24

解説　**1**　**問1**　**ア（全国産業復興法）**…政府による工業生産の統制と工業製品の価格安定などを図った法（略称 NIRA）。合衆国憲法で保障された経済活動の自由に反するとして 1935 年に連邦最高裁判所で違憲判決が出された。その後，フランクリン＝ローズヴェルト政権は同法に含まれる**労働者への団結権・団体交渉権**を再立法化した**ワグナー法**（1935）を制定した。ニューディールはイギリスの経済学者ケインズの経済学説を採り入れ，**政府の財政出動による有効需要と雇用の創出**をめざした経済政策のこと。ローズヴェルト政権成立の前年にあたる 1932 年の**アメリカの工業生産指数**は 恐慌前の**二分の一**に減少し，**失業者数は約 1300 万人**（失業率 25％）に上っており，ローズヴェルト大統領は**炉辺談話**と呼ばれる国民向けのラジオ放送を行ってニューディール支持の国内世論を喚起した。

> **合否を分けるチェックポイント①**　　ニューディール関連の重要事項
>
> **農業調整法（ＡＡＡ）**
> … 1933 年に制定，農業生産の統制と農産物価格の安定（1936 年に違憲判決）
> **テネシー川流域開発公社（ＴＶＡ）**
> … 1933 年に設立，公共事業による失業者の吸収，民間企業の電力独占の打破
> **金本位制停止**… 1933 年に実施（**イギリス**は 1931 年，**フランス**は 1936 年）
> **社会保障法**… 1935 年に制定，**失業保険**と**老齢年金**を規定

問2　**エ**…**フーヴァー＝モラトリアム**（1931）の説明。フーヴァー大統領は関税をアメリカ史上最高水準に引き上げる**スムート＝ホーリー関税法**（1930）を制定したが，この法は各国の**報復関税**と**経済のブロック化**を招き，経済ナショナリズムを背景とした貿易戦争を誘発した。なおフランクリン＝ローズヴェルト大統領もラテンアメリカ諸国に対して**善隣外交**を展開し，互恵通商条約による**ドル＝ブロック**の構築をめざした。

問3　**エ**…ソ連の第1次五カ年計画（1928〜32）は社会主義計画経済に基づく**重工業の建設と農業の集団化（機械化）**に成功し，右図のように**工業生産指数は世界恐慌の影響を受けずに上昇**した。資本主義国の中では**日本**が一番早く恐慌前の水準を回復。**アメリカ**と

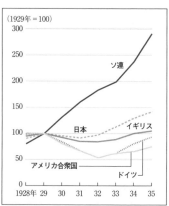

▲世界恐慌期の各国工業生産の推移
（出典：『本邦主要経済統計』より）

ドイツの工業生産指数は**ドーズ案**との関係で当初はほぼ同調して推移するが，**1933 年以降**はドイツがアメリカを引き離して浮揚した。これは**ヒトラー政権**の経済政策の即効性の表れであり，ドイツは 1937 年までに完全雇用をほぼ実現した。一方，アメリカは財政出動を止めたことが原因となり，1937 年に再び工業生産力の低下と失業者の急増を招くことになるが，**第二次世界大戦期**に制定された**武器貸与法**（1941）による軍需産業の拡大で雇用が創出され，ようやく**恐慌前の経済水準を回復**した。

問4　武器貸与…この軍事援助法はドイツと戦う**イギリス**や，独ソ開戦後のソ連に適用され，アメリカは事実上連合国の一員となった。

2　[1] - 19（ダンケルク）…イギリスではこの直前に**チャーチル**挙国一致内閣が成立。ダンケルク包囲戦の翌月，ドイツ軍は**パリ**を占領してフランスを降伏させ，フランス北半を占領下に置いた。フランス南半には対ドイツ協力政権である**ヴィシー政府**（首班ペタン）が成立したが，反ドイツ抵抗勢力は**ド゠ゴール**を中心にロンドンで**自由フランス政府**を樹立し，**レジスタンス運動**を指導した。

[2] - 38（モスクワ）…大西洋上会談（1941）で発表された**大西洋憲章**に含まれる「国際安全保障の確立」を受けて出された宣言。

![] 合否を分けるチェックポイント②	「国際連合の成立」モスクワ宣言後の動向
1944 年	**ダンバートン＝オークス会議**…国連憲章の原案，**常任理事国**の決定
1945 年	**ヤルタ会談**…常任理事国（米英仏ソ中〔中華民国〕）に**拒否権**
1945 年	**サンフランシスコ会議**…国際連合憲章の採択（ドイツ降伏後）
1945 年	**国際連合の発足**（日本降伏後）
1946 年	第 1 回国連総会（**ロンドン**）→第 2 回（1947，**ニューヨーク**）
1948 年	第 3 回国連総会（**パリ**）…**世界人権宣言**の採択

（ア）　40（ロマ）…ヒトラー政権下ではロマ（蔑称ジプシー）や身体障害者に対する迫害も行われた。

![] 合否を分けるチェックポイント③	ドイツのユダヤ人迫害〔ホロコースト〕
ニュルンベルク法（1935）…ユダヤ人から**市民権**を剥奪する法
水晶の夜（1938）…ユダヤ人経営商店やシナゴーグなどが破壊された事件
アンネ゠フランク　**アムステルダム**で捕らえられたユダヤ人少女。日記を残す

（イ）　29（ペタン）…[1] の解説参照。

（ウ）　26（バドリオ）…連合国の**シチリア島上陸作戦**（1943）を機にムッソリーニ政権が崩壊し，新たに誕生したバドリオ政権下でイタリアは**無条件降伏**した。

（エ）　24（ドレスデン）…ドイツ中東部にあり，現在は**ザクセン州**の州都。この悲劇は「**ドイツの広島**」と呼ばれた。

問題：本冊 p.90

1 (1) a (2) d (3) a (4) d (5) c
 (6) a (7) b (8) d (9) d (10) d
 問A　ソヴィエト社会主義共和国連邦　問B　プラハの春
 問C　オーデル川・ナイセ川

2 問1　[a]-マーシャル＝プラン　[b]-ヨーロッパ石炭鉄鋼共同体
 [c]-ヨーロッパ原子力共同体　[d]-単一欧州　[e]-欧州中央
 [f]-マーストリヒト　[g]-ユーロ　[h]-リスボン
 問2　ヨーロッパ自由貿易連合（EFTA）

3 問1　ウ　問2　エ　問3　エ　問4　ウ　問5　ア　問6　ウ　問7　イ

解説

1 (1)　a…b-チェンバレンではなくチャーチル。c-トルーマンが出席したのは1945年7月に始まったポツダム会談。d-ポツダムではなくヤルタ。

(2)　d…ザグレブではなくベオグラード。

(3)　a（アイゼンハワー）…イーデン（英），フォール（仏），ブルガーニン（ソ連）も出席。

(4)　d…フルシチョフは**ハンガリーの反ソ暴動**に軍事介入し，**ナジ＝イムレ**首相を逮捕・処刑した。ポーランドでは**ゴムウカ**政権が自主的に市民の反ソ暴動を収拾した。1960年代には**アルバニア**の**ホジャ**政権が対ソ断交（1961）を行い，**ルーマニア**の**チャウシェスク**政権も石油資源を武器に独自路線を展開した。

(5)　c…①-マルタ会談でのアメリカ大統領はレーガンではなくブッシュ。

(6)　a（インド）…**核拡散防止条約**は米ソ英仏中の5カ国以外への核兵器拡散を禁止した条約。インドは**1974年**に核実験に成功し，**アメリカ**(1945)・**ソ連**(1949)・**イギリス**(1952)・**フランス**(1960)・**中国**(1964)に次ぐ6番目の核保有国となった。

(7)　b…d（1948～49年）→c（1952年）→b（1954年）→a（1972年）。

(8)　d（ブラント）…1970年に**ソ連**と武力不行使条約を結び，同年**ポーランド**との国交正常化では**オーデル川・ナイセ川**を戦後国境として確認。1972年には**東西ドイツ基本条約**で相互承認を実現させ，翌年**国連同時加盟**を果たした。

(9)　d…a（1971年），b（1960～65年），c（1965年），d（1979年）。

(10)　d…ソ連崩壊後，ロシアからの独立をめざす**チェチェン紛争**が激化した。

問A　ソヴィエト社会主義共和国連邦…1922年に**ロシア・ウクライナ・ベラルーシ・ザカフカース**のソヴィエト共和国で結成（1991年時点では15共和国）。

問B　プラハの春…ドプチェク政権による1968年の自由化運動は，**ワルシャワ条約機構軍**の介入で挫折。ソ連の**ブレジネフ**は**制限主権論**でこれを正当化した。

問C　オーデル川・ナイセ川…(8)の解説参照。

2 問1　[a]-マーシャル＝プラン…正式名称は**ヨーロッパ経済復興援助計画**。
[b]-ヨーロッパ石炭鉄鋼共同体…**パリ条約**に基づいて発足。独仏間の**アルザス・**

ロレーヌ問題など石炭や鉄鉱石をめぐる対立の解消と安全保障の確立を目的とした。初代委員長は**ジャン＝モネ**。原加盟国（**フランス・西ドイツ・イタリア・ベネルクス３国**）は**インナーシックス**と呼ばれる。

[c] − ヨーロッパ原子力共同体…**ローマ条約**に基づき，共同市場をめざす**ヨーロッパ経済共同体（EEC）**とともにインナーシックスが結成。

[d] − 単一欧州…1990 年には国境検問を廃止する**シェンゲン協定**も締結された。

[e] − 欧州中央…フランクフルトに設立。**ユーロ紙幣**の発行と金融政策を担当。

[f] − マーストリヒト…ベルギーとの国境に近い**オランダ**南部の都市。

[g] − ユーロ… [e] の解説参照。2002 年の通貨発行時点でユーロに参加しなかった EU 加盟国は，**イギリス・デンマーク・スウェーデン**の３カ国。

[h] − リスボン…2009 年に発効した EU の新基本条約。**EU 大統領職**を新設。

問２ ヨーロッパ自由貿易連合（EFTA）…EEC に対抗する組織としてイギリスが提唱。イギリスの EEC 加盟申請は，フランス大統領ド＝ゴールが拒否。

３ 問１ ウ（バルフォア）…ロスチャイルド家への書簡で約束された。

問２ エ，**問３** エ（イラン）…少数派の**ユダヤ人**にパレスチナ全体の約 56％の土地を割当てたことに**アラブ諸国連盟**が反発。1948 年のイスラエル建国宣言（初代首相ベングリオン）の翌日，第一次中東戦争（パレスチナ戦争）が勃発した。戦争に勝利したイスラエルはパレスチナ全体の約 77％を獲得し，残りの領土は**エジプト（ガザ地区）**と**ヨルダン（ヨルダン川西岸地区）**が占領した。

問４ ウ（国際連合難民高等弁務官事務所）…1950 年に設立された国際機関（本部は**ジュネーヴ**）。1991 年から 2000 年の難民高等弁務官は日本人の**緒方貞子**。

問５ ア…**イラク革命（1958）**では**カセム**らの青年将校団が王制を打倒。イラクはこれを機に**バグダード条約機構（中東条約機構）**から脱退した。

問６ ウ…六日間戦争ではなくスエズ戦争。スエズ運河国有化を強行したエジプト大統領**ナセル**は非同盟主義をとり，社会主義経済の導入を図った。この戦争の責任をとり，イギリスでは**イーデン**首相が辞任した。六日間戦争はイスラエルが圧勝した第三次中東戦争の別名。エジプトから**ガザ地区**と**シナイ半島**，ヨルダンから**ヨルダン川西岸地区**（東イェルサレムを含む），シリアから**ゴラン高原**を奪った。

問７ イ…国連決議を受けてアメリカ軍が主力の多国籍軍が派遣されたのは**湾岸戦争（1991）**。日本の陸上自衛隊は**イラク復興支援特別措置法**に基づき，**フランス**などの反対で国連決議を得られないまま米英が踏み切った**イラク戦争（2003）**に参加。

合否を分けるチェックポイント ≫ **中東戦争後のパレスチナ情勢**

1987 年	**インティファーダの開始**…パレスチナでの反イスラエル抵抗運動
1991 年	**マドリード会議の開催**…米ソが共同議長国を務めた中東和平会議
1993 年	**パレスチナ暫定自治協定（オスロ合意）**の成立 …**ノルウェー**の仲介，イスラエル・PLO の相互承認など

問題：本冊 p.94

1 [1] - 23　[2] - 02　[3] - 46　[4] - 57　[5] - 12
　　[6] - 49　[7] - 10　[8] - 58　[9] - 43　[10] - 01
　問1　30　問2　44　問3　19

2 問1　[1] - 27　[2] - 42　[3] - 03　[4] - 26　[5] - 06　[6] - 38
　　　　[7] - 14　[8] - 34　[9] - 05　[10] - 28　[11] - 08　[12] - 18
　　　　[13] - 12　[14] - 37　[15] - 31　[16] - 29
　問2　（ア）新興工業経済地域（NIES）（イ）2
　問3　（ア）品種改良や技術革新による食糧の増産　（イ）フィリピン
　問4　ドイモイ　問5　反共的政治同盟から経済的共同体に変化した。

解説　**1**　[1] - 23（人民政治協商会議）…毛沢東は旧政権打倒と共産党独裁をめざす**新民主主義論**を唱えて国共内戦に勝利し，中華人民共和国の建国を宣言した。

[2] - 02（仁川）…中国は**人民義勇軍**を派遣し，米軍中心の国連軍と戦った。

[3] - 46（反右派闘争），[4] - 57（林彪），[5] - 12（紅衛兵）…反右派闘争後に始まった**第2次五カ年計画**が深刻な経済混乱を招くと，**劉少奇**は毛沢東に代わって国家主席に就任し，鄧小平とともに**調整政策**を実施した。しかし，「造反有理」をスローガンに紅衛兵の**プロレタリア文化大革命**が本格化するなか，毛沢東は劉少奇らを**実権派（走資派）**と非難して奪権闘争を展開。林彪を後継者に復権した。

[6] - 49（ベトナム）…ベトナムがカンボジアに侵攻し，**ポル＝ポト政権**（親中派）を打倒したことで対中関係が悪化。**中越戦争**（1979）に発展した。

[7] - 10（経済特区）…鄧小平は文化大革命を「重大な誤り」と否定し，**改革・開放政策**を開始。経済特区のほか，周恩来の提唱した「**四つの現代化**」（農業・工業・国防・科学技術の近代化）を進め，**人民公社解体**や**生産請負制**の導入を図った。

[8] - 58（六四事件），[9] - 43（南巡講話）…六四事件（第2次天安門事件）後，経済制裁などで経済成長率が低下し，改革・開放政策は停滞したが，鄧小平の「南巡講話」を機に，1993年から**社会主義市場経済**が本格始動した。

[10] - 01（一国二制度）…鄧小平はイギリスの**サッチャー**政権と一国二制度を約束した**香港返還協定**（1984）を締結。香港返還時の英中首脳はブレアと江沢民。

問1　30（双十協定）…1946年には**重慶**で政治協商会議を開催し，アメリカ合衆国の調停で停戦協定が成立したが，国共内戦を回避できなかった。

問2　44（二・二八事件）…この事件後，台湾には戒厳令がしかれ，1949年の中華民国移転後は**中国国民党の一党独裁**が続いたが，1988年に総統に就任した**李登輝**が台湾の民主化を進め，2000年には**民進党の陳水扁**が総統に就任した。

問3　19（三不政策）…「**統一せず，独立せず，戦わず**」を基本方針とした。

2　問1　[1] - 27（ハーグ協定）…インドネシア大統領**スカルノ**はバンドンで第1回アジア＝アフリカ会議（1955）を開催し，外交では**非同盟主義**をとった。

[2] - 42（ローズヴェルト）…**ケソン**指導のフィリピン独立準備政府が発足。

[3]-03（アトリー）, [4]-26（ネ＝ウィン）…ビルマは独立と同時に**イギリス連邦から離脱**。ネ＝ウィンの軍事政権下で**社会主義建設**をめざした。

[5]-06（インド人）, [6]-38（マラヤ連邦）…インド人は**ゴム農園**の労働力として流入。マラヤ連邦に**シンガポールとサバ・サラワク両州**を加えて1963年に**マレーシア連邦**が成立。**華僑**中心のシンガポールは1965年に分離し, **リー＝クアンユー**首相の**開発独裁**下で金融・自由貿易港・観光を柱とする開発が進んだ。

[7]-14（シハヌーク）…カンボジア王国は**ジュネーヴ休戦協定**（1954）でフランスからの完全独立を達成したが, 1970年代以降, 政変や内戦を繰り返した。

◆ 合否を分けるチェックポイント ≫≫ 1970年代のカンボジア情勢

1970年	**カンボジア共和国**の成立…**ロン＝ノル**政権（親米派）
1976年	**民主カンプチア**の成立…**ポル＝ポト**政権（親中派）, 大量虐殺
1979年	**カンボジア人民共和国**の成立…**ヘン＝サムリン**政権（親越派）

---

[8]-34（バンドン）… [1] の解説参照。

[9]-05（池田勇人）…岸信介内閣を引き継いで組閣。後任の首相は佐藤栄作。

[10]-28（朴正熙）…朴正熙の**開発独裁**政権下で, 韓国は「漢江の奇跡」と称される経済発展を遂げた。1979年の朴正熙暗殺後に登場した崔圭夏大統領は軍部クーデタで失脚し, 1980年には**全斗煥**が大統領に就任。この政権交代時の1980年に市民の民主化運動を軍部が弾圧する**光州事件**が起こった。

[11]-08（観光）… [5] の解説参照。

[12]-18（スハルト）…**九・三〇事件**（1965）で実権を握ったスハルトは, スカルノに代わって大統領に就任。1976年にはポルトガルから独立した**東ティモール**を併合したが, 1997年の**アジア通貨危機**による政治混乱を受け, 翌年失脚した。

[13]-12（光州事件）… [10] の解説参照。

[14]-37（マハティール）…マレーシアの**開発独裁**政権（1981〜2003）。日本の経済発展をモデルとする**ルック＝イースト政策**を提唱した。

[15]-31（パリ）…パリ和平合意に基づいて設立された**国連カンボジア暫定行政機構**を経て, 1993年に**カンボジア王国**（国王シハヌーク）が再建された。

[16]-29（バーツ）…タイの通貨バーツの暴落に始まる1997年の**アジア通貨危機**は, **インドネシア・フィリピン・韓国**などにも波及。IMFが緊急融資を行った。

問2 （ア）**新興工業経済地域（NIES）**, （イ）**2**…1970年代の韓国・シンガポール・台湾は, 開発独裁政権下で**輸出志向型産業の育成**を図った。

問3 （ア）〔解答参照〕, （イ）**フィリピン**…「緑の革命」は1960年代後半から**インドや東南アジア**などで展開。フィリピンでの国際稲研究所の設立は1960年。

問4 **ドイモイ**…「刷新」の意味。ソ連のペレストロイカの影響下で始まった。

問5 〔解答参照〕…**ベトナム戦争**期の設立当初は反共的な政治同盟の性格を持ったが, 1971年にクアラルンプルで**中立地帯宣言**を採択し, 経済中心の地域共同体を志向。1995年には社会主義国**ベトナム**の加盟が実現した。

30 第二次世界大戦後の世界③

問題：本冊 p.98

1	問1　②	問2　④	問3　①	問4　③	
	問5　③	問6　⑦	問7　②	問8　②	
2	問1　ア	問2　ウ	問3　エ	問4　解なし*	問5　カシミール
	問6　イ	問7　ウ	問8　ウ		

*大学入試センター発表による

解説

1 問1　②…アルジェリアでは 1954 年から**民族解放戦線**（FLN）による独立戦争が本格化。1962 年にフランスの**ド＝ゴール政権**が**エヴィアン協定**で独立を承認した（大統領ベン＝ベラ）。ガーナはサハラ以南最初の黒人独立国家。

問2　④（アフリカ統一機構）…略称は **OAU**。1963 年にエチオピアの**アディスアベバ**で開催された**アフリカ諸国首脳会議**（ガーナ大統領**エンクルマ**の指導）で結成。2002 年に**アフリカ連合**（AU）へ発展・改組した。

問3　①…**カタンガ州**の分離独立派（ベルギー系白人）を支援するために**ベルギー軍**が介入。首相**ルムンバ**も部族抗争で暗殺されるなど内戦は激化し，**国連軍**も派遣されたが，1965 年に親米派の軍人モブツのクーデタで終結した。

問4　③…①②－1964 年に**北ローデシア**からザンビアとマラウィが黒人国家として独立。**南ローデシア**も 1965 年に**イギリス**（ウィルソン労働党内閣）からの独立を宣言したが，1980 年に**黒人勢力**が白人政権を打倒し，**ジンバブエ**として再独立を果たした。④－ドイツではなくイギリス。ローデシアではなくスーダン。

問5　③…1990 年にナミビアが黒人国家として独立すると，翌年デクラーク大統領は**アパルトヘイト撤廃**を宣言。1994 年の総選挙の結果，**アフリカ民族会議**が勝利し，その指導者ネルソン＝マンデラが南アフリカ最初の黒人大統領となった。

問6　⑦…エチオピアでは 1974 年に大規模な飢饉による経済危機などを背景に**エチオピア革命**が勃発。皇帝ハイレ＝セラシエが退位した。

問7　②…フツ族強硬派民兵がツチ族住民を無差別に虐殺した。多数派の**フツ族**主体の新政府と少数派のツチ族との間で**ルワンダ内戦**（1990 ～ 94）が激化した。

問8　②…ルワンダは**ドイツ領東アフリカ植民地**に含まれ，第一次世界大戦後はベルギーの委任統治下に置かれていた。地図中の記号は，A－中央アフリカ，B－ルワンダ，C－マラウィ，D－ガボン，E－ブルキナファソ。

> **合否を分けるチェックポイント①**　　「アフリカ現代史」差がつく重要事項

1967 年	**ナイジェリア内戦**（～ 70）…イボ族の**ビアフラ共和国**建設は失敗
1975 年	**アンゴラ・モザンビーク**の独立…旧宗主国は**ポルトガル**
2010 年	**チュニジア**のジャスミン革命（～ 2011）→**ベン＝アリ**政権の崩壊
2011 年	**リビア内戦**の激化→**カダフィ**政権の崩壊
2011 年	**エジプト**の反体制運動→**ムバラク**政権の崩壊

60

2 **問1** ア（スリランカ）…1948年にイギリス連邦内の**自治領**として独立し，1972年にスリランカと改称（旧名セイロン）。1980年代から**シンハラ人**（多数派で**仏教徒**）の政治支配に対して**タミル人**（少数派で**ヒンドゥー教徒**）の分離独立運動が本格化。この内戦は21世紀初めまで続いた。

問2 ウ（イギリス議会）…**アトリー**労働党内閣の下で成立。イギリス領インドはヒンドゥー教徒中心の**インド連邦**と，西パキスタン（インダス川流域）と東パキスタン（ガンジス川下流域）で構成されるイスラーム教徒の**パキスタン**に分離・独立したが，**カシミール帰属問題**をめぐる両国の対立は軍事衝突に発展した。

問3 エ…インドは1950年にイギリス王室への忠誠を拒否して**インド共和国**となったが，イギリス連邦からは脱退していない。インドでは**アンベードカル**を起草委員長に政教分離と**カースト否定**を盛り込んだ**インド憲法**が制定され，対外的には初代首相ネルーが**非同盟主義**に基づく外交を展開した。

問4 解なし…パキスタンは首都をイスラマバードに定めたが，当面の仮首都はカラチに置かれた。そのため必ずしも誤文とは言えず，その場合は「解なし」となる。

問5 カシミール…問2の解説参照。

問6 イ（ウルドゥー語）…東パキスタンでは**ベンガル語**を使用。1971年の東パキスタン独立運動に際し，これを支援して**第3次インド＝パキスタン戦争**に勝利したインドの首相が，**インディラ＝ガンディー**（ネルーの娘）。

問7 ウ（1998年）…問8の解説参照。

問8 ウ（部分的核実験禁止条約）…略称はPTBT。キューバ危機を受け，1963年に**アメリカ・イギリス・ソ連**の3カ国で締結。**地下実験**以外の大気圏内外水中での核実験を禁止した。1968年に国連総会で採択された**核拡散防止条約（NPT）**は，米ソ英仏中の5カ国以外の核兵器保有を禁止したもの。米ソ間では1973年に前年の**第1次戦略兵器制限交渉（SALT I）**の調印を受けた**核戦争防止協定**が成立。その後，南太平洋フォーラムによって南太平洋地域での核実験などを禁止する**南太平洋非核地帯（ラロトンガ）条約**（1985）が結ばれ，米ソ間では初の核兵器削減となる**中距離核戦力（INF）全廃条約**（1987）が締結された。1996年に国連総会で採択された**包括的核実験禁止条約（CTBT）**では地下実験を含むすべての**核実験**が禁止されたが，核保有国の**インド**はCTBTに参加せず，1998年に二回目の核実験を強行。同年**パキスタン**も核実験に成行した。

⚡ **合否を分けるチェックポイント②** ▶▶ 「ラテンアメリカ現代史」差がつく重要事項

1954年	**グアテマラ＝クーデタ**…米支援の勢力が**アルベンス**左翼政権を打倒
1959年	**キューバ革命**…カストロらの革命勢力が**バティスタ**政権を打倒
1973年	**チリ軍部クーデタ**…ピノチェトが**アジェンデ**人民連合政権を打倒
1979年	**ニカラグア革命**…サンディニスタ民族解放戦線が**ソモサ**政権を打倒
1983年	米軍の**グレナダ侵攻**…レーガン政権がグレナダの反米政権を打倒
1989年	米軍の**パナマ侵攻**…ブッシュ（父）政権がパナマの反米政権を打倒

◎ GATT（「関税と貿易に関する一般協定」）（1947）
- 戦前の**ブロック経済**の反省から，自由で平等な国際貿易の推進をめざす
- この協定に基づく 8 回の交渉で，各種品目の関税引き下げなどを実現
- **世界貿易機関（WTO）**に発展・改組（1995）
  - ガットの**ウルグアイ＝ラウンド**（1986 ～ 94）での合意に基づいて設立

◎ ブレトン＝ウッズ国際経済体制（1945 ～ 73）
- ブレトン＝ウッズ体制の成立
  - **米ドル**を国際貿易の**基軸通貨**（戦前は英**ポンド**）とする国際通貨体制
  - 各国通貨との為替では**固定相場**を採用…日本円は 1 ドル＝ 360 円
  - アメリカは各国政府に対して**金ドル交換**を保証…金 1 オンス＝ 35 ドル
  - **国際通貨基金（IMF）**…為替の安定をめざす
  - **国際復興開発銀行（IBRD）**…長期融資で復興と後進国開発を支援
  - **西ドイツ**や**日本**の経済復興を支援し，戦後の世界経済の再建に貢献
- アメリカ経済の悪化
  - **ベトナム戦争**による軍事費の増加と社会保障費の増大→財政難の深刻化
  - 西ドイツや日本の輸出攻勢→**アメリカの輸入超過**（貿易収支の悪化）
  - アメリカの**貿易収支は 1971 年に赤字**（20 億ドル）に転落
- **ニクソン**大統領（米）のドル防衛策（1971）
  - **金ドル交換停止**（ドル切り下げ）および**輸入課徴金 10%**の導入
  - **ドル＝ショック**→ブレトン＝ウッズ体制の崩壊
- **変動相場**に移行（1973 ～）→各国政府は**管理通貨制度**で通貨量を調整

◎ 第 1 回先進国首脳会議（サミット）の開催（1975）
- フランス大統領**ジスカールデスタン**の提唱，パリ郊外の**ランブイエ**で開催
- **第 1 次石油危機**（1973 ～）に起因する**スタグフレーション**への対応を協議
- 原開催国はイギリス・フランス・西ドイツ・イタリア・アメリカ・日本
- のちカナダ（第 2 回～），ロシア（1997 ～）も参加

◎ レーガン大統領（米）の緊縮財政政策（1980 年代）
- **レーガノミックス**（**新自由主義**に基づく緊縮財政政策）の実施
  - スタグフレーションと「**双子の赤字**（財政と貿易の赤字）」の改善が目的
  - **インフレ抑制**（高金利政策），社会保障費の削減，大幅減税，規制緩和
- 「双子の赤字」の拡大
  - 社会保障費削減の失敗や**戦略防衛構想**での軍事費急増で財政赤字が拡大
  - 高金利政策で**ドル高**が進行（輸出不振と輸入増大）→貿易赤字が拡大
- アメリカは **1985 年**に**純債務国**に転落

◎ プラザ合意（1985）
- 先進 5 カ国（米・英・西独・仏・日）の**蔵相**と**中央銀行総裁**の協議で成立
- 各国協調による**ドル安**誘導→アメリカの貿易赤字改善をめざすが失敗

1962 年	**レイチェル＝カーソン**，『**沈黙の春**』を出版 ・アメリカ人水産生物学者による環境問題を扱った先駆的文献
1972 年	**国連人間環境会議**の開催（**ストックホルム**） ・環境をテーマとした世界初の国際会議 ・**人間環境宣言**の採択→**国連環境計画（UNEP）**を設置
1987 年	**モントリオール議定書**の採択 ・オゾン層破壊の原因となる**フロンガス**の生産を規制
1992 年	**国連環境開発会議**（**地球サミット**）の開催（**リオデジャネイロ**） ・地球温暖化問題への対応を協議，NGO（非政府組織）も参加 ・**気候変動枠組み条約**…温室効果ガスの排出量削減を規定 ・**生物多様性条約**…生物多様性の維持とその構成要素の利用 ・**リオ宣言**…自然と調和した「**持続可能な開発**」 ・**アジェンダ 21 計画**…リオ宣言を実現させるための行動計画
1997 年	**京都会議**（地球温暖化防止会議）の開催 ・**京都議定書**…締約国に温室効果ガス削減の数値目標を設定 ・アメリカの批准拒否（2001） ・ロシアの批准で発効条件が成立（2004）→発効（2005）
2016 年	**パリ協定**の発効 ・**アメリカ**や**中国**も参加，削減達成のための国内政策を義務化

4
章

地球世界の形成と混迷

1950 年	**ストックホルム＝アピール** ・核兵器開発の禁止を訴える署名運動の開始を決定
1954 年	**第5福竜丸事件** ・米国の水爆実験（マーシャル諸島**ビキニ環礁**）で日本漁船が被爆
1955 年	**ラッセル・アインシュタイン宣言** ・バートランド＝ラッセルとアインシュタインによる共同宣言 ・核戦争の惨劇と反人間性，人類滅亡の危機を警告
	第1回原水爆禁止世界大会（広島）
1957 年	**ゲッティンゲン宣言** ・西ドイツの科学者が核兵器開発に反対して核兵器研究を拒否
	パグウォッシュ会議 ・カナダのパグウォッシュで開催 ・科学者による核兵器禁止運動の中心的組織 ・ノーベル平和賞の受賞（1995）